Michael Löhner
Unternehmen heißt denken

Michael Löhner

Unternehmen heißt denken

Folgerichtigkeit im Management

ECON Verlag
Düsseldorf · Wien · New York

Für Marianne

CIP-Titelaufnahme der Deutschen Bibliothek

Löhner, Michael:
Unternehmen heißt denken: Folgerichtigkeit im Management/
Michael Löhner. – Düsseldorf; Wien; New York: ECON
Verl., 1990
ISBN 3-430-16139-8

Lektorat: Waltraud Berz, Frankfurt/Main
Umschlaggestaltung: Jutta Schneider, Frankfurt/Main
Gesetzt aus der Times, Berthold
Satz: Dörlemann-Satz, Lemförde
Papier: Papierfabrik Schleipen GmbH, Bad Dürkheim
Druck und Bindearbeiten: Bercker Graphischer Betrieb GmbH, Kevelaer
Printed in Germany
ISBN 3-430-16139-8

Inhaltsverzeichnis

Vorwort

von Professor Dr. Dr. Rupert Lay S. J.

Die deutschsprachige Managementliteratur gleicht einer Woge, die Managementwissen und -erfahrung zu überspülen droht. Managementtheorien wechseln wie der Mond. Was heute noch rund zu sein scheint, ist in kurzer Zeit unsichtbar geworden. Literarische Eintagsfliegen, die die Illusion wecken, man könne ein guter Manager werden, wenn man nur eine zureichend große Zahl guter Ratschläge befolgt, sehen zwar recht niedlich aus, aber sie leben nur einen Tag. Obschon sich dieser Sachverhalt herumgesprochen hat, sind dennoch Bücher, die auf die vordergründige Effekthascherei scheinbar brauchbarer Tips verzichten, selten auf dem lukrativen Markt der Managementliteratur.

Manager brauchen anderes. Da ihr »öffentliches« Image in keiner Weise ihrer tatsächlichen Bedeutung und Verantwortung gerecht wird, ist es ihnen nicht immer leicht, zu einer tragfähigen Selbstdefinition zu finden, auf deren Sockel allein wirtschaftlich erfolgreiches *UND* menschlich erfüllendes Führen und Entscheiden möglich ist. Michael Löhner legt uns hier ein Buch vor, das ein gut Stück Weges zu einer tragfähigen Orientierung begleiten kann. Es gelingt ihm hervorragend, seine jahrelange Praxis als einer der erfolgreichsten Trainer und Unternehmensberater im deutschsprachigen Raum theoretisch einleuchtend zu reflektieren. Die enge Verbindung von theoretischem Wissen und praktischer Umsetzung macht das Werk einzigartig auf dem deutschen Büchermarkt. Es entgeht der Gefahr, hohe, aber praxisferne Theorie anzubieten. Der Leser wird aber ebenso verschont von guten Ratschlägen, die keiner Prüfung in Theorie und Praxis standhalten, weil sie bestenfalls der nichtgeneralisierbaren Erfahrung eines einzelnen entsprechen. Dagegen erhält er zahlreiche Hinweise, wie er Aufgaben und Lösungen im strategischen wie operativen Führungs- und Entscheidungsbereich funktional wie personal optimieren kann. Ökonomische Effizienz verbindet sich mit verantworteter Ethik. Wer nicht nur wissen will, wie modernes Management entscheidet und handelt, sondern warum eben so und nicht anders optimale Managementstrategien entwickelt werden, wird in diesem Buch einen unersetzlichen Freund finden.

Einleitung

Erkenntnisse bestimmen Entscheidungen. Entscheidungen begründen Handlungen. Handlungen schaffen Fakten. An Fakten sollen sich die Führenden orientieren. Durch Orientierung entsteht neue Erkenntnis. Im Anforderungsprofil des führenden Managers haben Erkennen, Denken und Entscheiden eine starke Priorität. Die bei der Beratung und bei dem Training mit Führungskräften gemachten Erfahrungen zeigen folgende Ausgangspunkte im Management auf:

- Manager sind unsicher in der Einschätzung der eigenen und fremden sozialen Kompetenz.
- Manager nutzen die Möglichkeiten ihrer Führungssysteme nicht ausreichend im Sinne des Unternehmens und der Mitarbeiter.
- Manager sind unsicher in der Standortbestimmung ihrer eigenen Führungsfähigkeit.
- Manager wägen zwischen Unternehmensinteresse und Mitarbeiterbedürfnissen eher emotional als rational ab.
- Manager berücksichtigen die Verhaltenszielbildung in der Führung weniger als die Arbeitszielbildung.
- Manager reagieren irritiert auf die wachsende Autonomie einer anderen Mitarbeitergeneration.
- Manager verbrauchen zuviel Energie, eine Unternehmensphilosophie durch konkrete Mitarbeiterinteraktionen zu realisieren.
- Manager verwirklichen ihr persönliches Potential überwiegend fremdbestimmt und verzichten damit auf Entfaltung.

Diesen Bedarf im Detail zu decken, ist ein Teil der Trainings- und Entwicklungsarbeit in einem Beratungsunternehmen. Aus der Zusammenarbeit mit dem führenden Management entstehen kontinuierlich Lösungsvorschläge, die hier in fünf Kapiteln zusammengefaßt wurden:

1. Die Situation

Die systemische, soziale, intellektuelle, emotionale und psychische Situation des Managers bestimmt die Ausgangslage für Lösungsgedanken.

2. Das System

Eingebunden in eine Ordnung, deren Regeln durch das allgemeine Bewußtsein beschrieben werden, sind die Systemziele und deren Wirkung von großer Bedeutung.

3. Die Person

Die Entfaltung menschlichen Lebens im Unternehmen ist von verschiedenen Voraussetzungen abhängig. Personale Autorität wird durch Menschenkenntnis und Interaktionsverantwortung begründet.

4. Die Technik

Vorhandene und mögliche Verfahren zur Bewältigung der kollektiven und individuellen Managementbelastung zeigen Zusammenhänge und Abläufe. Damit ist bessere Orientierung bei der Suche nach Erleichterungen möglich.

5. Die Kompetenz und die Performanz

Die soziale Kompetenz des Managers ist in der Beziehung zur Unternehmensphilosophie und deren Realisierung zu sehen. Als Komponente eines integrierten Führungssystems kann sie dann stärker wirken.

Aufgezeigt wird der Weg in eine verantwortbare Einstellung des Managers zu seinen aktuellen Führungsaufgaben.

Gutes Führen ist:

1. Kritische Identifikation mit dem System.
2. Personales Interagieren im Interesse des Systems.

Gutes Führen ist Denken.

Kapitel 1
Die Situation

1. Die Qualität des Denkens

Gefühle bestimmen unser Leben. Emotionen lassen es großartig sein, Begeisterung und Niedergeschlagenheit weisen auf die Bandbreite unserer Stimmungen: eine ganze Empfindungswelt, die unserem Handeln Orientierung gibt. Mit dieser Orientierung steht es nicht immer zum besten. Wir kennen die Fehlleitung durch unsere Gefühle in der Lebensbewältigung. Oft wünschen wir uns, »vernünftiger« gewollt zu haben. Das Nachdenken, Vordenken, Bedenken scheint manchmal zu kurz zu kommen. Die Lust zu überlegen steigt mit der Fähigkeit dazu und ist erlernbar. Wir wollen dieser menschlichen Möglichkeit näherkommen.

Denken soll als bewußter Vorgang verstanden werden. Das heißt nicht, daß die Welt der Phantasie und Gefühle, die Faszination verträumter Illusionen keine Daseinsberechtigung hätte. Im Gegenteil. Diese sind und bleiben die Antriebskräfte im menschlichen Leben. Was wären wir ohne kreative Sehnsüchte, ohne unerfüllte Bedürfnisse. Gerade in einer Zeit wachsender (Pseudo-)sicherheit erfahren wir täglich die Suche nach eigener Gefühlserfahrung – besonders symbolhaft in den Randgruppen unserer Gesellschaft.

Doch auch wenn emotionale Bedürfnisse wesentlich unsere Wahrnehmung beeinflussen, verpflichten doch unsere Erfahrungen zum sinnvollen Umgang mit Informationen. Wider besseres Wissen zu handeln, erscheint uns unvernünftig, auch wenn noch so attraktive Bedürfnisbefriedigung dagegensteht.

Denken soll für uns bedeuten: mit Wissen umgehen, Wissen entwickeln. Damit sprechen wir eine Verpflichtung unseren Erfahrungen gegenüber aus. Andererseits ist die so erworbene Sicherheit mit Vorurteilen behaftet, wenn die Vergangenheitsbewältigung unmittelbar in die Zukunft verlängert wird.

Erfahrung ist wesentlich für die Orientierung. Sie kann vor schmerzlichen Begegnungen mit der Realität schützen. Da jedoch Realität nicht institutionalisierbar ist, sondern dynamisch, ist es auch Aufgabe, im Umgang mit Erfahrung immer wieder kritisch die Aktualität zu prüfen. Wir wissen von Freud, daß die Zensur das Bewußtsein bestimmt. Was mit dem Ideal-Ich unverträglich scheint, wird projektiv oder selektiv verzerrt. Auch die Partnerschaft zwischen Vernunft und Erfahrung schützt nicht. Tief im Innern der Vernunft nistet Gewalt, weil sie die Realität des Menschen auf das Brauchbare verkürzt. Die dialektische Polarität zwischen Erfahrung (Vergangenheit) und aktueller Aufgabenstellung (Gegenwart) bedarf zur realitätsdichten Synthese des folgerichtigen Denkens. Denken in Voraussetzungen, Bedingungen und Folgen ergibt eine rationale Orientierung.

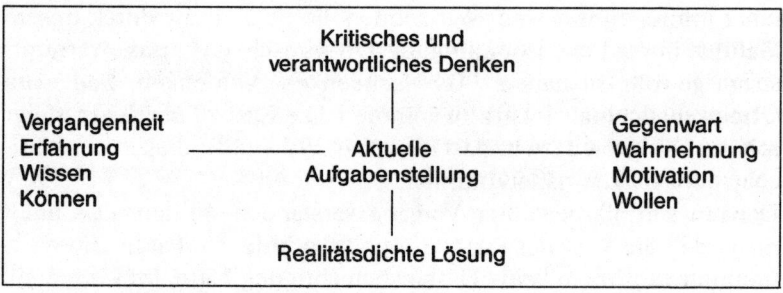

Dialektische Position

Folgerichtiges Denken ist nicht immer emotional entlastend. Vielleicht ist es deswegen in vielerlei modernen Bildungsprogrammen von niedrigem Stellenwert. Aber in einer Welt des hochtechnologisierten Ausgleichs menschlicher Unzulänglichkeiten hat die unverantwortliche Emotionalität des Managements Wirkungsdimensionen, denen es durch Orientierung vorzubeugen gilt.

Das Management muß sich die Forderungen an die Denkfähigkeit im einzelnen deutlich machen. Die Begriffe Denken, Vernunft und Logik sind zu hinterfragen und sollten nach dem Wort-Leistungs-Prinzip auch entsprechend belastbar sein.

16

a) Sprachgebundenes Denken

Die meisten erinnern sich, daß am Anfang das Wort war. Zumindest sind es nicht wenige, die dieses Zitat ebenso kennen wie zuordnen können. Johann Wolfgang von Goethe nimmt es auf und läßt Dr. Faust weitersprechen:

»... Hier stock' ich schon! Wer hilft mir weiter fort?
Ich kann das Wort so hoch unmöglich schätzen,
Ich muß es anders übersetzen ...«

Und wer seinen Assoziationen folgt, gelangt von der Bedeutung »Sinn« und »Kraft« zur »Tat«. Das Wort-Leistungs-Prinzip zielt auch im heutigen Management auf Handlungskonsequenzen aus Begriffen.
Würden wir in der Bibel weiterlesen, gelangten wir einige Zeilen später an den Text: »... Gott war das Wort.« Wie hätten Macht und Ohnmacht der Sprache deutlicher beschrieben werden können? Wahrscheinlich liegt die Macht der Sprache in der Ohnmacht der Menschen, sinnvoll mit ihr umzugehen. Fällt es doch schon nicht leicht zu beachten:

1. Wir können nicht bedenken, wofür wir keine Worte haben. Verantwortliches und kritisches Denken ist sprachgebunden. Dennoch gehen wir oft davon aus, daß andere Menschen erkennen müßten, was wir nicht erklären können.
2. Auch Denken in Sprache begründet niemals endgültige Erkenntnis. Die Tatsache, daß wir nicht anders denken können, heißt nicht, daß die Welt außerhalb unseres Denkens entsprechend organisiert ist. Die Dimension des Denkens ist größer als die Welt der Worte, doch was in Sprache nicht eingeholt wurde, steht der Reflexion nicht geeignet zur Verfügung. Erkenntnis ist sprachgebunden. Sprache schafft Realität. Es ist sinnvoll zu wissen, was Worte bedeuten, speziell, wenn wir sie verwenden.
Wie viele Beurteilungkriterien können von den Anwendern im Management nach Maß und Bedeutung erklärt werden? Wie viele Manager gehen nach dem Prinzip vor: »Initiative und Einsatzbereitschaft sind, was ich empfinde, wenn ich beobachte, was ich nicht genau beschreiben kann – aber Sie müssen sich da mehr

anstrengen.« Sicher eine Übertreibung. Wie viele Manager jedoch haben einen definitorischen Zugang (mit Handlungskonsequenzen) zu ihren Unternehmenswerten?

Die Grenzen unserer Sprache bedeuten die Grenzen unserer erfahrbaren Welt. Um diese Welt zu erobern, ist die Auseinandersetzung mit – vor allem – sinntragenden Begriffen unverzichtbar. Zur Disziplin des Denkens gehört notwendig die Fähigkeit zu definieren.

Die Definition ist die Einigung auf den Gebrauch eines Wortes einerseits, andererseits die Chance eigener Klarheit in der Nutzung von Sprache. Sprache ist übrigens unter anderem ein internalisiertes System von syntaktischen, semantischen und pragmatischen Regeln, das es uns erlaubt, Zeichen und Bezeichnetes in Beziehung zu setzen, und dabei die Begriffe und deren Bedeutung ausfaltet.

b) Die Chance des kreativen Ungehorsams

Worte und Sätze bestimmen unser Leben dahingehend, daß sie Rahmen und Orientierung im sozialen Feld vorgeben. Semantische Einheiten, die im Kontext eindeutig sind, nennen wir Sprachspiel. Die Sprachspiele dienen nicht nur der Verständigung, sondern weisen soziale Ränge zu (Alpha-Signale) und dienen der Kontaktvergewisserung. Die Wortbedeutung ist allerdings viel stärker dem Wandel unterworfen als das Wort selber. Erinnern wir den emotionalen Superlativ des Wortes »geil«, welches heute dort nicht gesellschaftsfähig ist, wo eine Lösung von traditioneller Belegung Selbstaufgabe bedeutet. Oder die kaum bemerkte Sinnerweiterung, das Wort »Waffe« im Bereich öffentlicher Demonstrationen mit der Zusatzerklärung »passive Waffe« zu schmücken. Somit ist ex definitione die Möglichkeit gegeben, jeden beliebigen Gegenstand zur Waffe zu erklären, und dies mit den entsprechenden Rechtsfolgen.

Gleichzeitig zollen wir der Internationalität eine Dimensionserweiterung unseres Wortschatzes, die von vielen Sprachschützern als bedrohlich angesehen wird.

Wir sollten weniger die neuen Worte scheuen als den nicht bemerkten Bedeutungswandel vertrauter Begriffe.

Die Aufforderung zum kreativen Ungehorsam heißt für uns: nicht die Worte verändern, sondern den aktuellen Inhalt durch Denken erarbeiten und dann verantworten. Bedeutungen erdenken und für sich festlegen, dann in der sozialen Umwelt auf Realität prüfen. Realität ist nicht gegeben, wenn überwiegend Konflikte produziert werden. Definieren Sie einmal »Treue« als »Angst vor Weiterentwicklung« und versuchen Sie damit emotionalen Konsens in der Partnerschaft zu erreichen.

Die Freiheit in der Verwendung von Worten schließt die Forderung nach Verantwortung der Wortbedeutung ein. Es ist ein ständiger Auftrag an den denkenden Manager, die alten Wortbedeutungen in seinem sozialen Umfeld erneut zu erschließen, gegebenenfalls zu ändern und die Änderung zu verantworten.

Beispiele:
1. Selbstbewußtsein ist weniger emotionale Sicherheit als in erster Linie die Fähigkeit, anderen das eigene Unbehagen nicht zeigen zu müssen.
2. Führungskräfte sind weniger die machtausübenden, fachlichen Vorbilder als vielmehr Menschen mit sozialer Kompetenz, die andere führen können, obwohl die ihnen nicht nur im Fachwissen überlegen sind.
3. Mitarbeiterbeurteilungen sind keine Geschmacksabfragen an traditionelle Führungskräfte, die ihre Erfahrungssicherheit durch heftiges Abwarten in den Jahren erreicht haben, sondern Standortbestimmungen nach vereinbarten Eignungskriterien und Indikatoren.

Die ungenutzten Möglichkeiten und das Nichterkennen der grundlegenden Verantwortung, durch Denken den sinntragenden Begriffen in den Firmenphilosophien und persönlichen Wertsystemen einen erklärbaren und verantwortbaren Inhalt zu geben, sind *eine* Ursache für die Irritation im allgemeinen Wertebewußtsein. Die *andere*, und weithin unterschätzte, liegt sicher in einer mangelnden Kommunikationsfähigkeit.

c) Produktives Denken gegen Routine

Wie anders könnte Kreativität zweckorientierter definiert werden. Die Sicherheit der Routine ist in gleichem Maße schützend, wie Entwicklungen durch sie verhindert werden. Die zwei alten Feinde der Menschheit in der Aufgabenbewältigung sind immer noch Bequemlichkeit und Gewohnheit. Darin begründet sich die starke Sucht in uns allen, Abläufe zu sichern – und in dieser Sicherung Sicherheit zu spüren. Wenn auch Routine gedanklich entlastet, ist immer zu fragen, ob Abläufe und Rituale wichtiger werden als die betroffenen Personen. Um diese Gefahr zu verstehen, ist es wichtig nachzuvollziehen, welche Faktoren soziale Systeme bestimmen.

Für soziale Systeme gilt in chronologischer Reihenfolge:

1. Freiwilliger Autonomieverzicht durch äußere Bedrohung
Die meisten sozialen Systeme (Partnerschaften, Unternehmen, Staaten) gründen in der Basis des emotionalen Konsenses und zeigen eine erstaunliche Stabilität gegenüber äußeren Zwängen. Denken wir an ein junges Paar, dessen Bindung nicht von der bisherigen Sozialität abgesegnet wird. Oder ein junges Unternehmen, welches um das Überleben im Markt kämpft, beziehungsweise Staaten in Kriegssituationen.

2. Produktion von Bedürfnisvielfalt
Lassen die äußeren Zwänge nach – oder werden sie nicht mehr erlebt –, versuchen Menschen Autonomie (persönliches Wachstum) zu entwickeln, ihre Persönlichkeiten zu entfalten, wenn auch auf Raumkosten des anderen. Partner begründen neue autonome Interessen mit der bisherigen Aufopferung; in Unternehmen interessieren plötzlich fremde Parkplatzvorteile beziehungsweise die Anzahl der Fenster; in einem Staat entwickeln sich unter demokratischer Flagge vielfältige Interessenvereinigungen. Die Entfaltung der Individualität wird daher im dynamischen Auf und Ab je nach der Stärke der wechselnden äußeren Zwänge erfolgen. Pulsieren von Autonomie von Menschen in Unternehmen und Partnerschaften hängen wesentlich vom Außendruck auf die Gemeinschaft ab. Angriff von außen stärkt gemeinsames Zielbewußtsein und damit das kollektive statt das individuelle Interesse.

3. Konfliktfähigkeit im Gespräch
Unvermeidbar entstehen Konflikte durch unterschiedliche Absichten, Interessen und Erwartungen. Die Qualität eines sozialen Systems ist wesentlich gekennzeichnet durch die Konfliktfähigkeit der betroffenen Menschen. Ist Konfliktfähigkeit gegeben, wird eine Lö-

sung im Gespräch gefunden. Der gegenseitige Raumanspruch in wachsender Selbständigkeit dient beiderseitiger Entfaltung – beiderseitigen Wachsens aneinander.

4. Bürokratie verändert die Kommunikation
Ohne Konfliktfähigkeit sorgen Regeln für künftige Konfliktvermeidung. Partnerschaften finden Spielregeln für gegenseitige Urlaubsansprüche. In Unternehmen werden Dienstjahre mit der Anzahl der Fenster oder Parkplatzpositionen gekoppelt. In Staaten blüht – genauer gesagt wuchert – die Bürokratie. Das Wachstum ungeschriebener und geschriebener Regeln wird erst mit totalem Autonomieverzicht der Betroffenen beendet. Kommunikation zur Entfaltung des sozialen Lebens findet immer weniger statt. Funktionalität steht zu häufig vor Menschlichkeit.

5. Herrschaft des Systems vor der Zielerreichung
Im Konfliktfall wird die Einhaltung der Rituale, Regeln und Normen einen höheren Stellenwert haben als die Erforschung der Konflikturssache. Die Herrschaft des Systems über den Menschen beginnt. Mit teilweise verbissener Energie wird den Normen Achtung gezollt, ohne sie an den menschlichen oder sogar sachlichen Bedürfnissen zu orientieren. Die Satire über die Bürokratie hat ausreichend Nahrung. (Das Montagsgespräch findet auf jeden Fall statt – unabhängig davon, ob es etwas zu sagen gibt!)

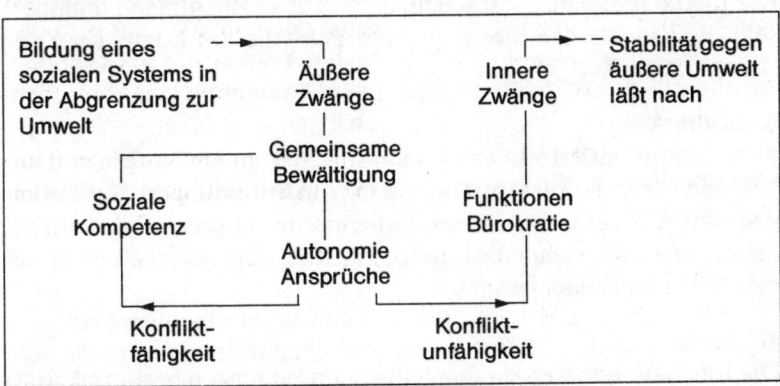

Bewältigung von Zwängen

Der Stapel der Durchführungsverordnungen, Anweisungen, Organisationshandbücher, Rundschreiben, Regeln und Formalien wird in einem sozialen System in gleichem Maße größer, wie die Konfliktfähigkeit der Betroffenen nachläßt. Der kreative Ungehorsam in der Begegnung mit Ritualen und unnötiger Bürokratie fördert eigene und fremde Autonomie. Führungsstrukturen der 60er Jahre hinterlassen noch heute Prägungen und Abläufe, die jetzigen Erkenntnissen nicht gerecht werden.

Der verantwortlich denkende Manager definiert Autonomie als kreativen Ungehorsam. Kreativität ist für ihn produktives Denken gegen intellektuelle, soziale, psychische und emotionale Routine.

d) Aktivität rational verantworten

Unter Verantwortung sei das Einstehen für bewußtes Tun verstanden. Bewußtes Tun setzt Orientierung voraus. Somit ist die Orientierung ein unerläßlicher Aspekt der Verantwortung. Sie zu übernehmen bedeutet also, sich aktiver Informationsverpflichtung zu stellen. Wie kann ich Selbstverantwortung praktizieren, wenn ich über mein Selbst nicht informiert bin? Wie kann ich Führungsverantwortung tragen, wenn Begriffsdeutung und Erklärung oder gar eine Definition mir bereits Probleme machen? Verantwortung setzt Wissen, Wollen und Können voraus. Die eigene Aktivität verantworten, setzt überwiegend bewußtes Handeln voraus. Für sie gilt:

1. Interaktion
Die Interaktion eines Menschen kann in zwei Richtungen orientiert sein. Es handelt sich hier sicher um Pole, die das Dazwischen des Alltags begrenzen.

2. Ausdruck
Ausdrucksorientierte Interaktionen machen innere Vorgänge deutlich. Ein Mensch drückt aus, was in ihm an Stimmungen, Einstellungen und Absichten ist. Dieses authentische Agieren wird meist als »ehrlich« erlebt, wobei die Grenze zur Rücksichtslosigkeit nicht immer leicht zu ziehen ist.

Wirkung
Die Interaktionen werden durch ihre Konsequenzen bestimmt. Entscheidend ist das Ergebnis, nicht die Absicht. Zur beabsichtigten

22

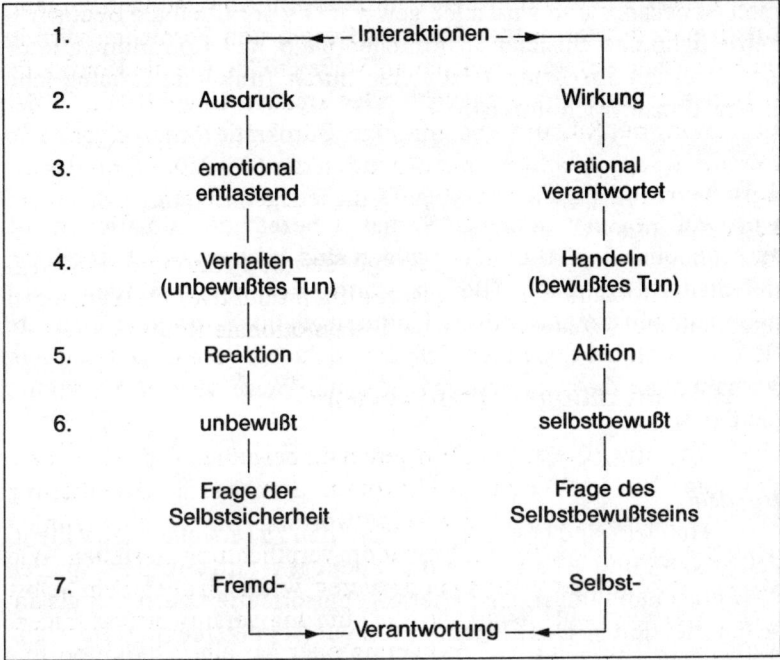

1.		←– Interaktionen –→	
2.	Ausdruck		Wirkung
3.	emotional entlastend		rational verantwortet
4.	Verhalten (unbewußtes Tun)		Handeln (bewußtes Tun)
5.	Reaktion		Aktion
6.	unbewußt		selbstbewußt
	Frage der Selbstsicherheit		Frage des Selbstbewußtseins
7.	Fremd-		Selbst-
		Verantwortung	

Interaktion und Verantwortung

Zielerreichung kann es nötig sein, dem eigenen Standpunkt entgegengesetzte Positionen zu vertreten. Der bewußte Einsatz von Strategien bedeutet noch keinen Betrug.

3. Emotional entlastend
Ausdrucksinteraktionen befreien von innerem Druck, lösen eigene Spannung, wenn auch oft auf Kosten der Ergebnisse. Die extrovertierte Vorgehensweise (Emotionen werden dominant sozial verarbeitet) erleichtert und wird vom jeweiligen Akteur als »Offenheit« verstanden. Nach »Entladungen« ist er meistens bereit, mit dem nun »Beladenen« vernünftig zu reden!

Rational verantwortet
Die Orientierung an den Konsequenzen der Interaktionen heißt, daß diese auch verantwortet werden. Die Reaktion auf das eigene Beneh-

23

men ist bekannt und wird auch gewollt. Die unmittelbare Bedürfnisbefriedigung psychischer Spannungen bleibt aus. Kommunikations-
ziele werden im Konfliktfall eher durch funktional strategische
Interaktionsformen unterstützt.

4. Verhalten

Unbewußtes Tun wird hier als Verhalten bezeichnet. Situationen, die
ausschließlich Verhalten abverlangen sind bequem und befriedigen
das Sicherheitsstreben. (Bei spontanen Reaktionen werden meist
habituelle Muster präsentiert). Unüberlegte Interaktionen haben ihre
Berechtigung bei fehlenden Erfolgsabsichten. Wesentlich fehlt dem
Verhalten die Zielorientierung in gleicher Weise wie das Wissen um
die Konsequenzen.

Handeln

Unter Handeln sind bewußte Interaktionen zu verstehen, die willent-
lich gewählt und verantwortet und überlegt getätigt werden. Speziell
die Sprachhandlungen sind eher ergebnisorientiert zu sehen als ab-
sichtsorientiert. (»Das Gegenteil von gut ist gutgemeint.«) Im sozialen Bereich ist hier die Lernaufforderung zu ständigem trial and error
zu sehen. Das Ziel ist der soziale Reichtum.

5. Reaktion

Ausdrucksorientierung, die emotional entlastet, läßt Interaktionen zu
Reaktionen werden. Menschen erleben ihre Stimmung eher als etwas,
das zum Beispiel durch andere ausgelöst wurde, anstatt sie selbst zu
verantworten. (Du bist schuld, daß ich unglücklich bin!) Sie glauben,
unter optimalen äußeren Umständen besonders leistungsfähig zu
sein.

Aktion

Die Zeichen werden durch geeignete Interaktionen selbst gesetzt.
Der Mensch selber bestimmt und verantwortet seine Stimmungen
und Gefühle, soweit es geht. Er macht nicht andere Menschen oder
Situationen für seine Emotionen verantwortlich. Er entscheidet, wem
er die Macht gibt, ihn zu ärgern.

6. Unbewußt

Auch unbewußt und instinktiv, das heißt in der akuten Erkenntnissituation nicht reflektiert, kann durchaus geeignet interagiert werden, jedoch setzt das ebensoviel Erfahrung wie Beherrschung unterschiedlicher sozialer Muster voraus. Sich dem Instinkt zu überlassen, ohne über erlernte geeignete Muster zu verfügen, ist ohne Sinn. Guter Wille ohne Fähigkeiten kann lebensgefährlich sein.

Selbstbewußt

Gemeint sind alle Interaktionen, die bezüglich ihrer Konsequenzen bekannt und damit verantwortbar sind. Bewußt ist auch eine unsichere Interaktionsentscheidung zu nennen. Nicht alle Interaktionen können in ihren Folgen total durchdacht werden. In diesem Bewußtsein kann auch eine nicht beabsichtigte Folge verantwortet werden. Persönliche Sicherheit als Wirkungsergebnis bewußten Handelns ist selbstverständlich. Für die Lebensbewältigung ist allein das Selbstbewußtsein entscheidend, nicht die Selbstsicherheit. Selbstbewußtsein ist – wie erwähnt – primär die Fähigkeit, anderen das eigene Unbehagen nicht zeigen zu müssen.

7. Fremdverantwortet

Das eigene Benehmen ist überwiegend fremdverantwortet, wenn die Verhaltensweisen emotional entlastende Reaktionen auf Anlässe sind, die nicht bewußt gestaltet wurden. Somit ist ein ständiger Schulddruck auf die soziale Umwelt möglich. Der Mensch stellt fest, daß seine Gefühle und Stimmungen von anderen verantwortet werden müssen.

Selbstverantwortet

Verantwortung heißt mit Konsequenzen einzustehen für bewußtes Handeln. Der Mensch ist verantwortlich für das, was er sieht, für das, was er wahrnimmt, und selbstverständlich für das, was er ausdrückt. Diese realistische Einstellung garantiert eher das Gegenteil von Konfliktfreiheit, sichert aber bei sorgfältiger Anwendung stetigen Erfolg im Bereich wachsender Realitätsdichte. Konflikterfahrung steigert die Chance realitätsangepaßter Entscheidungen.

Manager müssen bewußt vorgehen, wenn sie kommunizieren und sich nicht zu oft emotional entlasten in einer Beziehung, damit sie selbst verantworten können, was durch ihre Interaktionen erfolgt.

2. Am Anfang war der emotionale Konsens

Wir Menschen sind weithin mehr von anderen abhängig, als wir es wahrhaben wollen. Wir leben in sozialen Systemen, sind von sozialen Systemen umgeben und deren Gesetzmäßigkeiten ausgeliefert. Soziale Systeme liefern Schutz und Geborgenheit. Darum ist es erklärlich, daß ein Großteil unserer Interaktionen für die Signalvergabe und -verarbeitung in sozialen Systemen ausgeprägt ist.

Es ist für uns von archaischem Interesse, ob andere uns in unserem Selbstbild bestätigen, ob wir geeignet sind, in für uns wichtigen Gemeinschaften die gewünschte Rolle zu spielen. Unser Einfluß in Partnerschaften, Unternehmen und anderen Sozialitäten gestaltet sich dabei notwendig über die Interaktionen, alle sprachlichen und nichtsprachlichen Wechselbeziehungen also, durch die wir uns gegenseitig erfahren. Dabei scheint es wesentlich zu sein, zu Beginn von Beziehungen möglichst viele Signale auszutauschen, die auf Ähnlichkeit, ja sogar Gleichheit ausgerichtet sind. In der Paarbeziehung entzückt der unvermutet gleiche Geschmack in vielen Dingen bis zur Bestätigung der richtigen Wahl; in den Konzernspitzen ist es beruhigend, wenn der Stallgeruch des Neuen bisherige Reviermarkierungen nicht irritiert. Das tatsächliche Maß an Heteronomie (hier im Sinne von Fremdbestimmung) widerspricht allerdings oft unserer Selbstdefinition.

In nicht wenigen Partnerschaften wird der bedürfnisorientierte Autonomieverzicht später zum Verhängnis. Ist die hart eroberte Beziehung gesichert, entfaltet sich nun die zurückgedrängte Autonomie auf beiden Seiten, entstehen irritierende Fremdeindrücke. (»Seit ich beschlossen habe, dich anders wahrzunehmen, hast du dich erheblich geändert.«) Zur eigenen Entlastung werden dabei nicht selten auch noch Schuldgefühle beim anderen erzeugt.

Alle personalen Systeme sind somit Folgen gelungener beziehungsweise mißlungener Kommunikation. Das bedeutet: Beziehungen zwischen Menschen gestalten sich notwendig durch die Sprache. Worte machen Menschen groß und klein, verletzen, heilen und töten soziales, intellektuelles und emotionales Leben. Wir alle wissen dieses und erfahren es täglich. Die Frage ist, warum wir keine Konsequenzen daraus ziehen. Zur persönlichen Standortbestimmung muß jeder sich die Fragen stellen, wann er die Macht der Sprache zuletzt unmittelbar erlebt hat, wann er jemandem so weh getan hat, daß dieser in seinem sozialen und emotionalen Entfaltungserfolg zurückgestoßen wurde. Wann haben wir durch unser Wort Leben gefördert? Wann hat ein Mensch sich in der Kommunikation mit uns wiedergefunden, gespürt, daß man mit ihm als Person spricht? Wann konnte er sich in unserer Gegenwart angstfrei darstellen und wurde darin verstärkt?

a) Die Krise der sozialen Verwiesenheit

In der Blütezeit systemschützender Tugenden wie Gehorsam, Ordnung und Fleiß fiel es auch leichter, sich unter gleichen Werten zu solidarisieren. Erziehungsmuster ergänzten und bestätigten sich. Das soziale Bedürfnis nach Gemeinschaft fand unter kollektiven Werten Befriedigung. Mit dem Wunsch und der Möglichkeit größerer Autonomie beginnt die Krise der Zersplitterung von Wertinteressen. Gemeinsame Orientierungen werden rarer. Nach wie vor sind wir aufeinander aus sozialen Motiven angewiesen. Wir können nicht ohne andere sein. Wir sind in unserer Entwicklung anderen ausgeliefert. Verwiesen auf andere bei gleichzeitigem Autonomiestreben stehen wir in ständigem Konflikt. Hüten wir uns also vor einer Selbstdefinition im Sinne der Überzeugung, wir seien autonome Wesen, die sich im wesentlichen selbst bestimmen können. Nach Sigmund Freud ist das Wesen des Menschen ein Parlament der Triebe, mühsam zusammengehalten durch eine Selbstdefinition. Und Karl Marx beschreibt das Wesen des Menschen weniger als ein Abstraktum im Individuum, sondern als Ensemble der gesellschaftlichen Bedingungen.
Unsere Interaktionsfähigkeit in der Gestaltung sozialer Welten wird entscheidend durch die großen Gestalten der Kindheit geprägt. Wer diese Prägungen bezweifelt, lausche beobachtend den Interaktionen eines zwei- bis dreijährigen Kindes, welches mit einem »unmündigen« Wesen – etwa einem Hund – kommuniziert. Sprache, Mimik und Körpereinsatz vor allem bei:

Lockungen (»Es wartet etwas Schönes auf dich . . .«)
Bestrafungen (»Du mußt dich schämen . . .«)
Belohnungen (»Jetzt habe ich dich auch sehr lieb . . .«)
Zuwendung (»Du bist das Liebste der Welt«)
Distanz (»Laß mich – bleib weg von mir . . .«)
Erpressung (»Wenn du nicht ruhig bist, mußt du raus . . .«)
Bestechung (»Ein braver Freund bekommt ein Stück Keks . . .«)

Doppelbindungen (»Ein guter Kamerad hat mich lieb . . .«)
Wundstreichelungen (»Du bist aber ein armer kleiner . . .«)
Belehrungen (»Paß jetzt einmal auf . . .«)

entsprechen wesentlich den erfahrenen (selbst empfangenen) Mustern. Damit sind die Grundstrukturen dafür gelegt, mit welchen Interaktionsmustern versucht werden wird, Kommunikationspartner sozial disponibel zu machen.
Speziell Eltern sollten diesen »Schallplatteneffekt«, die Aufzeichnungen ihrer eigenen Interaktionen, bewußt erleben. Die Prägungen für späteres Sozialverhalten beginnen früh. Und damit die Erwartungen des Menschen, daß andere auf diese Muster ebenso reagieren, wie es das eigene Ich erfahren hat. Gleich geprägte Menschen bestätigen uns, und diese Bestätigung ist für unser Ego wichtig. Diese Angewiesenheit auf andere begründet das Vorurteil, wir alle seien einander ähnlich. Wir freuen uns über die gleichen Dinge, verachten die gleichen Mißstände, haben an ähnlichen Punkten Schuldgefühle, leiden unter denselben Ereignissen. Die Brücke zwischen unseren Erwartungen und der Einschätzung durch andere ist die Interaktion – besonders durch Sprache.
Entsprechende Sprachmuster zu dem oben gegebenen Beispiel im Management sind in den individuellen Ausprägungen verschieden, lassen sich jedoch in ihrem Grundmuster durchaus vergleichen.

Lockungen (»Ich bin sicher, es wird Ihnen gefallen . . .«)
Bestrafungen (»Das wird für Sie Konsequenzen haben . . .«)
Belohnungen (»Dafür haben Sie etwas Besonderes verdient . . .«)
Zuwendung (»Wir sind alle besonders stolz auf Sie . . .«)
Distanz (»Im Augenblick haben wir andere Prioritäten . . .«)
Erpressung (»An Ihrer Stelle würde ich darüber nachdenken . . .«)
Bestechung (»Es wird Ihr Schaden nicht sein . . .«)
Doppelbindungen (»Sie sind doch eine vernünftige Person . . .«)
Wundstreichelungen (»Tut mir leid, daß Sie wieder mal Probleme . . .«)
Belehrungen (»Also, jetzt hören Sie mal zu . . .«)

Da Worte und Körpersignale in großer Vielfalt interpretierbar sind, bestimmt in hohem Maße unsere eigene psychische Disposition die Wirkung. Ein großer Libidostau wird die sprachlichen Interaktionen des Partners eher in Richtung »attraktives erotisches Geräusch«

interpretieren, als den Inhalt in kritischer Verantwortung zu verarbeiten.

Umgekehrt wird bei ausreichend gesparter und verzinster Konfliktenergie nahezu jede Interaktion des anderen erfolgreich auf ihren Angriffswert untersucht. Die informationsorientierte Anteilnahme des Vorgesetzten an der Einhaltung eines Termins etwa wird bei gestauter Aggression wahrscheinlich mit provokatorischer Reaktion und Rechtfertigung des aktuellen Arbeitsstandes beantwortet.

Ein kommunikativ verantwortlich handelnder Manager bedenkt die geprägten Verhaltens- und Sanktionsmuster und versucht, auch hinter verletzenden Interaktionen die Absicht und den Wiederholungszwang des Sendenden zu sehen.

b) Gemeinschaft durch gemeinsames Unverständnis

Gemeinschaften sind also nicht selten bestimmt und definierbar über die Gleichartigkeit der Vorurteile, Interessen und Erwartungen ihrer Mitglieder. Gibt jemand solche kollektiven Vorurteile auf, erkennt er sie als realitätsabgelöst oder fühlt sich von ihnen gefesselt, dann wird er zur Gefahr für das soziale System. Erfahrungsgemäß reagiert dieses dann über seine Mitglieder durch massive Bekehrungsversuche, psychische oder soziale Bestrafung und letztendlich Ausstoß.

Die Koppelung der Infragestellung einer Gemeinschaft mit Unlust ist evident, und damit begründet sich hohe Vermeidungsenergie beim Individuum. Daß sich damit ökonomische Erfolge erzielen lassen, beweist die Nachrichtenindustrie. Kaum ein Redakteur kann es sich leisten, langfristig gegen die Grundinteressen seiner Leser, Hörer, Zuschauer zu verstoßen. Der Marktwert einer Nachricht hängt wesentlich davon ab, inwieweit sie die Vorurteile der Adressaten eher verstärkt als in Frage stellt. Der Wahrheitsgehalt ist von zweitrangigem Interesse. Die Oberflächlichkeit in der Verwendung von Worten ist hierbei nur von Vorteil. Für das bisher Gesagte gilt demnach:

1. Es gibt kein Wort in keiner Sprache, welches in beliebigen Adressaten das gleiche Hintergrundverständnis garantiert.
2. Menschen sind oft unmittelbar bereit, sich mit anderen Menschen zu solidarisieren, die zwar auch nicht wissen, wovon sie reden, aber wenigstens die gleichen Worte verwenden.

Unter kollektiven Klischees sind erstaunliche Kräfte aktivierbar.

Beispiel: »Wissen Sie, gute Führung ist das wichtigste im Unternehmen.« – »Da haben Sie völlig recht, das sage ich auch immer!«

Es ist nicht unwahrscheinlich, daß keiner so genau weiß, wovon er spricht, aber die Chance besteht, daß die beiden Freunde werden. Allein die Frage, was denn unter guter Führung zu verstehen sei, könnte als Beziehungsangriff erlebt werden. Die Lösung liegt in der Forderung, emotional konsensfähig zu sein in der Verwendung von Begriffen und Sätzen, deren Hintergrund in rationaler Verantwortung tragfähig erarbeitet wurde.

c) Gegen die kollektive Rationalität

Es ist ein Irrtum davon auszugehen, daß Meinungen eine Wahrheit ergeben, wenn sie nur von genügend Leuten geteilt werden. Die Menge der Meinungsträger sichert keine Rationalität. Wieviel Unmenschlichkeit wir der Solidarisierung unter gleichen Vorurteilen verdanken, lehren fast beliebige Blicke in die Geschichte. Rational ist eine Meß- und damit Bewertungsgröße, die unabhängig von der Summe der Erkenntnisträger ist. Grundsätzlich ist eine Meinung rational verantwortet, wenn

- sinntragende Begriffe formal und inhaltlich geeignet definiert sind
- Prinzipien und Prämissen ausfindig gemacht wurden und auf Realitätsdichte geprüft sind
- notwendige und hinreichende Bedingungen, unter denen die Meinung gilt, erkannt wurden
- Anwendung des Prinzips auf den Einzelfall nach logischen Regeln erfolgt

Wenn wir alle Qualitätsaussagen stets in der oben angegebenen Form begründen müßten, würde das mit Sicherheit zu einem erheblich verantworteteren Umgang mit der Sprache führen. Sicher ist unter dem Postulat der emotionalen Konsensfähigkeit in der Praxis die nackte Logik zu maskieren, jedoch befreit das nicht von der Verpflichtung, eigene Ansichten rational verantwortet zu gestalten. Der Schritt in die intellektuelle Redlichkeit fordert, nur zu behaupten, was auch begründet werden kann, und damit verantwortet (das heißt orientiert) umzugehen.

Es ist sicherlich unredlich, wenn ich die Gründe für meine Meinung weder kenne noch formulieren kann, aber von anderen erwarte, daß sie sich an dieser orientieren. Und es ist noch einmal intellektuell unredlich, wenn ich nicht bereit bin, gegen Gründe (nicht Behauptungen) meine Meinung zu ändern.

d) Enttäuschung unabgesprochener Erwartungen

Soziale Sicherheit also bedeutet für nicht wenige Menschen, daß sie sich mit anderen umgeben, von denen sie nicht ernsthaft in Frage gestellt werden. Wir finden oft Menschen nur deswegen sympathisch, weil wir aus Orientierungsunsicherheit glücklich darüber sind, daß jemand unsere Wirklichkeit teilt. Dabei wird aus dem Wort-Leistungs-Prinzip ein Wort-Hoffnungs-Prinzip.

Unter dem Dach welcher Werte sich soziale Systeme formieren, ist bekannt und vertraut. Partnerschaften wollen: Toleranz, Treue, Respekt, Vertrauen, Zuneigung, Liebe, Interessengleichheit, gegenseitige Förderung. Unternehmen wollen: Fairneß, Menschlichkeit, Vorbildlichkeit, Achtung fremder Würde, Zutrauen, Verantwortung. Weniger bekannt sind die Handlungskonsequenzen aus den Wortbedeutungen. Das Wort-Leistungs-Prinzip bleibt hinter dem Wort-Hoffnungs-Prinzip unnötig weit zurück.

Beispiel eines häuslichen Dialoges:

Sie: »Du hast eben noch gesagt . . .«
Er: »Das habe ich nicht gesagt . . .«
Sie: »Doch . . .«
Er: »Nein . . .«
Sie: »Ich werde doch wohl noch wissen, was ich gehört habe . . .«
Er: »Und ich weiß genau, was ich gesagt habe . . .«
Sie: »Man müßte wirklich langsam mal ein Tonband mitlaufen lassen . . .«
Er: »Schließlich ist es nicht das erste Mal, daß du nicht zuhörst . . .«

Sicher läßt sich das steigern. Doch die Analyse dieses Kurzdialogs ist bereits aufschlußreich. Sie wird zeigen, daß Menschen ohne Betroffenheit ohne ihre Werte handeln. Parallel zu dieser häuslichen Szene werden ähnliche Sprachmuster im beruflichen Bereich wirksam:

Vorgesetzter: »Sie haben beim letzten Mal darauf hingewiesen . . .«

Mitarbeiter: »Es tut mir leid, das bin ich nicht gewesen . . .«

Vorgesetzter: »Also entschuldigen Sie bitte, ich erinnere mich genau . . .«

Mitarbeiter: »Ich bin hundertprozentig sicher, daß ich nie darüber gesprochen . . .«

Vorgesetzter: »Wollen Sie etwa behaupten, daß ich die Unwahrheit sage . . .«

Mitarbeiter: »Dazu kann ich nichts sagen, jedenfalls stimmt es nicht . . .«

Vorgesetzter: »Das nächste Mal werden wir eben schriftlich verfahren . . .«

Mitarbeiter: »Damit habe ich wenigstens eine Sicherheit gegen Anschuldigungen.«

Was in den oben beschriebenen Szenen geschehen ist, ist deutlich. Es ist ein Satz gesagt, beziehungsweise nicht gesagt worden, den zwei Menschen offensichtlich unterschiedlich erlebt haben. Nun wird aber das Denken des Menschen nicht bestimmt durch das, was geschieht oder gesagt wird, sondern dadurch, wie er dieses wahrnimmt. Der Mensch nimmt aber eher nur wahr, was er wahrnehmen will. Und spätestens seit Paul Watzlawick wissen wir: Wahrnehmung ist in erster Linie »Nehmung«; ob diese jedoch wahr ist, das ist unter Umständen eine lange Diskussion.

Beide Gesprächspaare vollziehen ihre Kommunikation in Einigkeit der Werte: Respekt, Toleranz und gegenseitige Achtung. Sicher verteidigen sie jeweils diese Werte auch nach außen. Ihr tatsächliches Benehmen ist in diesem Fall aber gerade den Werten entgegengesetzt. Mit welchem Recht gehen wir davon aus, daß ein anderer Mensch im Unrecht ist, nur weil wir uns in der psychischen Gewißheit befinden, etwas nicht bezweifeln zu können? Und der Partner handelt gleichartig. Deutlicher sind Intoleranz und Mißachtung nicht zu signalisieren. Würden beide die Begriffe nicht nur emotional konsensfähig benutzen, sondern hätten sie gemeinsam rationalen Konsens über die Handlungskonsequenzen aus diesen Werten (Worten), dann wäre eine reife und alterozentrierte Antwort möglich gewesen. In der Partnerschaft: »Liebling, wir beide haben das unterschiedlich erlebt.« In der Führungsbeziehung: »Vielleicht können wir von dem ausgehen, was wir jetzt meinen.«

Dies sind Antworten ohne den diskriminierenden Verdacht im Herzen, der andere habe Defizite im Erinnerungsbereich. Alle unsere Werte zeigen sich in konkreten Interaktionen. Dies muß bekannt sein, um die Werte verantworten zu können. Viele Mitarbeiter sind heute enttäuscht, wenn ihre Erwartungen an die Unternehmenswerte und deren geforderte Konsequenzen nicht erfüllt werden. Der Grund liegt häufig in fehlender Kenntnis oder fehlender Erläuterung, welche konkreten Interaktionen aus den Unternehmensphilosophien folgen können und sollen.

3. Das Sicherheitsdebakel der Prognosen

Die fünf heiligen Kühe der technischen Entwicklung: Keil, Hebel, Rad, schiefe Ebene und Schraube sind Geschichte. Ihr Zweck war die konkrete Problembeseitigung, die Reaktion auf aktuelle Forderungen. Das hat sich in der jetzigen Zeit grundlegend geändert. Die gegenwärtige Situationsbewältigung scheint weniger interessant zu sein als die aufwendige Vorbereitung auf die Bewältigung von Eventualitäten der Zukunft.

Sicher sind wir in unserer intellektuellen Situation biologisch so abhängig, daß wir diese Abhängigkeit als Freiheitsbedrohung empfinden. Und weil der Mensch seine Grenzen nicht akzeptiert, versucht er, in alles selbst eine Ordnung zu bringen – verbunden mit dem Wunsch, sich in allem wiederzufinden.

Sicher ist die Herrschaft über den Augenblick die Herrschaft über das Leben, sicher streben nur die Unsicheren nach Sicherheit. Bedrohlich sollte uns die Frage erscheinen, wie wir unsere Fähigkeit zur Gegenwartsbewältigung trainieren wollen, wenn unser Streben dahin geht, zukünftige Belastungen im Vorfeld zu neutralisieren.

Prognosen sind eine Form unseres Ordnungssinnes, der sich nicht selten als Ordnungszwang verhält. Der menschliche Verstand neigt von sich aus dazu, in der Welt mehr Ordnung und Regelmäßigkeiten wahrzunehmen, als er darin tatsächlich vorfindet. Gibt er diesem Drang vielleicht noch in bürokratischer Übertreibung nach, organisiert er sein Leben so, daß seine Möglichkeiten immer enger werden.

Entscheidungen unter sicheren Bedingungen stabilisieren, auch wenn damit Forderungen an die Zukunft gestellt sind, die weder vorhersehbar waren noch eintreten werden. Nun kennen wir Unternehmen und Partnerschaften, die unseres Erachtens nicht mitten im Leben stehen, realitätsabgelöst mit hoher Verdrängungsenergie existieren, sogar ökonomisch erfolgreich sind. Denken wir an schmarotzende Beziehungen (Geld gegen Geborgenheit) beziehungsweise passive Verkaufsorganisationen (Annahme von Bestellungen). Der Preis ist der Verlust der Spannung, ein Energiedefizit.

Vergangenheitserfahrungen können nicht grundsätzlich zur Zukunftsorientierung futurologisch verlängert werden. Der verantwortungsvolle Manager entscheidet lieber mit Mut (= Handeln gegen Angst) trotz fehlender Information unter Unsicherheit, als durch Spekulation Phantomorientierungen aufzubauen.

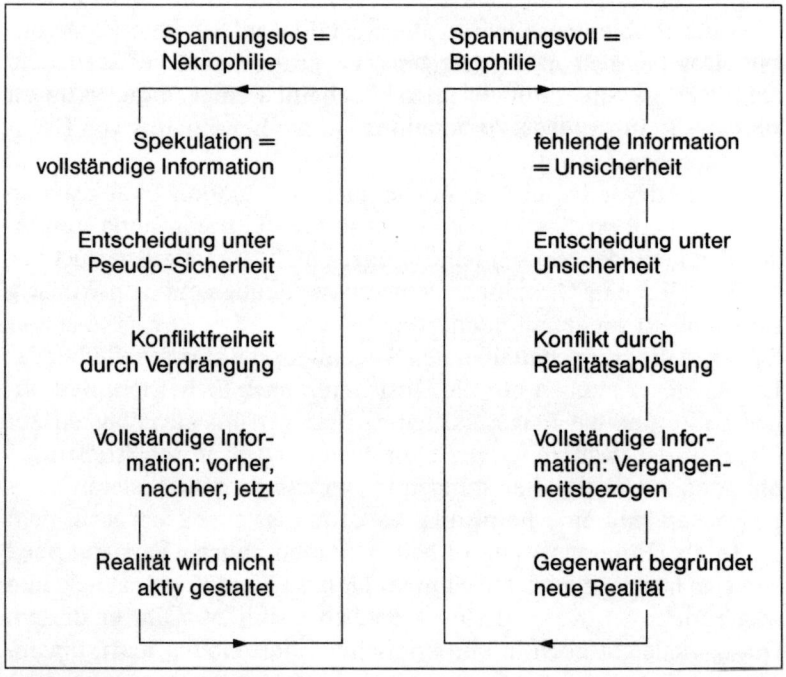

Information und Realität

a) Von der Nostalgie in die Illusion

Grundeinstellungen im allgemeinen Bewußtsein der Person oder auch eines sozialen Systems (Unternehmens), die entweder die Vergangenheitswerte verherrlichen oder sich überwiegend in der Zukunftsbewältigung organisieren, lassen fehlendes Gegenwartsinteresse erkennen.

Die Orientierung in den Zeitwelten außerhalb der Gegenwart ist psychisch begründbar. Nach dem emotionalen Prinzip der Unlustvermeidung und des Lustgewinns beeinträchtigen zwei Gefühle die Stabilität der narzißtischen Homöostase (seelisches Gleichgewicht):

1. Angst, begründet in der fehlenden Information. Ein Gefühl, das in diesem Zusammenhang der Zukunft zugeordnet werden kann.
2. Schuld, begründet in dem erkannten Fehlverhalten. Damit der Vergangenheit zeitlich zuzuordnen.

Für unnötig viele Menschen besteht der Lebensalltag aus einem nahtlosen Übergang von der Schuld zur Angst, ohne die Gegenwart als Bewältigungsauftrag zu erleben.

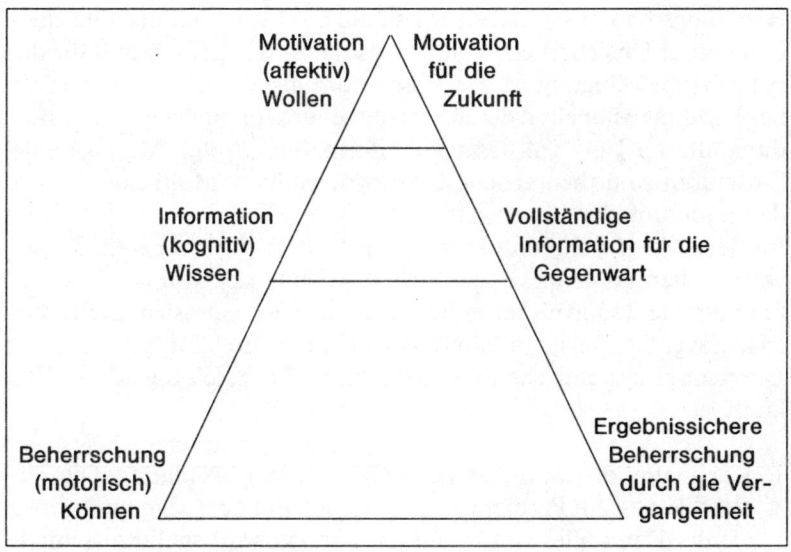

Verhaltensziele und Motivation

35

Die Angst vor der Zukunft kann endgültig weder durch Information noch durch Spekulation ernsthaft genommen werden. Hier bedarf es der emotionalen Werte der Zuversicht, Hoffnung und Motivation, um mit vorstellbaren und unvorstellbaren Eventualitäten fertig zu werden. Im System »Unternehmen« ist dieses die oberste Führungsaufgabe. (Die dazu erforderlichen Persönlichkeitsdaten behandelt das Kapitel 3.)

Die Erfahrung der Vergangenheit liefert durchaus Orientierung für die Gegenwart. Damit sind die technischen Informationshilfen voll ausgelastet. Die Motivation bleibt dem Menschen vorbehalten und damit auch die Verantwortung für den Antrieb in sozialen Systemen. Die Kategorien des Verhaltens seien wie vorher angegeben zugeordnet.

Vollständige Information ist eine Frage der Gegenwart. Unter der Voraussetzung, daß Realitätsdichte erwünscht und Konfliktfähigkeit vorhanden ist, besteht Zugriff auf Entscheidungsdaten. Der rationale, verantwortungsvolle Manager ist gegenwartsfähig und sorgt mit hoher Motivation für Zukunftsfreude.

b) Der Sieg der Zukunft über die Vorbereitung

Handlungstheoretisch haben wir ständig die Situation der Entscheidung unter Unsicherheit. Voraussetzung für das Lernen und für die Aufgabenbewältigung ist das Wissen um die Vernetzung innerhalb der Vieldimensionalität des aktuellen Lebens. Es gibt keine Entscheidung, die im Netz vollständiger Information erfolgt. Monokausale Strukturen sind theoretische Überlegungshilfen. Multikausalität ist die Forderung der Gegenwart.

Insofern hält die Zukunft grundsätzlich mehr für uns bereit, als wir vorhersehen können. Verabschieden wir uns also von der Illusion, über direkte Bedürfnisbefriedigungen (etwa Konsumsicherheit) hinaus, präventive Belastungsabwehr vornehmen zu können.

Die richtige systemische Investition in der Vorbereitung auf die Zukunft ist:

1. Konzentration auf die aktuelle Gegenwartsbewältigung. Die Zukunft kann kein Problem sein, wenn ich mit der Gegenwart fertig werde. Denn alles, was kommen könnte, wird schlimmstenfalls aktuell.

2. Energie in die Motivation und das positive Denken. Negativer Intelligenzeinsatz (kreativer Kritizismus) ist der Feind der Zuversicht. Dazu gehört auch, daß man schon einmal die Pfeile seiner Sehnsucht über sich selbst hinausschießen läßt, auch wenn sie an den engen Wänden der Psyche wieder abprallen.

Einem System, das nicht über die bewußt geförderten Elemente der Motivation in der Realisierung der Werte verfügt, ist für die Zukunft nicht gerüstet. Die Pflege des Kaders im Unternehmen oder doch mindestens einer qualifizierten Multiplikatorengruppe ist Personalentwicklungsaufgabe.

c) Wahrheit und Wahrnehmung

Eine Aussage ist wahr, wenn sie mit dem ausgesagten Sachverhalt übereinstimmt. In der Objektbetrachtung ist Wahrheit mit Realität gleichzusetzen. Suche nach Objektivität wäre damit das Bemühen, Erkanntes und Tatsächliches in Einklang zu bringen.

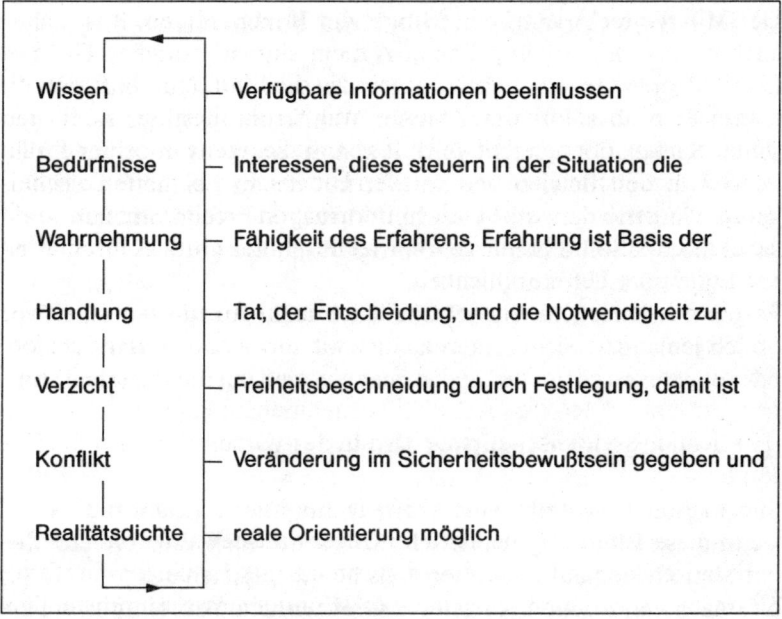

Wissen	— Verfügbare Informationen beeinflussen
Bedürfnisse	— Interessen, diese steuern in der Situation die
Wahrnehmung	— Fähigkeit des Erfahrens, Erfahrung ist Basis der
Handlung	— Tat, der Entscheidung, und die Notwendigkeit zur
Verzicht	— Freiheitsbeschneidung durch Festlegung, damit ist
Konflikt	— Veränderung im Sicherheitsbewußtsein gegeben und
Realitätsdichte	— reale Orientierung möglich

Wissen bestimmt Realitätsdichte

37

Wahrnehmung ist vom Subjekt nicht zu trennen. Das von der Person Erlebte entzieht sich grundsätzlich dem Anspruch auf Wahrheit, wenn auch nicht immer dem Anspruch auf emotionalen Konsens. Diese Polarität zwischen Wahrheit und Wahrnehmung läßt die Abhängigkeiten in der vorher angegebenen Grafik erkennen.

Neues Wissen (Bildung) bedeutet die Verabschiedung von der bisherigen Situation. Für viele Menschen bedeuten neue Informationen, speziell, wenn sie die aktuelle Erkenntnis in Frage stellen, eine massive Identitätsbedrohung. Die Psyche hat ein Recht darauf, im kuscheligen Nest ihrer konservierenden Selbstbewahrung nicht unnötig irritiert zu werden. Prompt reagiert sie mit den ihr eigenen Verdrängungs- und Abwehrmechanismen. Die häufigsten sind beliebige Formen des Einsatzes der Intelligenz zur Pejorisierung. Wahrheit im oben angegebenen Sinne befriedigt das Lustbedürfnis der Menschen höchst selten.

Erinnern wir eine der schizophrenen Strategien zur emotionalen Entlastung im sozialen Feld:

Der Mitarbeiter A kann den Mitarbeiter B nicht leiden. B ist dabei auch noch so hinterhältig, daß er A nicht einmal genügend Gründe liefert, damit dieser berechtigt gegen ihn sein darf. Nun hilft sich A, indem er B ab sofort unter einem Wahrnehmungsfilter sieht, der seiner Spekulation gerecht wird. B kommt morgens in echter Fröhlichkeit in den Betrieb und verteilt mit einem herzhaften »Hallo, guten Morgen« den von A als hinterhältig wahrgenommenen »Frischeschock«. Sollte B mit gebremster Euphorie grüßen, bekäme er das Etikett der Unfreundlichkeit.

Es gehört wahrscheinlich viel Charakter dazu, um zu unterscheiden, ob ich jemanden nicht leiden kann, weil der soviel verkehrt macht, oder ob jemand soviel verkehrt macht, weil ich ihn nicht leiden kann.

d) Unsicherheit garantiert Spekulation

Spekulation beschreibt eine vorweggenommene Erfahrung. Auch wenn diese Erfahrung realistisch nicht stattfinden kann, verarbeitet ein Mensch sie häufig emotional als bereits geschehen.

Normalerweise flößen festgelegte Grenzen den Wunsch ein, sie zu überschreiten. Vielleicht ist es menschlich, daß wir aus der Tatsache,

Grenzen erkennen zu können, darauf schließen, Grenzen auch überschreiten zu können. Die Angst vor dem Ungewissen wird spekulativ
durch Daten (nicht entscheidungsrelevante Informationen) minimiert.
Unvollständige Information führt zu Entscheidungen unter Unsicherheit. Menschen neigen dann dazu, mit ihrer Wirklichkeit so lange
die Realität aufzufüllen, bis eine Entscheidung unter Sicherheit wahrgenommen werden kann.
Im Gegensatz dazu ist Mut das Handeln trotz Angst (im Bewußtsein
fehlender Information). Ohne fehlende Information sind Mut und
Zivilcourage gegenstandslos (auch wenn mutige Manager in sind!).
Der bewußte Umgang mit Unsicherheiten ist Lebensbewältigung –
insbesondere Manageraufgabe. Mit der Forderung der Transparenz
der Sachzwänge an die Entscheidungsstelle, ist auch die Aufforderung
zum verantworteten Risiko verbunden. Natürlich geht es nicht ohne
Information. Doch ist der Grad der Information in einem sozialen
System nahe Null, so ist der Grad der Spekulation nahe unendlich.
Sachfremde und realitätsabgelöste Spekulation ist grundsätzlich ein
Problem der Unsicherheit. Information nimmt Angst, das ist richtig;
jedoch ist die vollständige Information kein realistisch anzustreben-
der Zustand. Hier stoßen wir an die Grenzen der Unterstützung
durch Großrechner, PCs und Laptops. Die Stufen des Könnens und
des Wissens sind durch sie unterstützbar. Die Antriebsstufe des
Wollens, der Motivation, der kreativen Moderation ist dem verantwortlich denkenden Manager belassen.

4. Keine Zeit für Konfrontationen

Zukunft ist die Zeit, die jeden Augenblick beginnt. Den meisten
Menschen gemein ist, daß sie Zeit als wertvolles Gut erleben, das
man nicht vertun darf. Zumindest ist diese Ansicht emotional sehr
konsensfähig. Auch hier nimmt es wunder, warum aus dieser Einsicht
nicht Konsequenzen gezogen werden. Das Sprichwort »Zeit ist Geld«
weist auf eine Gemeinsamkeit hin: Beider Nutzen und Möglichkeit
der Bedarfsdeckung sind nicht von der Menge, sondern vom Verwal-
ter abhängig. Jeder Mensch hat jeden Tag alle Zeit, die es gibt. Und
in der Bankingsprache heißt es: »The difference between money is
people.«

Rockefeller soll gesagt haben: »Nimm alles Geld der Welt, verteile es gleichmäßig unter die Menschheit – gib jedem 100 Dollar. In 24 Stunden hat die Hälfte der Menschheit keinen Dollar mehr, die andere Hälfte je 200 Dollar. Dieser Vorgang wird sich so lange wiederholen, bis die jetzigen Verhältnisse wiederhergestellt sind.« Es spricht vieles dafür.

Die Regel lautet: Wenn jemand mit einem bestimmten Quantum nicht umgehen kann, ist die Unfähigkeit nicht durch ein Mehr des Quantums auszugleichen. Statistiken über jahrzehntelange Kontoüberziehungen auf allen Karrierestufen liefern den gleichen Beweis wie die permanente Überarbeitung des schlechten Zeitverwalters.

Nun gibt es aber einen wesentlichen Unterschied zwischen Zeit und Geld. Zeit ist im Gegensatz zur Münze nicht hortbar, nicht sparbar, nicht kreditierbar. Zeit zwingt zum ständigen Verbrauch. Und damit zu ständigen Entscheidungen, was geschehen soll und was nicht. Damit werden viele Menschen an einer schwachen Stelle gefordert. Zeitumgang ist weit mehr Charaktersache als man denkt.

Zeitverwaltung bedeutet permanente Entscheidung zwischen Wertstellungen beziehungsweise Polaritäten. Manager werden hierin besonders gefordert, denn ihre Aufgabe ist die rational verantwortete Güterabwägung zwischen wechselnden Polaritäten und Prioritäten. Damit bedeutet jede Entscheidung auch Scheidung (am besten weg von beiden Polen) und damit ständigen Verzicht. Dem menschlichen Lustprinzip wird so nicht unbedingt Rechnung getragen; wen wundert es, daß emotional entlastendes Vorgehen häufiger zu Zeitproblemen führt, als der anstrengendere rational erarbeitete handlungsleitende Wert.

Am nutzlosesten scheint die Zeit in Konfrontationen und Konflikten verbracht zu werden. Wir wollen nicht so weit gehen zu behaupten, daß Ruhe mehr gilt als Recht, aber die Antwort auf die Frage, wie viele unserer Probleme an Personen gebunden sind, deutet an, daß wir lieber Personen bekämpfen als Probleme. Offensichtlich glauben wir, daß mit der Verfügbarmachung eines Menschen auch ein ganzer Problembereich für die Zukunft beseitigt ist.

a) Menschliche Störgrößen in der Sachlösungszeit

Die Werte »Sachlichkeit« und »Objektivität« erfreuen sich hoher Beliebtheit. Irgendwie scheinen es Normgrößen zu sein, unter denen

Probleme effizienter zu lösen sind. Losgelöst vom Menschlichen scheint mit Lösungen mehr los zu sein. »Bleiben wir doch sachlich« ist die Beschwörungsformel, der die meisten moralische Achtung zollen. Selten bedacht wird, daß allein dieser Appell in der Kommunikation einen schweren emotionalen Angriff darstellt.

Emotionen haben eine wesentliche kommunikative Funktion. Das heißt, sie werden als Signal und Korrektiv in der privaten und arbeitenden Gruppe dringend benötigt. Signalisieren sie doch, zu welchen Interaktionen jemand fähig und bereit ist, und zu welchen nicht.

Natürlich kennen wir viele Emotionen, die realitätsabgelöst Vorurteile verteidigen. Aber auch in den Vorurteilen, das sollte berücksichtigt werden, verdichtet sich die Geschichte eines Menschen, und vor der sollten wir allemal Respekt haben.

Konflikte haben unter anderem die Ursache, daß die emotionale Situation des anderen nicht richtig eingeschätzt wurde. Wenn wir mit Emotionen der anderen nicht richtig umgehen können, berechtigt das nicht zu deren Unterdrückung. Die zwangsweise und die freiwillige Zurückhaltung von Emotionen ist kommunikationsschädigend. Das Ideal der Funktionalisierung anderer Menschen ist ethisch nicht verantwortbar.

Sachlichkeit ist nur auf einer guten Beziehungsebene möglich. Ein Mensch wird einem anderen Menschen oft nur aus dem Grund widersprechen, weil ihm der Typ oder die Art, wie etwas gesagt wird, nicht gefällt. Damit ist nicht das alte Transportproblem des Senders in der Kommunikation angesprochen, sondern die Fähigkeit der Vorbilder in sozialen Systemen, bei Konflikten so vorzugehen:

1. Beziehungsprobleme lösen. Beziehungsprobleme und emotionale Konflikte zwischen Menschen sind nur über Gespräche zu lösen.
2. Sachprobleme lösen. Auch wenn zwischen Menschen Erwartungen und Interessen unterschiedlich sind, ist es wichtig, optimal aufeinander einzugehen.

Selten stehen Sachprobleme alleine. Meistens sind sie mit einem Beziehungsproblem gekoppelt. Hier werden Manager in ihrer sozialen Kompetenz gefordert. Der Eigentest ist einfach: Neige ich dazu, persönliche Interessen und Erwartungen anderer – speziell in Konfliktsituationen – tatsächlich als Störgrößen in der Sachlösungszeit wahrzunehmen? Dann habe ich zumindest in solchem Zusammenhang ein funktionales Menschenbild. Nur unter besonderen Umständen ist dies zu verantworten.

b) Die Zinsen der Verdrängung

Verdrängung sei hier verstanden als die psychische Kraft, ein Faktum, eine Erkenntnis oder Erinnerung nicht in ihrer eigentlichen Relevanz zu erleben. Sie bezeichnet das gebrochene Verhältnis zu dem, was zählt. Die Gnade des Vergessens läßt zuweilen Gewohnheiten zum Abenteuer werden. Dagegen hat die Verdrängung von Konflikten einen hohen Preis.

Interesse steuert Wahrnehmung, und Assoziationen sind weitgehend Bedürfnisnachweise. Wir kennen den Effekt des Einkaufens unter starkem Hungergefühl oder das steigende Interesse am geschlechtlichen Gegenpol bei zureichenden Mißerfolgen. Das Interesse unserer Psyche ist Lustgewinn und Unlustvermeidung. Sind Erkenntnisse also derart, daß ich sie einerseits als unlustig erlebe und andererseits nicht ändern kann, werden sie meist erfolgreich verdrängt, um nicht immer wieder durch die böse Realität auf die Defizite aufmerksam gemacht zu werden. Dafür stehen folgende Beispiele:

Führungskraft A ist von sich nicht besonders überzeugt. Sie leidet darunter, daß ihr Real-Ich dem Ideal-Ich gegenüber unterwertig zu sein scheint. Im sozialen Feld wird diese Erkenntnis stetige Nachteile bringen. Die Zinsen der Verdrängung bescheren ihr einen psychischen Teufelskreis: Fehlendes Selbstwertgefühl und empfundene Minderwertigkeit sind wesentlich darin begründet, daß dem eigenen Idealbild nicht entsprochen wird. Die starre Fixierung auf ein unerreichbares Ideal führt dazu, daß andere nur in der Bestätigung des negativen Selbstbildes akzeptiert werden. Aktive Sympathie wird als unkritisch rationalisiert. Ja, es geht so weit, daß Menschen diejenigen wegen schlechten Geschmacks verachten, von denen sie vorbehaltlos gemocht werden. Die Bestätigung der Minderwertigkeit wird verstärkt.

Führungskraft B erfährt Ärger als ein berechtigtes Gefühl anderen gegenüber, die sie enttäuscht haben. Verdrängt hat sie erfolgreich die Realität, daß der häufigste Ärger darin besteht, unabgesprochene Erwartungshaltungen (Wortbedeutung!) in andere hineinzuprojizie-

ren, und dann sauer zu werden, wenn diesen nicht entsprochen wird. Der Mitarbeiter wird dann mit Interaktionen konfrontiert, die Strafcharakter haben:
Es erfolgen Sanktionen, unter denen man selber leiden würde im Erfahrungsbewußtsein um die Wirkung. Bei offener oder verdeckter Isolationsangst geht man instinktiv davon aus, daß es für andere eine Strafe sein muß, von einem selbst nicht gemocht zu werden. Dementsprechend verfährt man mit dem Sozialpartner. Damit begründet sich die Forderung der Konfliktfähigkeit im Management verstärkt. Für die Praxis gilt: Jeder, der andere klein macht und dadurch sein Format bezieht, ist ein unglücklicher Mensch. Als innerlich stark verwundete Menschen leben sie aus der Negation von Fremdpositionen. Das gibt weite Schutzräume durch die Schützengräben der Phantombilder, um schon im Vorfeld nicht angegriffen werden zu können. Was Menschen zerstören, brauchen sie nicht zu verteidigen. Wenn wir *für* etwas sind, können wir angegriffen werden.

c) Gewissensfrage: Zeitnutzung oder Zeitverbrauch

Gegenüber der Fähigkeit, die Arbeit eines einzigen Tages sinnvoll zu ordnen, ist alles andere im Leben ein Kinderspiel. Dieses Goethewort läßt ahnen, daß auch große Geister mit den gleichen Schwierigkeiten kämpften wie wir. Doch darauf darf sich keiner ausruhen.
Der verantwortungsvolle Manager orientiert sich im täglichen Kampf gegen seinen »inneren Schweinehund«. Er kennt die Ursachen für die »Aufschieberitis« und begegnet ihnen. Die Gründe, aus denen wir etwas vor uns herschieben, sind nicht immer bewußt. Im wesentlichen beziehen sie sich auf:

1. Intuition
Begründetes Warten auf die höhere Eingebung, die nötig ist, verzögert den Arbeitsbeginn. Solange ich nicht den göttlichen Funken habe, lohnt es sich gar nicht, diese wertvolle Arbeit zu beginnen. Es könnte schade um das Ergebnis sein.

2. Identifikation
Wer immer prompt und zuverlässig alles erledigt, gerät in den Verdacht, die eigene Funktionalität zu übertreiben. Es ist durchaus »menschlich« und vor allem emotional solidarisierend, nicht so perfekt zu sein.

43

3. Erwartung

Wenn ich meine Aufgaben und Arbeiten immer pünktlich und zuverlässig erledige, steigen automatisch die Anforderungen an mich durch mich und an mich durch andere. Das ist meist nicht erwünscht.

4. Offenbarung

Wenn ich mich hinsetze und tue, was getan werden muß, wird sofort sichtbar, was ich kann – und was ich nicht kann. Solange ich noch nicht getan habe, was zu tun ist, bin ich auch die Hoffnung nicht los geworden, es könnte großartig werden.

5. Selbstschutz

Selbstwertgefühl	entspricht	Fähigkeiten
Fähigkeiten	erkennt man an	Leistungen

Da unter schlechten Leistungen das Selbstwertgefühl leiden würde, erfolgt ständiger Aufschub und damit hoher Verpflichtungsdruck. Leistung unter Druck ist dabei kein eigentlicher Fähigkeitsnachweis. Setze ich mich durch Aufschieben unter Zeitzwang, wird das Arbeitsergebnis immer zu rechtfertigen sein: Es entspricht zwar nicht meinen Fähigkeiten unter optimalen Bedingungen, aber es ist erstaunlich, was ich trotzdem zustande brachte.

6. Pünktlichkeit

Ich werde nicht bemerkt, also bin ich mittelmäßig. Die Geborgenheit des Durchschnitts verhindert weitgehend die Profilierung durch das Besondere. Die Assoziationskette heißt: zuverlässig – reibungslos – unauffällig – unbemerkt – uninteressant.

Der verantwortungsvolle Manager sieht realistisch die Ursachen für den Aufschub bestimmter Arbeiten, für ungeeignete Zeitverwaltung. Er bedenkt, daß Menschen sich auch mit Hilfe von »Pseudowahrheiten« schützen müssen. Einige davon sind manchmal auch berechtigt. Nicht alle Lebenslügen darf man entfernen, sonst fehlen wichtige Alltagsorientierungen. Doch sich selbst etwas vorzumachen, führt dazu, daß auch andere belogen werden.

d) Unbequeme Therapien bei Zeitneurosen

Rezepte und Ratschläge gibt es viele. Das Führen von Zeitplanbüchern sei beispielhaft erwähnt. Vielen hilft das. Nicht wenige jedoch sehen in der täglichen Disziplin der Wartung eine zusätzliche Belastung. Mit der Zeit nicht zurechtzukommen, öfter gehetzt zu sein, Termindruck als Alltagsgefühl, hängt vielleicht mehr mit dem eigenen, nicht reflektierten Menschenbild zusammen, als wir glauben.

Zur Orientierung der Verantwortung für die eigene Zeitverwaltung sei die Abhängigkeit der Menschen mit starker Besitzorientierung dargestellt: Haben-Menschen brauchen die Weite des Augenblicks. Je mehr ihnen jeweils im Augenblick zur Verfügung steht – es braucht nicht genutzt zu werden –, desto sicherer fühlen sie sich. Festlegungen und Entscheidungen sehen sie als Möglichkeitsverlust, und damit Einengung ihrer Freiheit an. Sinnvolle Zeitnutzung jedoch fordert permanente Entscheidungen. Definiere ich mich aber über meine Möglichkeiten, ist jede Entscheidung eine Verkürzung meiner Person. Mit der positiven Zeitentscheidung (was ich tun will) ist eine negative Zeitentscheidung (was ich nicht tun will) gefallen. Hier ist die Konsequenz erforderlich. Bei fehlender Entscheidung erfolgt Fremdbestimmung. Die Freiheit, sich durch Nicht-Entscheidung alle Möglichkeiten offenzuhalten, muß bezahlt werden. Abgesehen von den psychischen Belastungen, sich nicht auf zuviel gleichzeitig kon-

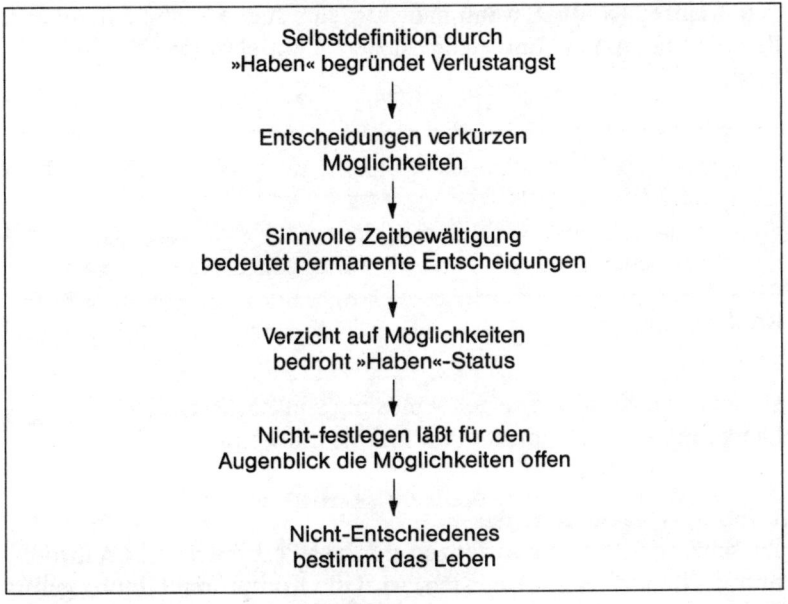

Selbstdefinition durch
»Haben« begründet Verlustangst

↓

Entscheidungen verkürzen
Möglichkeiten

↓

Sinnvolle Zeitbewältigung
bedeutet permanente Entscheidungen

↓

Verzicht auf Möglichkeiten
bedroht »Haben«-Status

↓

Nicht-festlegen läßt für den
Augenblick die Möglichkeiten offen

↓

Nicht-Entschiedenes
bestimmt das Leben

Zeitverwaltung der »Haben«-Menschen

45

zentrieren zu können, wird die Realität in Form von Mahnungen und Zwängen ihr Recht fordern.

Die Abgespanntheit der speziell geistig Tätigen rührt nicht vom Erledigen der Arbeit her, sondern vom Aufschieben. Was Menschen getan haben, erzeugt eher Euphorie und neuen Antrieb. Was sie nicht getan haben, belastet sie über die Arbeitszeit hinaus. Eine wesentliche Lebenslüge des Managers, die er rational kaum verantworten kann, ist die Tatsache, daß er sich mehr vornimmt, als er bewältigen kann. Die Psyche ist zwar beruhigt (»Wenn ich mich schon nicht durch Leistung definieren kann, dann doch wenigstens in der Qualität und Quantität meiner Absichten«), doch die Frustration am Ende des Planungszeitraumes ist vorprogrammiert.

Also: Handeln heißt verzichten. Der Verzicht ist die Bejahung einer Entscheidung.

5. Konflikt als ständige Aufgabenstellung

Wir erfahren Konflikt, wenn nahezu gleich starke Kräfte auf ein und denselben Punkt mit unterschiedlichen Wirkrichtungen Einfluß nehmen.

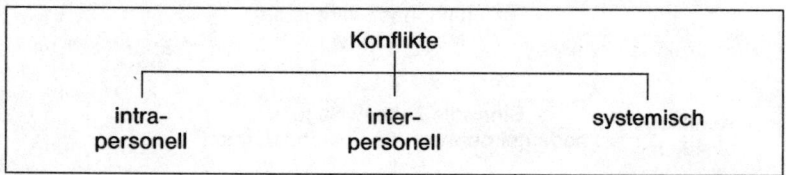

Konfliktarten

Die meisten Konflikte zeigen Ablösung von Realität auf. Grundsätzlich können drei Hauptarten unterschieden werden:

1. Intra-personelle Konflikte
Zwischen den Konfliktinstanzen in einer Persönlichkeit (Wahrnehmung – Bedürfnisse – Über-Ich) wird die Kompromißbildung gefordert:

46

Letzter freier Parkplatz	(Wahrnehmung)
Es ist höchste Zeit	(Bedürfnisse)
»Nur für Behinderte«	(Über-Ich)

2. Inter-personelle Konflikte

Fast alle Konflikte zwischen Menschen lassen sich auf einen Ursprung reduzieren: unterschiedliche Wahrnehmung. Die Gefährdung eigener Gewißheit durch Meinungsabweichung anderer wird als Bedrohung erfahren: »Das habe ich nie gesagt.« – »Das haben Sie wohl gesagt!«

3. Systemische Konflikte

Ein Konflikt zwischen Systeminteressen und autonomen Bedürfnissen entsteht dann, wenn in einem sozialen System alle Regeln eingehalten werden, sich aber kein Glücksgefühl einstellt, alle versprochenen Empfindungen nicht eintreten.

In aller Konfliktverarbeitung werden die Mechanismen der eigenen Erfahrung zutreffen: Projektionen, Verdrängungen, psychische und soziale Zwänge. Konflikte stellen verschiedene Aufgaben:

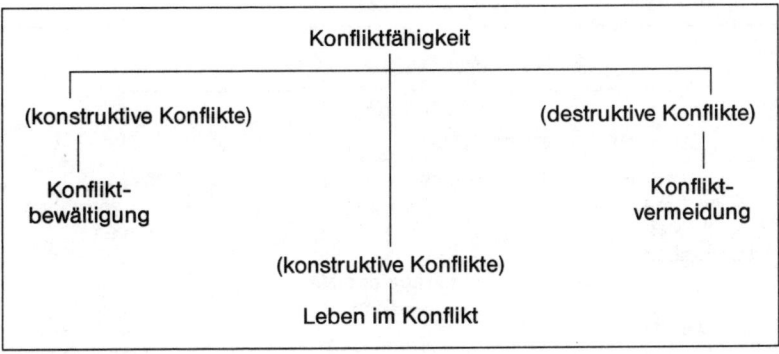

Umgang mit Konflikten

Da jeder Konflikt in sich die Chance bietet, der Realität näherzukommen, ist es notwendig, aus dem Kontrast heraus zu leben und Konfliktfähigkeit als Tugend des Managers auszubilden.

47

a) Konfliktfähigkeit als Lebensnachweis

Leben bedeutet zwingend Auseinandersetzung. Die meisten täglichen Anforderungen, privat wie beruflich, spielen zwischen Polen. Der Manager wägt ab zwischen

Autonomie	–	Heteronomie
Personalität	–	Funktionalität
Wirtschaftlichkeit	–	Humanität
Sozialität	–	Individualität
Information	–	Spekulation
Beziehung	–	Sache

Polare Lösungen sind selten realitätsdicht. Die Forderung nach Harmonie, Spannungsfreiheit und Ruhe ist die Forderung nach dem psychischen Tod. Der Körper wird allerdings nicht unmittelbar nachziehen. Das Verhältnis zwischen Selbstbild und Fremdbild bestimmt die Selbstachtung. Dieses starke Bedürfnis erhält seine Befriedigung über Kompromisse zwischen der Wahrnehmung der Fremdbilddaten und den Forderungen des Über-Ichs. Abweichungen bedeuten Konflikte. Da die intra-personelle Konfliktfähigkeit sich auf die Bewältigung der anderen Konflikte auswirkt, entsteht folgender Kreislauf:

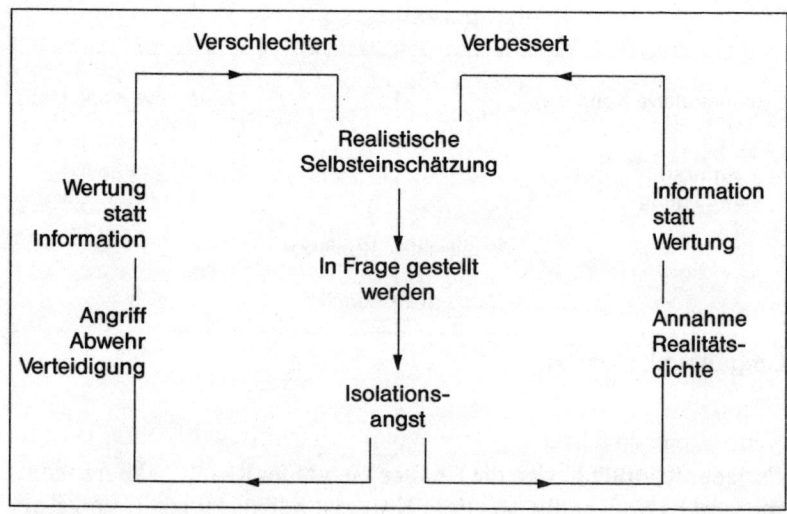

Regelkreis Selbsteinschätzung

Selbsterkenntnis bedeutet ständiges Ertragen dessen, was mit dem Selbstbild nicht vereinbar ist (z. B. Fehlverhalten). Wenn ich die Fähigkeit »zu verlieren« abbaue, schaffe ich nur noch Situationen, in denen ich nichts mehr verlieren kann. Für den verantwortlich denkenden Manager bedeutet Konfliktfähigkeit auch Illusionsverlust in der Selbsterfahrung.

Forderungen an die persönliche Konfliktfähigkeit:
1. Disziplinierter, lang andressierter Wille, Realität gegen die eigene Wirklichkeit abzugrenzen. Befreiung von Lebenslügen.
2. Sich den brutalen Forderungen der gegen die Wirklichkeit abgegrenzten Realität stellen.
3. Lernen, die Verletzung der Selbstachtung in Kauf zu nehmen, in Spannung zu leben und dieses als konstruktiv zu empfinden.

Die rationale Auseinandersetzung mit der eigenen Person ist dafür eine wichtige Bedingung. Autonomie im Sinne von Selbstbestimmung ist Konfliktfähigkeit. Wenn wir Situationen meiden, in denen Niederlagen auftreten können, beginnt das psychische Altern.

b) Das Angriffsrecht der Realität

Von wesentlicher Bedeutung für die rationale Konsensfähigkeit ist die Unterscheidung zwischen Realität und Wirklichkeit. In diesem Zusammenhang sei Realität von »Sein« abgeleitet, und meint das, was ist. Die Wirklichkeit bezeichnet hier, abgeleitet von Wirkung, das, was wirkt. Unser Verstand ist vorwiegend auf die Verarbeitung von Wirklichkeit, von dem, was dem Menschen erfahrbar gegenübertritt, ausgerichtet. Die abstrakte Größe »Realität« ist nicht erfahrbar. Sie zu erkennen, ist uns nicht vergönnt. Was wir erfahren, ist die Ablösung von Realität. Wir erfahren sie als Konflikt, das heißt, daß auch Erfahrung keine Sicherheit begründet.

Beispiel:
Ein Seemann, der in stockdunkler Nacht ohne äußere Orientierung eine klippengefährliche Meerenge durchschifft, wird, wenn er scheitert, in der letzten Sekunde seines Lebens vor dem Ertrinken nur eine sichere Realität kennen: Dieser Kurs war der falsche. Bei geglücktem Unternehmen wird er nachher nur eines wissen: Dieser Kurs war der

richtige. Wie viele Fahrrinnen geeignet sind und wie viele nicht, bleibt verborgen.

Was wir an Realität erleben, ist jeweils nur ein kleiner, unvollständiger Ausschnitt. Und die einzige Orientierungsgröße, die wir wahrnehmen können, ist der Konflikt. Er eröffnet überhaupt erst die Möglichkeit, sich mit Realität qualifiziert auseinandersetzen zu können.

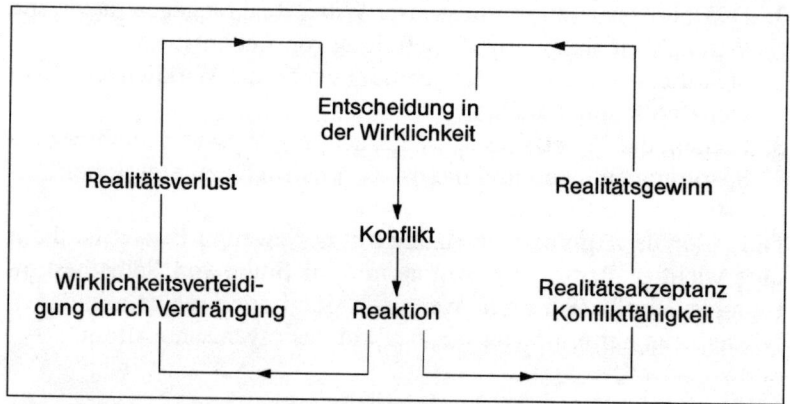

Regelkreis Realitätsdichte

Somit scheint der Konflikt grundsätzlich etwas Positives zu sein im Sinne der Biophilie (Lebensbejahung). Das Recht der Realität, Konflikte zu produzieren, wenn wir uns in Erkenntnissen und Entscheidungen von ihr entfernen, ist wahrscheinlich die letzte Chance, die wir haben, langfristig zu überleben. Vor allem in den sozialen Welten, auf die wir angewiesen sind.

c) Konstruktive und destruktive Konflikte

Es gehört zur Realität, daß sie keine Rücksicht auf das Leben nimmt. Es ist sinnvoll, davon auszugehen, daß soziales, intellektuelles oder emotionales Leben durchaus realitätsdicht organisiert und dabei nekrophil (lebensverneinend) strukturiert sein kann.
Partnerschaften, in denen beide auf gegenseitige Entfaltung verzichten, um somit konfliktfrei zu leben, sind an der Realität der Ruhe und äußeren Spannungsfreiheit orientiert, vernichten sich jedoch syste-

matisch sogar mit innerer Zufriedenheit (Systemtreue). Unternehmen in starker und erstarrter Bürokratie orientieren sich an der Realität einer Umwelt, die dieses gestattet. Dieses Systemleben instrumentalisiert und funktionalisiert seine Menschen, die Systemagenten. Es gibt gute Gründe anzunehmen, daß dieses nekrophil ist.
Die Frage nach den konstruktiven und destruktiven Konflikten ist somit keine Frage nach der Realität, sondern eine ethische Frage, wie erkannte Realität zu verwalten ist. Das setzt logisch ethische Prinzipien voraus. Das ist die wesentliche Forderung an den rational konsensfähigen Manager.
Konstruktive Konflikte sind alle die, durch welche Leben sich in allen Dimensionen entfalten kann. Angstfreie Beziehungen können auch das Ergebnis beiderseitiger Autonomieentfaltung sein. Vorausgesetzt, beide sind konfliktfähig und bereit, Konflikte zu lösen, indem sie sich realitätsdicht neu orientieren.
Destruktive Konflikte sind alle die, durch welche Leben nicht entfaltet werden kann. Die Konfliktlösung setzt Energien zu weiterer nekrophiler Entwicklung frei. Dies ist zum Beispiel der Fall, wenn in Unternehmensführung oder Partnerschaft die persönliche Bedürfnisbefriedigung an erster Stelle steht.
Zu beachten ist sicher, daß mit jeder Konfliktlösung »Sein« (Realität) positiv beziehungsweise negativ verändert wird und damit der Boden neuer Konflikte geschaffen ist. Somit versteht sich realitätsdichtes Leben als ständiger Konflikt.
Auch Humanität ist Konfliktfähigkeit. Wir sind bereit, alles für Menschen zu tun, die wir lieben, nur eines nicht: sie so zu nehmen, wie sie sind. Ständig arbeiten wir mit Energie daran, sie zu dem zu zwingen, was wir Glück nennen. Da wird der Partner zum Beispiel zur Fitneß missioniert, nur weil man selbst Bewegungslust hat.

d) Isolationsangst bestimmt die Konfliktqualität

Nekrophil bezeichnet die Eigenschaft einer Handlung, die geeignet ist, physisches, intellektuelles, soziales und psychisches Leben zu verkürzen. Im Gegensatz dazu bezeichnen wir als biophil alles, was Leben entfaltet. Eine Partnerschaft ist nekrophil, wenn die Angst vor Isolation stärker ist als die Bereitschaft zu Konflikten. In dieser Situation ist Konfliktfähigkeit nicht gegeben, und der Partner lebt ein Leben aus zweiter Hand.

Menschen haben als eine Grundmotivation in ihrer Partnerschaft die Angst vor dem Alleinsein. Bei Autonomiekonflikten wird die Güterabwägung zugunsten des Autonomieverzichts ausgehen. Dadurch ergibt sich eine ständige Einschränkung der persönlichen Entwicklung.

Der andere wird die vermeintliche Anpassung als angenehm empfinden und Rechte daraus ableiten. Damit werden die Rituale und Standards in dieser Partnerschaft einseitig zugunsten einer Person gefestigt und erweitert.

Kann der nachgebende Partner aufgrund seiner – wenn auch gebremsten – Entwicklung die Isolationsangst überwinden und besinnt sich seiner Autonomie, ist die Krise in Sicht. Er stellt nun fest, daß er in einem Netz von Riten gefangen ist, die einerseits überwiegend zu seinen Ungunsten organisiert sind, andererseits eine Veränderung dieser Gewohnheiten in der Sicht des Partners die Beziehung gefährdet. In dieser unbefriedigenden Situation liegen nicht wenige Gründe für die wachsenden Scheidungsraten.

Die Lösung liegt in einer Standortbestimmung beider, möglichst nach einer gemeinsamen Analyse unterschiedlicher und gleicher Erwartungen, wobei die Verständigung über Wortbedeutungen wichtig ist und wieder Forderungen an die rationale Konsensfähigkeit stellt. (Wie kann ich Menschlichkeit ausüben oder fordern, wenn ich nicht weiß, was Menschlichkeit ist?)

Die Absprachen über Autonomie und deren Entfaltung haben kaum einer Partnerschaft geschadet; wohl aber die Genügsamkeit im emotionalen Konsens, die Zufriedenheit durch gleiche Worte. Die Fähigkeit des Erfassens anderer Interessen, Erwartungen und Hoffnungen ist dabei vorausgesetzt. Dies setzt allerdings eigene innere Klarheit und Konfliktlösungsvermögen voraus. Kein Mensch kann andere ernsthaft und verantwortlich wahrnehmen, wenn er in sich verwundet und zerrissen ist. Menschen mit großer Angst vor dem Alleinsein haben vor den meisten Sätzen des Partners den Filter: Bestätigt mich die Interaktion des anderen oder stellt sie mich in Frage?

Damit besteht kaum die Chance, daß die Worte des Partners inhaltlich angemessen wahrgenommen werden oder gar in der beabsichtigten Intention. Also setzt äußere Konfliktfähigkeit innere Konfliktfähigkeit voraus. Wir erreichen sie durch ausreichende Beschäftigung mit der Frage: Wie kann ich mich selbst verwirklichen, ohne die

Selbstverwirklichung anderer wesentlich zu beeinträchtigen? Die daraus entstehenden Erkenntnisse sind ein wesentlicher Beitrag zur Persönlichkeitsbildung.

6. Antrieb durch »Haben« oder »Sein«

In der wachsenden und wechselnden Unsicherheit der Lebensorientierung entstehen Sinnfragen wie: Lebe ich mein Leben? Passe ich überhaupt zu meinem Erfolg? Wir brauchen Strategien, die das »so what?« zum Schweigen bringen. Im Bereich der unverantworteten emotionalen Entlastung suchen wir Halt in:

dem Kollektiv:
Wir opfern der sozialen Verwiesenheit persönliche Verantwortung;
der Gleichgültigkeit:
Ohne Zukunftsorientierung tun wir, wonach uns gerade zumute ist;
dem Agieren:
Erledigung wird durch Beschäftigung ersetzt;
dem Konsum:
Ich verbrauche, also bin ich. Bei fehlender Anerkennung wird zum Beispiel gegessen; bei fehlender Sexualität entfaltet sich Aggression;
dem Haben:
Ich besitze, also bin ich. Für die Denkfähigkeit des Managers im System ist die Unterscheidung zwischen »Haben« und »Sein« (Erich Fromm) von großer Bedeutung.

Bei der Grundsatzüberlegung, ob Privateigentum zur Natur des Menschen gehört, muß erinnert werden, daß beim archaischen Kampf ums Dasein Eigentum einen erheblichen Selektionsnachteil bedeutete, weil damit Mobilitätsverlust verbunden war. Erst die Seßhaftigkeit erzeugte das Wort (privare = rauben), welches die Verfügbarkeit eines Gegenstands durch andere ausschloß. Der Begriff des Eigentums ermöglichte die Wertsteigerung der eigenen Person über mehr Besitz.
Damit war eine neue Angst geboren: Durch Besitzverlust entsteht Selbstverlust. Es ist natürlich leicht zu sagen, wenn das Wegnehmen von Besitz belastet, dann liegt ein psychischer Fehler vor. Andererseits ist die Summe der vermeintlich notwendigen Güter der Summe

der tatsächlich notwendigen Güter bei den meisten Menschen überlegen. Die Synthese zwischen Lustprinzip und Realitätsprinzip kann
allerdings nicht nur zugunsten des Verzichts erfolgen. Liegt doch viel
Freude in dem ambivalenten Umgang mit Pseudosicherheiten.
Nach der Goetheschen Philosophie macht Faulheit erst dann rich-
tiges Vergnügen, wenn man eigentlich viel zu tun hätte. Oder mit den
Worten eines Freundes: Nur der Asket kann sündigen.

a) Besessen vom Besitz

Alles, was ein Mensch nicht hergeben kann, besitzt ihn. Also ist es
relativ einfach festzustellen, wovon ein Mensch besessen ist. Beses-
senheit von sich selbst verhindert folgerichtig die Hingabe. Es gibt
verschiedene Arten des Besitzes:

1. Der materielle Besitz
Bargeld, Mobilien, Immobilien mit und ohne Statussymbolcharakter
erhöhen die persönliche Wertschätzung.

2. Der soziale Besitz
Die Attraktivität, Intelligenz oder die Fähigkeiten des Partners, der
Familienmitglieder führen zur eigenen Aufwertung.

3. Der periphere Selbstbesitz
Zeitlich begrenzte eigene Fähigkeiten wie körperliche Fitneß, Wissen, besonderes Können steigern das Selbstwertgefühl.

Nun ist mit der stabilen Erkenntnis über die Vergänglichkeit der
Dinge auch die Furcht vor der Hoffnungslosigkeit verbunden, die
Furcht, selbst verloren zu sein, wenn die Dinge vergangen sind. Das
macht zwangsläufig im Besitz unsicher. Wer sich da über den sozialen
Besitz definiert, denke an seine Nervosität, wenn sein Prestigeobjekt
sich dem Prestige- und Besitzanspruch verweigert. In der Regel wird
es dann mit psychischen und sozialen Zwängen so lange gezüchtigt,
bis es sich wieder fügt. Die Angst des Täters vor dem Selbstverlust ist
dabei auch kein Trost für das Opfer.
Die große Bürde der »Haben«-Menschen jedoch ist das schwindende
Vertrauen zu sich selber. Die Eigendefinition über die Peripherie
führt ins Grenzenlose, da kein Vergleich zum persönlichen Potential

stattfindet. Damit wird ein Mensch, der seine Grenzen nicht kennt, in fast beliebiger Richtung manipulierbar und verführbar. Schließlich sieht er in nahezu allem Persönlichkeitserweiterung, weil er in allem Verfügbaren Besitz sieht. Viele sterben sogar für eine fremde Sache, nur weil sie uninformiert über sich selbst sind.

b) Konsumsolidarität als Kontaktangebot

Es ist nahezu unmöglich, in der heutigen Welt vom Geist des »Habens« nicht gehabt zu werden. Die generelle Ausrichtung auf Konsum, auf Verbrauch, ist ein ökonomisches Prinzip. Sicher ist der Mensch nicht unwesentlich das Produkt seiner Umwelt. Doch wenn das so ist, folgt daraus, daß jeder einzelne Umwelt für den anderen ist. Ob diese Position bewußt und verantwortungsvoll eingenommen wird, ist leider mehr als fraglich.

Über die Attraktivität des emotionalen Konsenses haben wir gesprochen. Er ist nötig, um die soziale Disposition (nicht Funktion) zu verbessern. Seit Dale Carnegie sind Menschen am systematischen Aufbau von Sympathiefeldern interessiert. Die alten Regeln dafür waren:

1. Wir finden Menschen sympathisch, die uns ähnlich sind, speziell im Bereich der Interessen, der Erwartungen, des Antriebs.
2. Der positive Kontakt zu Beginn sichert die Wahrnehmungsprägung. Der erste Eindruck bestimmt zunächst.
3. Kontakthäufigkeit im angenehmen Stimmungsfeld: Gemeinsame positive Erlebnisse fördern Wiederholungssehnsucht.
4. Gegenseitigkeitsprinzip: Es ist schwer, jemanden nicht sympathisch zu erleben, der die Intelligenz besitzt, meine Attraktivität begründen zu können.
5. Wir mögen Menschen, die unterhalten können, die das Vermögen haben, etwas Außergewöhnliches zu können, nicht unbedingt im Sinne geleisteter Arbeit. (Die Anziehungskraft der Unterhaltungsindustrie steht als Beispiel.)

Diese doch im einzelnen sehr technischen Erklärungen wenden sich fraglos an die sozialen Bedürfnisse der Menschen. Es gibt gute Gründe dafür, davon auszugehen, daß mit der Bedürfnisbefriedigung auch die Bedürfniskultivierung und Verstärkung erfolgt. Wenn wir Menschen im »Haben«-Status derart bestärken, daß sie in ihrer realitätsabgelösten Selbstdefinition positiv konditioniert werden, tragen wir auch einen Teil der Verantwortung. Der verantwortungsvolle Manager wird in seinem Führungsverhalten und in seiner privaten Beziehungswelt schwerlich Qualitäten an Menschen verstärken, durch die diese kleiner werden. Seine Zuwendungsstrategien sind:

1. Interaktionsangebote, in denen sich der andere wiederfindet. Das Gefühl vermitteln, daß mit dem Partner gesprochen wird und nicht über ihn. (Das wäre Phantombildung.)
2. Gemeinsam etwas tun, wobei man aufeinander angewiesen ist. Wechselnde Dominanz in gemeinsamer Bewältigung von Belastungen.

Der Erfolg ist dabei nicht sichergestellt, denn dies ist ein Sisyphuskampf in einer Gesellschaft, die im Bewußtsein um die Unzulänglichkeit des »Haben«-Status sich dennoch der Bequemlichkeit eines solchen hingibt. Zur eigenen Entlastung werden ständig Mitarbeiter gebraucht. Konsumsolidarität sichert vordergründig den emotionalen Konsens, so daß Oberflächlichkeit die Beziehung bestimmt. Entscheidend für die Qualität einer Beziehung ist auch ihre Tragfähigkeit. Diese sollte in nicht austauschbaren Orientierungen wurzeln.

c) Erkennungsindikatoren für »Sein«- und »Haben«-Menschen

Die Standortbestimmung zwischen diesen Polen hinterläßt vielleicht nicht unbedingt Lustgefühle. Es ist jedoch sinnvoll, sich an das Gefühl zu gewöhnen, daß der Mensch hinter seinen postulierten Werten praktisch zurückbleibt. Schlimm wird es erst, wenn er andere dafür bestraft, daß sie dieses bemerkt haben.
Tatsächlich unterscheiden wir zwei Arten der Orientierung und der Charakterstruktur, deren jeweilige Dominanz die Totalität dessen bestimmt, was ein Mensch denkt, fühlt und handelt. Es ist prinzipiell die Unterscheidung zwischen »Haben« und »gehabt werden«. Das Sein im Sinne Erich Fromms schließt das Haben nicht aus. Jedoch ist das Gehabtwerden die Selbstverleugnung, der Verzicht auf ein biophiles Sein.

56

Menschen

bestimmt vom Haben	bestimmt vom Sein
– Vertrauen auf Wissen und anderen Besitz Gesprächsbeiträge sind Warenangebote je nach Selbstwert	– Vertrauen auf das Lebendigsein mit dem Mut, loszulassen – Gesprächsbeiträge sind Angebote persönlicher Blickwinkel
– Meinungsaufgabe ist Verlust von Besitz	– Meinungsaufgabe ist Erweiterung eigener Erkenntnis
– Konsumierendes Zuhören (was kann ich gebrauchen?)	– Assoziatives Zuhören (verarbeitend)
– Erinnerungen vollziehen sich bestätigend (stimmt!)	– Erinnerungen vollziehen sich gestaltend
– Konsumieren bedeutet magische Einverleibung	– Konsumieren bedeutet teilnehmen
– Hauptworte statt Verben (ich habe Hunger, Angst, Spaß . . .)	– Verben statt Hauptworte (ich freue, ängstige mich, hungere)
– Freizeitpassivität (Nehmen statt Tun)	– Freizeitaktivität (Erweiterung der Lebensdimensionen durch Tun)
– Wissen bedeutet Besitz der Wahrheit	– Wissen bedeutet ständige Annäherung an Wahrheit
– Kaufen, um wegzuwerfen (neu ist schön)	– Kaufen, um zu behalten (Freude an gepflegter Beständigkeit)
– Besitzgefühl gegenüber Personen (mein Arzt, Schneider)	– Dokumentation personaler Würde (Herr Dr. X behandelt mich . . .)
– Routine ist Geborgenheit (Verlust bedroht Sicherheit)	– Routine darf Werden, Aktivität und Bewegung nicht einschränken
– Lieben heißt gefangennehmen, einschränken, kontrollieren	– Lieben heißt, jemanden bestätigen, sich an ihm freuen, ihn wachsen lassen
– Privateigentum schließt andere von dessen Gebrauch und Genuß aus	– Privateigentum bedeutet sinnvolles Teilen, gemeinsame Freude
– Kindererziehung im Interesse der Autorität	– Kindererziehung im Interesse des Kindes (der Autonomie)
– Selbsterkenntnis bedeutet Selbstbestätigung	– Selbsterkenntnis bedeutet Zerstören von Illusionen
– Wissenserwerbsziel: mehr Wissen	– Wissenserwerbsziel: tieferes Wissen

Die notwendige Orientierung in der Selbstverantwortung erfordert eine immer wieder neue Standortbestimmung. Es ist wichtig zu wissen, welches Beispiel wir durch unsere Bewegung und deren Ursache geben.

d) Rationalität bedeutet ein Minimum an Verbrauch

Selbstdefinitionen über austauschbare Peripherien begründen den »Haben«-Status eines Menschen. Gebrauch und Verbrauch von Besitz erzeugen eine Abhängigkeit, in der sich Persönlichkeit nicht entfalten kann. Ein verantwortlicher Mensch lebt mit einem Minimum an Verbrauch, weil bei ihm die Selbstbestimmung mehr Raum hat als die Fremdbestimmung. Er weiß um seine allgemeine Verfügbarkeit in Abhängigkeit seiner Bedürfnisse und seines fehlenden Grenzbewußtseins. Auch seine Hoffnung, sich andere Menschen sozial disponibel zu machen, hat er als Maske der Unsicherheit erkannt. Er mutet sich anderen offen zu. Er weiß, daß er andere überzeugend führen kann, weil er mit sich selbst zurechtkommt:

1. Er definiert sich über Werte, die mit seinem Leben, seiner Persönlichkeit und deren Entfaltung untrennbar gekoppelt sind.
2. Er gewinnt Selbstvertrauen durch Bindung an das eigene Ich, denn Bindung an verlierbare Peripherie begründet Selbstmißtrauen.

Damit sind die Waffen im Kampf gegen die psychische Schwäche durch Abhängigkeit beschrieben. Der Manager unterstützt die Persönlichkeitserweiterung seiner Mitarbeiter, indem er Selbstmißtrauen erkennt als das irrige Gefühl, nicht viel zu sein, sondern bestenfalls durch Leistung etwas wert zu werden. Er setzt in sorgfältiger Weise seine Führungsinstrumente ein, um Änderungen in der Einstellung zu bewirken. Seine täglichen Fragen könnten lauten: Wird ein Mensch im Umgang mit mir größer? Entfaltet er im Umgang mit mir sein physisches, soziales, intellektuelles und emotionales Leben? Oder muß ich ihn durch meine Interaktionen künstlich klein halten, damit mir meine eigene Kleinheit nicht so deutlich erlebbar wird?
Es gibt eine wesentliche Beziehung zwischen Selbstverwirklichung und Bedürfnisbefriedigung. Doch sind Bedürfnisse weit mehr ein Ergebnis rational verantworteten Denkens, als uns der psychische beziehungsweise intellektuelle Fatalismus hoffen läßt. Für nicht wenige Beziehungen gilt: Haben wollen ist viel schöner als besitzen müssen.

Kapitel 2
Das System

1. Soziale Systeme haben Interessen und Ziele

Im Sinne von Aristoteles ist ein System ein Ganzes, das aus mehreren Elementen und den Beziehungen zwischen diesen Elementen besteht. Die Beziehung ist derart, daß aufgrund der Aktivität der Elemente in der Beziehungsstruktur und deren Dynamik, das System zu Funktionen fähig wird, zu denen keines der Elemente für sich allein fähig wäre.

Somit sind alle Voraussetzungen für eine Koevolution gegeben. In dem Synergiebewußtsein, daß das gemeinsame Potential mehr ist als die Summe der individuellen Potentiale, finden Menschen sich in Gemeinschaften zusammen. Die dritte Größe des »Mehr« jedoch hat ihre eigenen Gesetze.

Die Stabilität des Systems wird durch seine Strukturen gesichert. Das System selber bestimmt sich durch seine Aus- und Abgrenzung gegenüber der Umwelt, mit der es informationsursächlich in Wechselwirkung steht (Lay). Damit kann einem System ein Eigenleben zugesprochen werden. Dieses Eigenleben des Systems hat unabhängig von der Absicht der systembildenden Menschen aus sich selbst heraus konkrete »Lebens«ziele:

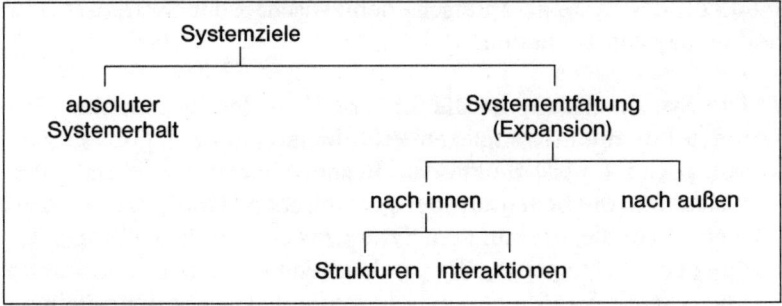

Ziele des Systems

59

Für das Managementdenken ist die Expansion des Systems nach innen deshalb von besonderer Bedeutung, weil mit den guten Absichten der Zeitersparnis und der Aufwandsminimierung personale Bedürfnisse nicht selten auf der Strecke bleiben. Schärfer formuliert, realisiert sich das Systeminteresse in der Funktionalisierung und Instrumentalisierung der Menschen durch die Gestaltung von Struktur und Interaktion. Das ist für bestimmte Lebensbereiche in Kauf zu nehmen. Wie sollte das soziale System ATC (air traffic control) und Pilot funktionieren, wenn freie Interaktion den Approach-Dialog zieren würde. Als Beispiel stelle man sich eine 747 im Anflug auf Frankfurt vor:

ATC: »Make a 360 to the left.« (Vollkreis)
Pilot: »Remember, a turn of 180 degrees costs 500 Dollars.«
ATC: »Well, make a 1000 Dollar circle to the left now!«

Es gibt notwendig Systeme, in denen der Mensch eine Funktion sein muß. Wir sprechen über den Grad des Einflusses, den ein System jeweils auf den Menschen hat. Dazu kommt, daß wir in vielen Systemen gleichzeitig zu Hause sind. Damit ist Ausgleich möglich.
Dennoch gelten in allen Systemen die gleichen Regeln – und in der Partnerschaft befindet man sich hoffentlich häufiger als im Jumbo.

a) Das Ganze ist mehr als die Summe der Teile

In sozialen Systemen binden sich Menschen unter gemeinsamen Bedürfnissen, Interessen, Wünschen, Erwartungen und Zielen. Wir können das Leben in sozialen Systemen besser verstehen und damit verantwortet beeinflussen, wenn wir zunächst unabhängig von der Funktion des Systems unterscheiden zwischen der Systemstruktur und den Systemelementen.

1. Die Systemstruktur ist die Abhängigkeit der Systemteile (Elemente) in einem komplexen Feld; hierarchische, logische, chronologische – meist funktionale Regeln, welche den Einsatz, den Ablauf und die Bedeutung der systemischen Handlungen bestimmen. Dient die Struktur dem Systemzweck, erlaubt die Systembildung eine Verringerung des psychischen und sozialen Aufwandes miteinander. So können Menschen zum Beispiel besser miteinander arbeiten, wenn alle sich an bestimmte Zeit- oder Benimmre-

geln halten. Ein wesentlicher Sinn der Strukturbildung ist die Komplexitätsminderung.

2. Systemelemente sind die Einheiten, in denen das System agiert. Systeme als abstrakte Gebilde können nicht selbst handeln. Soziale Systeme bedienen sich dazu der Menschen. Diese sind in ihrer Komplexität aber nicht die Einheiten des Systems. Schon deswegen nicht, da sie eine Menge mehr Handlungen produzieren können, als dem System nützlich sind. Die Elemente sozialer Systeme sind Interaktionen und die Beziehungen zwischen diesen. So wird zum Beispiel eine Partnerschaft durch das Agieren der Betroffenen realisiert und nicht durch Qualität und Vielfalt der Absichten.

Damit wird ein bestimmtes »Ausgeliefertsein« beschrieben. Der Preis für reibungsfreie Regelung ist ein gewisser Spontaneitätsverzicht und damit auch reduzierte Autonomie. Polar ist auch diese Frage nicht zu lösen, wohl aber kann eine Güterabwägung zwischen Systeminteresse und personalen Bedürfnissen zentrale Führungsfrage werden. Denken wir an Freistellungen, Arbeitsplatzveränderungen, Auswahlkriterien bei Entwicklungsprogrammen in der Arbeitswelt oder auch an den Konflikt in einer Partnerschaft, wenn bei der Entfaltungsforderung des einen der andere in seinem Gefühl des Bedrohtseins mit der Schuldzuweisung der Systemzerstörung (Ehescheidung) zurückdroht.

Ein System besteht also aus informationsursächlich miteinander verbundenen und wechselwirkenden Elementen, ist aber durch seine Strukturen (und die Wirkung der Strukturen auf die Elemente) mehr als die Summe der Elemente. Dieses »Mehr« muß den verantwortlich denkenden Manager deshalb fesseln, weil dieser Einfluß menschliches Arbeits- und Privatleben wesentlich bestimmt. Soziale Verbindungen dienen dazu, Sozialität einzuüben. Die Frage lautet: Fühle ich mich in einer Sozialität am wohlsten, wenn alles nach Regeln abläuft?

b) Systemstabilität ist Bürgerpflicht

Wir erwarten von unseren sozialen Systemen Schutz, Sicherheit, Geborgenheit und Zuverlässigkeit. Wir verzichten dafür auf einen Teil unserer Autonomie, indem wir im systemischen Handeln unsere

Autonomie aufgeben. An deren Stelle tritt die Fremdsteuerung durch die schon beschriebenen Normen, Regeln, Einstellungen, Orientierungen, die wir mit der Verinnerlichung des Systems übernehmen. Warum wir Systeme brauchen, erklärt sich mit dem begrenzten Repertoire an angeborenen Mustern, die unser soziales Verhalten geeignet regeln. Hilfsweise treten hier Staat, Schule, Elternhaus, Gesellschaft und Unternehmen mit ihren Strukturen ein. Unterstellen wir einmal, die Normen und Werthaftigkeiten des Systems sind ethisch verantwortet und am Biophiliekriterium ausgerichtet, dann haben wir eine wichtige Unterstützung in folgenden Forderungen des Zusammenlebens:

1. Erziehung des Nachwuchses
Die Frage nach der Beschäftigungszeit mit den eigenen Kindern löst bei den meisten Vätern Schuldgefühle aus. Eine ABC-Analyse liefert hier erschreckende Ergebnisse. Dennoch oder gerade deswegen erwarten wir, daß eine orientierende Werteprägung durch die pädagogischen Organe des Staates gefördert wird. Wäre dieses zufriedenstellend der Fall, hätte das System Anspruch auf Schutz. Das von unseren Staatsorganen verordnete Schulsystem hat in dem Konflikt zwischen Erziehung und Beziehung die Wissensvermittlung der Wertevermittlung vorgezogen.

2. Schutz der Gemeinschaft
Die soziale Verwiesenheit des Menschen gehört damit zu seinen in der Person begründeten Rechten. Ihm die Gemeinschaft zu verwehren, hieße, ihm als Mensch nicht gerecht zu werden. Unsere sozialen Systeme können in ihrem Bestehen nicht von emotionalen Unwägbarkeiten machttragender Autoritäten abhängig sein. Hier ist die Sicherung von Familien und Arbeitsplätzen zu schützen. Sicher darf bei dieser Überlegung die Problematik des Minderheitenschutzes nicht übersehen werden, aber das generelle Staatsvertrauen des Bürgers ist nicht gänzlich unberechtigt.

3. Schutz der Würde des einzelnen
Bestimmte Rechte, die mit der Person verbunden sind, dürfen in keinem Fall außer Kraft gesetzt werden. Wenn auch eine Problematik wie die des Rechts auf körperliche Unversehrtheit oder die des Rechts auf den Arbeitsplatz hier nicht geklärt werden kann, sei postuliert:

Kein Mensch darf sich oder andere als Mittel oder Zweck ansehen oder benutzen. Sichert der Staat dieses, ist er ebenso zu schützen wie ein Unternehmen, welches Verantwortung in der Mitarbeiterführung realisiert.

Der Schutz, den das System vom Bürger aktiv erfährt, ist dessen Systemtreue. Die Orientierung seiner Interaktionen an den Systemregeln unterstützt die Erreichung der beiden Ziele – Systemerhaltung und Systementfaltung – wesentlich.
In rational konsensfähiger Kritik hat der sittlich orientierte Manager ständig zu prüfen, ob sein schutzgewährendes soziales System mit seinen Strukturen und Elementen hinter seinen eigenen Werten zurückbleibt. Gegebenenfalls hat er geeignet zu reagieren.

c) Verstärkung gefahrlosen Wachsens

Systeme wachsen in zwei Richtungen: Einmal nach außen durch den eroberten Raum in der Umwelt und zum anderen nach innen durch die Wucherungen in den Strukturen. Beide Wachstumsarten sind in unseren sozialen Systemen der Praxis kritisch zu reflektieren, damit über diese sorgfältige Beobachtung Verantwortung gegenüber der einzelnen Person realisiert wird.

1. Systementfaltung nach innen
Gemeint ist das wahrnehmbare Wachsen der Strukturen, Strukturteile und der geregelten Beziehungen zwischen den Strukturen. Für die Partnerschaft seien beispielhaft die Regelung der Tages- und Urlaubsabläufe erwähnt. Beispiele für Unternehmen finden sich in unnötigen Erweiterungen der Organisationshandbücher und Vorschriften.

2. Systementfaltung nach außen
Die Einverleibung anderer Subsysteme liegt im Interesse jedes sozialen Systems. Mit dem Wachstum nach außen sichert es sich die Überlebensgarantie. Die realitätsdichte Qualität des Systems hängt durchaus von seiner Größe ab. Je mehr Umwelt ein System sich einverleiben kann, desto größer seine Realitätsdichte, da Konflikte und Widerstände überwunden wurden. Womit nichts über seine ethische Qualität gesagt ist. Der endgültige Systemsieg dürfte die

Erschaffung einer systemeigenen beziehungsweise systemangepaßten Umwelt sein.

Unabhängig von der Richtung – was läßt ein System wachsen? Das komplexe Minisystem Mensch wächst in seinen Dimensionen nicht unbeträchtlich durch Konditionierungen.

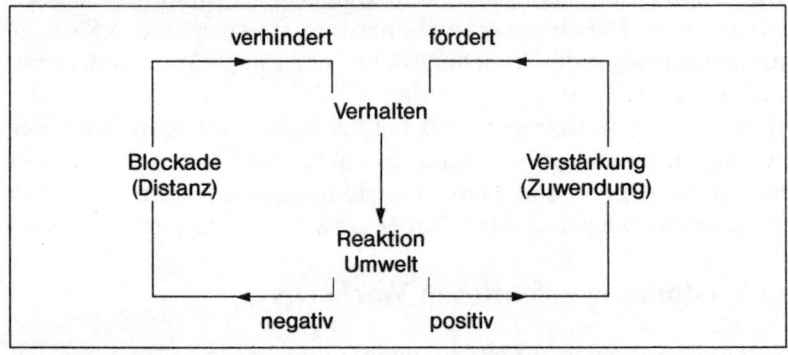

Konditionierungen

Negative Konditionierungen sind die Blockaden unerwünschter Effekte durch Gewöhnung an unerfreuliche Reize bei Abweichung vom beabsichtigten Verhalten.

Positive Konditionierungen sind die Verstärkungen gewünschter Effekte durch Gewöhnung an erfreuliche Reize bei Einhaltung des beabsichtigten Verhaltens.

Das Leben sozialer Systeme wird wesentlich durch die Interaktionen der Menschen in diesem System bestimmt. Somit werden die konkreten Aktionsformen danach beurteilt, ob sie die Systemziele unterstützen beziehungsweise gefährden.

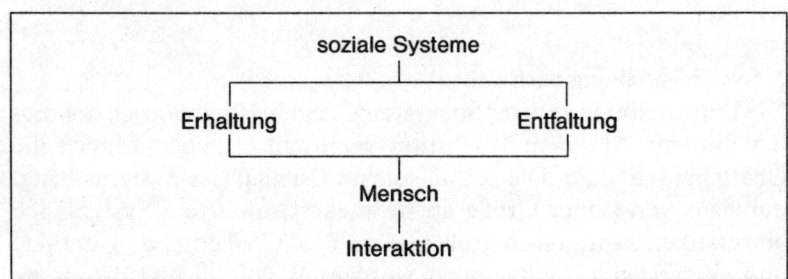

Elemente des sozialen Systems

Ein menschliches Verhalten, das von der Umwelt nicht verstärkt wird, wird folgerichtig wieder abgelegt. Das gilt Interaktion für Interaktion. Wahrscheinlich dokumentiert sich deshalb in der Sprache einer Person auch ihr Menschenbild. Im Gegensatz zum System jedoch entfalten sich Menschen nicht nur bei ständiger Verstärkung (Erfolgserlebnisse). Menschen wachsen auch, wenn Verstärkungen ausbleiben und sie sich darum bemühen.

Systeme entfalten sich nach innen und außen überall dort, wo ihnen kein Widerstand entgegensteht. Der folgerichtig denkende Manager versteht seine Ethikfähigkeit auch als das kritische Reflektieren des systemischen Lebens unter rational verantwortetem Einsatz von Blockade und Verstärkung der Interaktionen im sozialen System.

d) Systemische Interessenvertretung und Zielkontrolle

Loyalität ist die Vertretung der Werte eines sozialen Systems gegen äußere und innere Widerstände, unter Umständen auch gegen eigene Interessen. Illoyale Mitarbeiter erleben ihre situative emotionale Bedürfnisbefriedigung höherwertiger als den Schutz und die Unterstützung des arbeitgebenden sozialen Systems.

Systeminteressen können nur gewahrt werden, wenn sie bekannt sind. Gerade die Systemwerte sind nur zur Orientierung geeignet, wenn sie im einzelnen so vertraut sind, daß konkrete Ziele daraus abgeleitet werden können. Sie bilden schließlich den Rahmen für alle politischen, ökonomischen, personalen und strategischen Entscheidungen.

Das Systeminteresse führt zu funktionalen Systemveränderungen, wenn nicht ständig durch Kontrollen vermindert wird:

1. Bürokratische Wucherungen
2. Verdrängung personalen Lebens
3. Funktionalisierung von Kommunikation
4. Verstärkung der Strukturen
5. Reduktion der Interaktionen
6. Soziales Streben
7. Innere Emigration aus dem sozialen Feld

Hier liegen die Aufgaben der Partner, Eltern und Führungskräfte, dem entgegenzusteuern, damit andere Menschen durch sie in ihrer Gegenwart wachsen und größer werden. Das ist im Prinzip nur möglich, wenn die inneren Zwänge unter kritischer Kontrolle bleiben. Den inneren Zwängen (Moral) eines sozialen Systems können wir im Ernstfall nur eine verantwortlich gebildete Sittlichkeit entgegensetzen. Die Fähigkeit, rational verantwortete Erkenntnisse zu erarbeiten, ist dabei genauso Voraussetzung wie das ungebrochene Vermögen zum kreativen Ungehorsam.

2. Verzögerungsfaktoren bestimmen das Unternehmen

Ein System existiert nicht allein. Es ist umgeben von Welten, mit denen es informationsursächlich interagiert oder auch nicht. Der Erfolg eines Unternehmens hängt wesentlich davon ab, wie es mit seiner Umwelt und Mitwelt zurechtkommt. Wichtig sind hierbei die Informationsstrukturen, Kanäle und Regeln. In Anlehnungen an Rupert Lay sind folgende Abhängigkeiten zu erkennen:

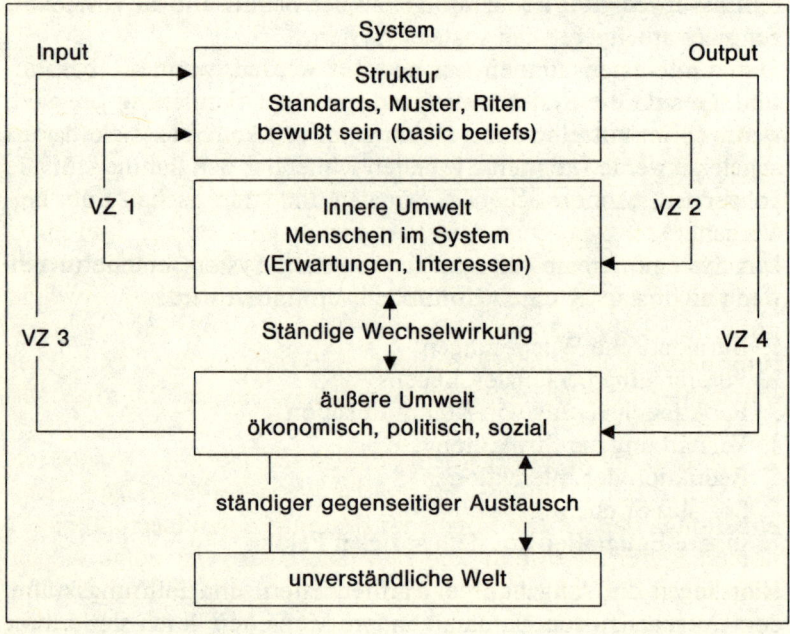

Information des Systems

Die basic beliefs sind die tief in das allgemeine Bewußtsein eingelagerten Selbstverständlichkeiten, Wertorientierungen und Einstellungen. Das System erfährt seine Strukturen über die basic beliefs. Die Beeinflussung der basic beliefs ist nahezu unmöglich, da sie kaum zu erreichen sind. Hier handelt es sich nicht um eine Frage der Verzögerungsfaktoren (VZ), sondern um Blockaden.

Zur inneren Umwelt gehören die Menschen mit ihren Interessen und Erwartungen, ihren Policies. Manager haben die Aufgabe, Interessen und Erwartungen so zu beeinflussen, daß ein Gleichklang mit den basic beliefs erreicht wird.

a) Unterschiedliche Welten begründen Abhängigkeiten

Die Einbettung des sozialen Systems in die Mitwelt anderer Systeme begründet das Interesse am Gleichgewicht. Langfristig kann ein System nicht ohne Berücksichtigung der inneren beziehungsweise äußeren Umwelt existieren. Ein Unternehmen, welches Veränderungen in der Kundenstruktur nicht bemerkt oder die Indikatoren der inneren Kündigung seiner Mitarbeiter ignoriert, zehrt bald von seiner Substanz.

Diese Abhängigkeit erfordert bestimmte Kommunikationsqualitäten. Sie sind wesentlich beeinflußt durch den Typ des sozialen Systems (Systemart). Es kann sich um eine Kommunikationsgemeinschaft oder eine Institution handeln.

In der Institution liegen die Strukturen vor der Interaktion. Das Verhalten der Menschen orientiert sich im sprachlichen und nichtsprachlichen Signalbereich nach vorgegebenen Regeln. Die verwaltete und organisierte Lebens-, Arbeits- und Kommunikationswelt ist notwendige Bedingung für funktionalisierte Menschen (Verhinderung personalen Lebens). Konditioniert werden diese Menschen durch Interaktionen, die überwiegend im Appell- und Informationsbereich stattfinden.

In der Kommunikationsgemeinschaft liegen die Interaktionen vor den Strukturen. Damit werden ständige Veränderungen als Lebensentfaltung erlebbar. Die Mitglieder kommunizieren nach ihrer autonomen Bedürfnisstruktur und bewirken so eine ständige Gegenwartskontrolle der Strukturen. Kommuniziert wird gleichmäßig über den Austausch von Kontaktvergewisserungen, Vertrauen in der Selbstdarstellung wie auch Appell und Information.

Da der Typ des sozialen Systems von den Führungskräften entscheidend geprägt wird, gilt für kundenorientierte Unternehmen: Die Kommunikationsfähigkeit der Repräsentanten und Akquisiteure ist wesentlich ein Spiegelbild der hausinternen Kommunikation. Das Unternehmen ist eher die Schule der Nation als das Militär:

- der Umgang mit Widerständen
- das Verhalten bei Demotivation
- die Behandlung von Fehlern
- die Anwendung psychischer und sozialer Strafen
- der Umgang mit fremden Meinungen
- die Aufwertung und Abwertung des Menschen

Die Art und Weise, wie sich die Kommunikation im Unternehmen vollzieht, prägt die Haltung der äußeren Umwelt gegenüber. Dabei ist zu unterscheiden zwischen den sozialen Feldern, welche unterschiedliche Rollen ausbilden, die leicht verwechselt werden können:

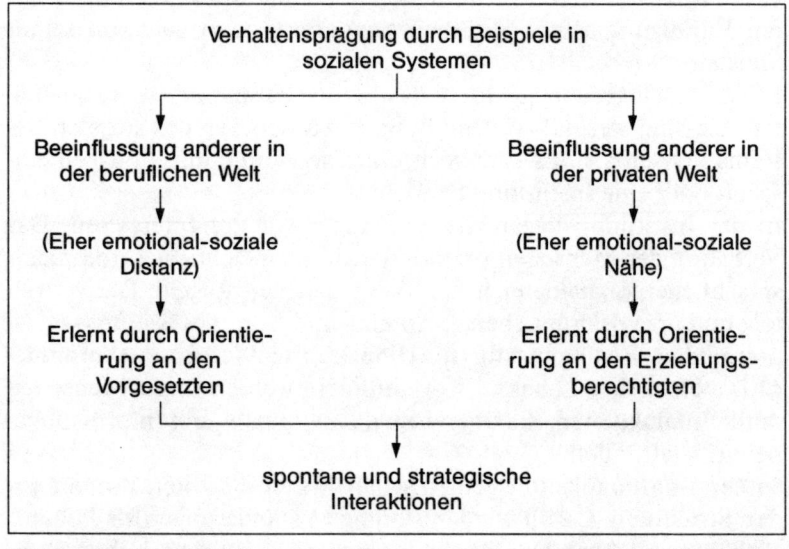

System und Interaktionseinfluß

Auf diese Weise erklären sich »Standing«, »Stallgeruch«, »Familienton« und »Jargon« als Kastenzugehörigkeit über Interaktionsmuster.

Unter der Voraussetzung, daß die meisten Produkte und Dienstleistungen aus Kundensicht immer vergleichbarer werden, liegt die Chance erfolgreicher Wettbewerbsvorteile in der Kommunikationsfähigkeit der Systemrepräsentanten. Ihre soziale Kompetenz, langfristige Beratungsbeziehungen aufzubauen, ist ein wachsender Bestandteil des Unternehmenskapitals. Manager sind aufgefordert, in verantwortet eingesetztem Wissen um die Abhängigkeit vom System, den Typ »Kommunikationsgemeinschaft« durch Beispiel in der Interaktion zu fördern: Mitarbeiter für Mitarbeiter, Kommunikationsschritt für Kommunikationsschritt.

b) Störgröße Mensch in der Systemkybernetik

Das System bildet mit seiner Umwelt einen kybernetischen Regelkreis, in dem es auf Störgrößen aus der inneren oder äußeren Umwelt korrigierend reagiert:

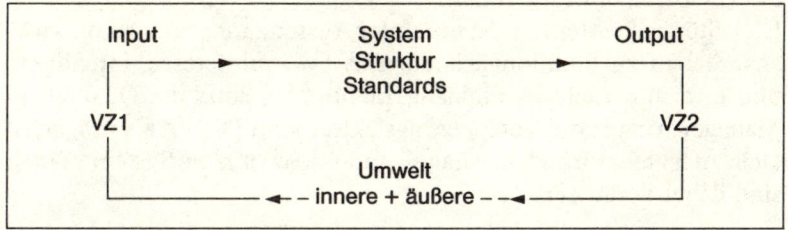

Systemisches Gleichgewicht

Das systemische Gleichgewicht hängt von den Verzögerungsfaktoren (VZ1 und VZ2) ab. Die Informationen des Systems über Ziele und Strukturen müssen die innere und auch die äußere Umwelt möglichst unmittelbar erreichen. Umgekehrt sind auch die Mitteilungen und Signale der inneren und äußeren Umwelt dem System rechtzeitig zur Kursbestimmung zuzuleiten. Von ausschlaggebender Bedeutung sind dabei die Informationen von und zur inneren Umwelt. Damit ist der Nachrichtenverkehr zwischen Führungsebenen gemeint. Die Intentionen des Systems, die Absichten der obersten Leitung, erreichen die Mitarbeiter in einer bestimmten Zeit in organisierter Form. Die Kosten dieser Verzögerungen sind bekannt. Wer in die »innere Kündigung«

69

geht, wird vom System nicht mehr effizient bestimmt. Umgekehrt ist der betreffende Mitarbeiter kein Informant mehr für das System.

Die Antwort auf die Umfrage, was spontan unter dem Begriff »Betriebsklima« seitens der Mitarbeiter eines Unternehmens verstanden wird, lautet bei über 80 Prozent der Befragten: »Die Qualität der Beziehung zum direkten Vorgesetzten.« Beachtenswert ist, daß nicht Teamgeist, Kantinenleistung, Gehaltsgerechtigkeit, Arbeitsplatzbedingungen an erster Stelle genannt wurden. Reibungsverluste durch die Beziehungsqualität in der inneren Umwelt sind klar meßbare Kostengrößen:

1. Ausschuß
2. Fehlzeiten
3. Fluktuation

Bei Minimalisierung des Zeitaufwandes ist eine Minimalisierung der Reibungsverluste nur durch ausreichende Kommunikationsfähigkeit und Konfliktfähigkeit möglich. In diesen Endpunkten beweist sich das Charisma des Führenden.

Die »Störgröße Mensch« ist nur unter Ausschaltung von Autonomieansprüchen zu funktionalisieren. Das Systeminteresse, intendierte und erreichte Ziele in Einklang zu bringen, setzt die Qualität im Manager voraus, die Verzögerungsfaktoren im Regelkreis möglichst klein zu halten. Eine klare Analyse und Wissen um die Systemträgheit sind dabei Voraussetzung.

c) Unternehmensleitung als emotionaler Antrieb

Für das Unternehmen ergeben sich in konsequenter Nutzung der gegebenen systemischen Ausgangsgrößen hinsichtlich der Führungsorganisation klare Aufgaben:

1. Die Überwachung des Systems

Die Systemüberwachung obliegt der obersten Führungsebene. Damit ist Beschäftigung mit den Systemstrukturen geboten. Wer die Bedürfnisse und Erwartungen seiner Mitarbeiter nicht kennt, frustriert durch sein Auftreten unentwegt. Darüber hinaus sind die Unternehmenswerte, die Leitsätze beziehungsweise die Philosophie in ihrem Hintergrund rational verantwortet zu durchdenken und emotional verantwortet zu übertragen.

2. Interessensausgleich bei der Strukturierung des Systems

Die Führungsstruktur darf den wertbeeinflußten Interessen und Erwartungen der Mitarbeiter nicht entgegenstehen. Die Bedeutung der Verzögerungsfaktoren zwischen den Ebenen zeigt sich hier klar. Da zum Führungssystem auch die Beurteilungs- und Sanktionssystematik gehören, sind wesentliche Sicherheitsbedürfnisse der Mitarbeiter betroffen. Die sichere Standortbestimmung in der Führungsfähigkeit ist notwendig. Die Systemstruktur unterliegt der ständigen Moderation durch die Systemüberwachung. Hier heißt managen auch: das bewußte »aus dem Gleichgewicht bringen« des Systems, wenn die ungewollte Institutionalisierung droht.

3. Prägung der Elemente des Systems

Die Systemelemente auf der operationalen Ebene bilden die Qualität der Interaktion im kommunikativen Bereich. Hier werden die Prägungen für das Miteinander praktisch. Der Idealzustand ist, daß sich die Unternehmenswerte in konkreten Interaktionen der Mitarbeiter darstellen. Der prägende Einfluß der Führungskräfte bestimmt nahezu vollständig diese Werte. Der Verzögerungsfaktor zur Strukturebene wird durch die Beurteilungsfähigkeit der Manager bestimmt. Wenn sie soziale Kompetenz beobachten können, also Arbeitsverhalten messen können, werden sie ihren Aufgaben gerecht.

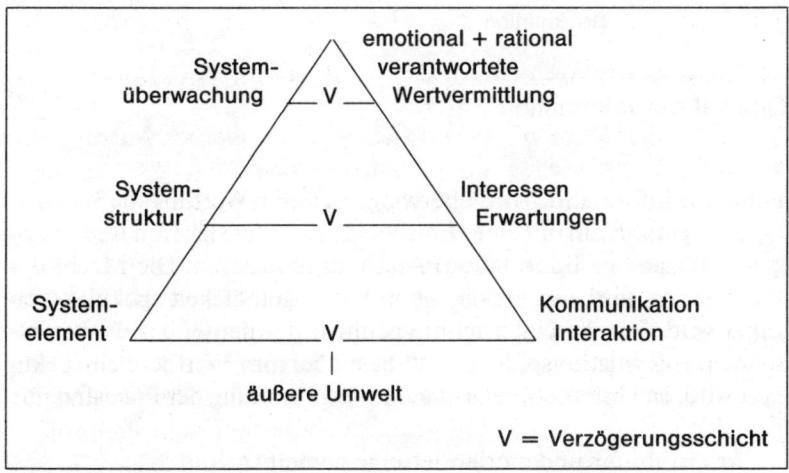

Verzögerung im System

71

Der verantwortlich denkende Manager sieht seine Aufgaben in der täglichen Kommunikationsarbeit, auch diese Verzögerungsfaktoren klein zu halten.

d) Macht und Ohnmacht der Information

Macht ist das aktive Vermögen, anderen den eigenen Willen aufzuzwingen, gleichgültig, worauf diese Chance beruht. »Ohnmacht« bedeutet: ohne Macht. Heute bedeutet Macht häufig das Verfügen über notwendige Information. Die sich verstärkende Vernetzung aller Informationen geht zwangsläufig auf Kosten der Transparenz. Da wir bereits erwähnt haben, daß eine Entscheidung im Netz vollständiger Information nicht möglich ist, befinden wir uns in der Regel in der Bikinisituation: Möglicherweise Entscheidendes bleibt verborgen.

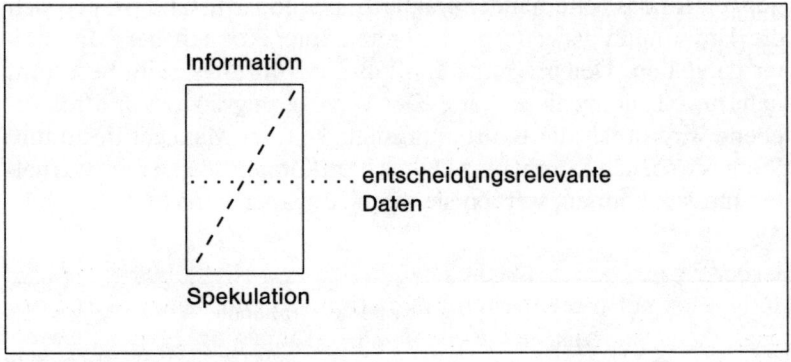

Qualität der Information

Fehlende Information wird überwiegend durch Wertungen (Spekulation) aufgefüllt, um mit einer Entscheidung unter sicheren Bedingungen (vollständige Information) Angst zu reduzieren. Die Macht der Information wird also prekär, wenn Unvollständigkeit spekulativ ergänzt wird. Für die Unternehmensführung bedeutet das die verantwortete Informationspflicht. Daß besonders im Wertbereich spekuliert wird, ist Unternehmensalltag. Eine Sammlung der Praxisfragen:

– Was ist mit »Kundenorientierung« gemeint?
– Wie erkennt man »förderungswürdige« Mitarbeiter?

72

- Wie realisieren wir in den Leitsätzen gefordertes Umweltbewußt-sein?
- Was unterscheidet »corporate identity« und »corporate behavior«?
- Wie messen wir das Betriebsklima?
- Was bedeutet »führungsfähig«?
- Was heißt: »So schnell wie möglich«?

Die Disziplin zur Wortbedeutung, zum Wort-Leistungs-Prinzip, als Teilforderung an die rationale Konsensfähigkeit des Managers, ist eine geeignete Möglichkeit, der unerwünschten Macht der Spekula-tion zu begegnen. Doch die eigene Erkenntnis bedarf der Multiplika-tion im Management. Die Mitteilung, die Teilung einer Information mit einem anderen, macht aus Arbeitern Mit-Wissende und damit Mit-Arbeitende. Die Überzeugungsfähigkeit des Managers gehört zu seinen weiteren Profildaten, die seine Performanz begründen. Die Macht der Information bezieht sich auch auf die soziale Kompetenz des Informanten.

3. Preußische Güterabwägung in der Institution

Bei der Frage, was das alltägliche Verhalten steuert, stößt man zwangs-läufig auch auf die Über-Ich-Imperative, die elterlichen Skriptbot-schaften, das moralische Gewissen. Die Qualität des Gewissens wird wesentlich durch das soziale System beeinflußt, in dem der betref-fende Mensch aufwächst. Diese in der Regel unreflektierten Orientie-rungen besitzen große Stärke in der psychischen Beeinflussung – so erzeugen sie zum Beispiel massive Schuldgefühle und Ängste.
Viele der Imperative sind berechtigt und sichern das eigene Vertrauen bei »Gewissensfragen«. Langfristiger Vertrauensbruch wird zum Bei-spiel bei fast allen Menschen massiv vom Über-Ich geahndet. Den-noch ist der Macht des Gewissens nicht generell zu trauen.
Die wesentliche Frage ist dabei, ob es sich im Ernstfall für das System oder für den Menschen entscheidet. Das ist besonders dann wichtig, wenn der Mensch in einem sozialen System lebt, in dem die Struktu-ren vor der Interaktion liegen, einer Institution also. Hier werden Güterabwägungen meist zugunsten des Systems getroffen.

- Die Fahnentreue kann zum Selbstverzicht führen
- Im Fanatismus liegt Unmenschlichkeit
- Widerstand führt zur Isolation

Unter anderem ist die autonome Gewissensbildung problematisch –
schon allein deswegen, weil sie hohen Denkanforderungen unterliegt. Weil das Handeln des Menschen nicht sittlich genug ist, Persönlichkeiten zu erziehen, muß der Staat durch Gesetze eingreifen.

1. Der Staat legt definitorisch und ideologisch fest, was Gemeinwohl
   ist.
2. Der Staat gibt Geld für die Stabilität des Staates aus.
3. Hohe Steuern sind zur Finanzierung der Stabilität unglücklich,
   weil sie zum Auffinden von Löchern auffordern.
4. Es wird schleichend das ideologisch definierte Gemeinwohl eingeführt.

In einem sozialen System ist Gemeinwohl zu definieren als die
Biophiliebilanz unter Berücksichtigung der sozial Schwächeren.

a) Eigeninitiative bedroht das System

Daß die Paarbildung der Feind der Gruppe ist, haben alle schon
einmal erlebt. Erlaubt doch eine Partnerschaft, sich in einer Weise
autonom zu definieren, die mit dem Gruppenkonnex nicht übereinstimmt. So versuchen die Freundinnen, der Freundin den Freund
auszureden, und Väter reagieren ungewohnt bei Bindungserfolgen
ihrer Töchter. Gruppen fordern nun mal, daß sich jedes ihrer Mitglieder die Schuhe anzieht, die sie für es gefertigt haben.
Unser Gewissen ist für die Wahrung der Systemtreue sehr gut ausgerüstet. Das gesamte Über-Ich dient der sozialen Sicherung. Das heißt,
es wird vor allem deswegen ausgebildet, um soziale Beziehungen
zu stabilisieren. Daraus ist zu erklären, daß die Über-Ich-Imperative
außer Kraft gesetzt werden, wenn der Sozialkonnex ernsthaft gefährdet ist.
Dem gegenüber steht die Autonomie einer Persönlichkeit, die in
kritischer Distanz mit verantwortlicher Konfliktfähigkeit das Agieren
einer Moral reflektiert. Ein solches personales Gewissen (Sittlichkeit)
kann einem sozialen System auch im Ernstfall mit allen Konsequen-

zen die Stirn bieten. Diese Kraft ist um so höher einzuschätzen, als ein System über seine Moral (Strukturen) durch erhebliche Sanktionsmechanismen verfügt.

So attraktiv der Begriff »Treue« auch auf den ersten Blick sein mag, es ist sinnvoll zu unterscheiden:

H-Treue

Treue im Zustand der Heteronomie. Die - auch emotionale - Bindung an die Systemstrukturen. Wesentlich bestimmt durch die Vermeidung von Isolationsängsten, Bequemlichkeit und dem Prinzip Trägheit. Die individuelle Angst ist die Schutzfunktion zugunsten des Systems.

A-Treue

Treue im Zustand der Autonomie. Mit emotionalem und psychischem Aufwand wird gelernt, die Mühsal von Entscheidungen auf sich zu nehmen. Seinen verantwortungsvoll durchdachten Prinzipien nach Prüfung auf Realitätsdichte den Vorzug zu geben, auch wenn es dem situativen Lustprinzip erheblich widerspricht. Das eigene Leben leben!

Da Sittlichkeit nur im autonomen Bereich eine Rolle spielt und diese Kraft gebraucht wird, um verantwortete, das heißt orientierte Entscheidungen - zur Not auch gegen das System - fällen zu können, ist die Arbeit an diesem Teil der Persönlichkeit definierte Lebensaufgabe des denkenden Managers.

b) Die »Tugenden« der Mitarbeiter und Familienmitglieder

Versteht man unter Tugenden die handlungsleitenden Werte, welche die menschlichen Aktivitäten zum Moralschutz regeln, ergeben sich klare Tugendpostulate:

1. Ordnung als disziplinierte Übersichtlichkeit in Arbeit und Leben
2. Fleiß als auf beliebige Arbeitsmenge gerichtetes Engagement
3. Pflicht als verläßlicher Selbstverzicht gegenüber dem System
4. Ehre als eigenes Beispielbewußtsein für andere durch positive Auszeichnung vom System

5. Sauberkeit als physische, psychische, soziale, intellektuelle und emotionale Antisepsis
6. Opferbereitschaft als Systemunterstützung durch Selbstaufgabe
7. Gehorsam als demütiges Dienen auch gegen eigene Interessen
8. Vaterlandsbewußtsein als Abhängigkeit von einem territorial bestimmten Zugehörigkeitswert

Das Herz der Familienleitungen und der Führungskräfte könnte selbstzufrieden fragen, was dagegen zu sagen sei. Eine mögliche Kritik ist dann angebracht, wenn die oben genannten Tugenden zu Primärtugenden erklärt werden. Auf der Strecke geblieben sind – sicher bemerkt – immer wichtiger werdende Überlebensqualitäten, kritische Tugendpostulate:

1. Kritikfähigkeit als Erkennen und Darstellen der Differenz zwischen Werten – Bedeutungen – Aktivitäten.
2. Kreativer Ungehorsam als Verweigerung von Gehorsam um einer anderen, selbstverantworteten Entscheidung willen.
3. Zivilcourage als individueller Mut zum Handeln statt Macht trotz Angst.

Wesentlich für die Fähigkeit zur Verantwortung ist, ob man die kritischen Tugenden in der Welt des Aufwachsens und der Arbeit unter anderem durch Vorbilder hat lernen können oder nicht. Im Prinzip hat jeder junge Mensch in seiner Jugend die Chance, kritische Tugenden zu entwickeln. Die einfache Forderung in den Stellenausschreibungen lautet:
Wir suchen einen »eigeninitiativen, kreativen, engagierten, selbstverantwortlichen, autonomen, flexiblen, persönlichkeitsstarken, selbstbewußten« Mitarbeiter. Sie verträgt sich nicht mit der Pflege der Heteronomiepostulate als Primärtugenden in der tatsächlichen Unternehmenspraxis. Speziell der junge Mitarbeiter, dessen Wissenserwerb weitaus wertungebundener verlief als der früherer Generationen, nimmt die Werte der Ausschreibung ernst.
Die Situationen, ständig Erwartungshaltungen enttäuschen zu müssen, so unausgesprochen sie auch sein mögen, können reduziert werden. Die Systemtugenden als Sekundärtugenden erleichtern das Miteinander erheblich. In erster Priorität praktiziert, führen sie in die Institution.

c) Personales Leben als unbekannte Größe

Menschlichkeit kennzeichnet den Bereich, in dem ein Mensch sein eigenes Leben leben kann und nicht das Leben eines anderen Menschen oder des jeweiligen sozialen Systems. Wir unterstellen, daß es einen erziehungsbedingten Verzicht auf Autonomiezustände dann gibt, wenn Sozialität gefährdet ist. Beziehungen in Heteronomiezuständen sind funktional. Systemstützende Moral hat mit Menschlichkeit zunächst nichts zu tun. Ein Leben in der öffentlich getragenen Überzeugung, zu wissen, was moralisch beziehungsweise gut und böse ist, wird vielleicht von außen positiv konditioniert, hinterläßt aber die Frage, wessen Leben gelebt wird.

Wer verantwortlich über seine Antriebskraft im Leben nachdenkt, unterscheidet zwischen zwei Typen des Ehrgeizes:

1. Relativer Ehrgeiz

Individueller und kollektiver Drive setzt sich durch innerhalb von Maßstäben, die in der inneren oder äußeren Umwelt des Systems gelten. Es gibt also einen Vergleich mit anderen Menschen, Systemen, Eignungen. Es geht darum, den Kampf ums Überleben durch das »Übertreffen« anderer zu gewinnen: die Prägungschance der traditionellen Vorbilder.

2. Absoluter Ehrgeiz

Unabhängig von äußerer Leistung, beschäftigt die Frage nach dem Erkennen und der Nutzung des individuellen Potentials mehr als das Übertreffen anderer. Das Leben entfalteter Möglichkeiten befriedigt bei verantwortlichem Selbstbezug mehr als ein Sieg, der im ungewissen darüber läßt, ob das eigene wirklich ausgeschöpft wurde.

Personales Leben ist an absoluten Ehrgeiz gebunden. Dem Lebensauftrag »Mensch sein« und »sein Leben leben« sind folgende Arbeitsschritte vorgeschaltet:

1. Erkennen des individuellen Potentials
   (Wozu bin ich fähig in meiner intellektuellen, physischen, sozialen und emotionalen Kapazität?)
2. Entfalten des erkannten Potentials
   (Unter möglichst unbeugsamem Willen lernen, entwickeln, erarbeiten.)
3. Sittliches Einsetzen des entfalteten Potentials
   (Für welche Werte setze ich meine Kräfte ein?)

Der fremdgesteuerte Manager wird von anderen erwarten, daß sie Regeln einhalten – so, wie es von ihm erwartet wird. Der selbstverantwortliche Manager entfaltet personales Leben durch Förderung des absoluten Ehrgeizes bei sich und bei anderen. Er erreicht das durch kritische Auseinandersetzung mit der Trägheit des Systems.

d) Bequemlichkeit als Systemverehrung

Die Identifikationskrise beginnt, wenn wir zum erstenmal erfahren, daß unsere Entfaltung in der Umwelt auf Widerstand stößt. Die Wegnahme fremden Spielzeuges ist eine Sanktion, die mit Unlustgefühlen endet. Die Ausnutzung emotionaler und sozialer Erpreßbarkeit des sich Hingebenden in einer Partnerschaft führt zu Öffnungsangst in späteren Beziehungen.

Abgesehen von den Teufelskreisen der Wiederholungszwänge gilt doch überwiegend: Neues Verhalten, das in der Umwelt abgelehnt wird, wird wieder abgelegt. Daraus folgt zunächst für den engagierten Manager, daß er das Umfeld des zu Motivierenden in die Realisierung seiner Führungsaufgaben einbezieht. Grundsätzlich ist davon auszugehen, daß in der Begegnung mit anderen Menschen Ich-Stärke (Autonomie) nicht unbedingt vorausgesetzt werden kann. Da nur wenige Menschen zur Orientierung keine Fremdsteuerung brauchen, ist die Motivation der meisten über die Kenntnis ihrer Fremdbestimmung möglich.

Mit Aufmerksamkeit ist eine Studie von 1987 zu lesen, in der 250 Studenten in Frankfurt nach ihren handlungsleitenden Werten gefragt wurden. Die Analyse ergab in der Reihenfolge:

1. Immer freundlich sein
2. Aggression nicht zeigen
3. Sich wie ein Erwachsener benehmen
4. Nicht gegen den Strom schwimmen
5. Sich kontrollieren
6. Ordnungsorgane respektieren

Der Weg des geringsten Widerstandes kann zur persönlichen Grundhaltung werden. Damit sind bestenfalls der emotionalen Entlastung die Türen geöffnet. Die Auswahlkriterien bei Entscheidungen sind damit natürlich weniger rational verantwortet. Diese Bequemlichkeit wirkt sich auch in der Wahl der Systemrepräsentanten zum Beispiel im politischen Bereich aus. Es gibt gute Gründe, davon auszugehen, daß die Wahl einiger Politiker (Parteien) nach dem Sex-Appeal des Repräsentanten entschieden wird oder danach, wer am wenigsten auf fremde Füße tritt und den bisherigen sozialen Status der Wähler sichert. Das würde für ein kommerzielles Bewußtsein statt für ein politisches Bewußtsein sprechen.

Die Chance der Unternehmen liegt darin, daß Führungskräfte in der Regel nicht »gewählt« werden. Damit kann man sich in der Bewerberauswahl auf die Kriterien konzentrieren, die den definierten Unternehmenswerten entsprechen. Die Fähigkeit, orientiert mit Wissen umzugehen, gehört sicher dazu.

4. Gegen den aktuellen Faschismus

Als faschistisch wird ein soziales System bezeichnet, dessen höchster erklärter Wert und Zweck der Erhalt des Systems selbst ist. Damit ist in der Güterabwägung zwischen Interessen des Systems und personalen Bedürfnissen für alle Zeit grundsätzlich entschieden. Im Grunde genommen möchte keiner dort leben, wo ein System sich selbst zum höchsten zu schützenden Rechtsgut macht.

Dabei ist zu beachten:

1. Wer sich vom Ideal her definiert, verzichtet auf Gegenwartsorientierung.
2. Jedes Ideal muß der (ständig neuen) konkreten Überprüfung unterliegen.
3. Die Identität einer Gruppe hängt wesentlich vom ungebrochenen Normentransfer ab.

Faschistische Systeme kultivieren die Heteronomie-Tugenden; allerdings nicht zum Wohle der Menschen, sondern ausschließlich zu eigenem Nutzen. Schließlich handelt es sich dabei um alle diejenigen »Tugenden«, die auf totale Fremdsteuerung des Menschen im sozialen System ausgerichtet sind. Die Tatsache, daß jeder Heteronomie-Gehorsam gesellschaftlich selektionsvorteilig ist, perpetuiert im inneren und äußeren Wachsen faschistischer Systeme. Da nutzen auch keine Erklärungen über die Unantastbarkeit und Achtung der Würde des Menschen, wenn im Ernstfall das soziale System wichtiger als der Mensch ist.

Auf der Suche nach aktuellem Faschismus ist das Wissen um die Absichten und Zeichen faschistischer und faschistoider Systeme Voraussetzung. Der aktuelle Trend, Menschen in sozialen Systemen funktional nutzbar zu machen, ist täglich zu beobachten. Die leichtfertige Verwendung des Begriffs zur Beschimpfung ehemaliger politischer Systeme trägt den Stempel der Projektion. Projektion ist in diesem Zusammenhang die Bestrafung von Eigenschaften, zu denen ich einen eigenen schuldhaften Erfahrungszugang habe und die ich an anderen wahrzunehmen glaube.

Der Manager überwacht faschistoide und faschistische Tendenzen in seinem sozialen System.

a) Die Macht der wahren Sätze

Eine Aussage ist wahr, wenn sie mit dem ausgesagten Sachverhalt übereinstimmt. Kann das nicht geprüft werden, ist sie nicht wahr, sondern bestenfalls unentscheidbar. Wahrheit bestimmt sich auch nicht durch die Menge der Erkenntnisteilenden. Es widerspricht der Empirik, daß wir alle an einem absoluten Geist partizipieren, aus dem heraus wir gleiche Wahrnehmungen haben.

Wahrheit kann ich prüfen, indem ich die jeweilige Erkenntnis auf Realitätsdichte untersuche. Über entsprechende Konfliktfähigkeit kann sich somit jeder der Wahrheit nähern. Wir unterscheiden:

1. Die semantische Qualität der Wahrheit

Es gab und gibt Kulturen, deren Leitdenken vom Vorhandensein wahrer Sätze ausgeht. Soziale Systeme in diesen Kulturen definieren sich über Axiomatik, der nicht widersprochen werden kann und darf. Ob diese kollektive Wahrheit in emotionalem Konsens oder im Systeminteresse liegt, entzieht sich sowohl der Entscheidungsmöglichkeit als auch der Bedeutung. Bezieht sich diese Wahrheit auf faschistische Werte, bleibt dem Betroffenen oft nur der Trost der griechischen Tragödie: Ein Fatum (Schicksal) zwingt mich zu Handlungen, die ich nicht verantworten kann.

2. Die soziale Qualität der Wahrheit

In einem sozialen System wird als Wahrheit unterstellt, was von allen gemeinsam akzeptiert wurde. Wahrheit ist somit ein kommunikatives Ergebnis. Die Qualität dieser Wahrheit wird in ihren Handlungskonsequenzen geprüft. Zeigen Konflikte hier eine Realitätsablösung, erfolgt weitere Wahrheitsannäherung durch das soziale System. Die Fähigkeit, mit anderen Wahrheit zu erarbeiten, setzt Konsensfähigkeit in eigenen Erkenntnissen voraus. Damit sind Erkenntnisse, die zur Wahrheitsfindung eingebracht werden, an bestimmte Vorbereitungsqualitäten gebunden.

Gegen die Dogmatiker gilt also: Jeder Mensch hat das Recht, seine Meinung zu verkünden, solange er sie nicht als wahr oder gut verkündet, sondern bestenfalls als nützlich und brauchbar. Nützlich ist eine Erkenntnis, wenn sie dem Gemeinwohl dient. Die Brauchbarkeit kennzeichnet die technische Größe der Eignung. Die Macht der »wahren Sätze« liegt auch in fehlender Denkfähigkeit der Adressaten. Verantwortlich denkende Manager bemühen sich um die soziale Qualität ihrer Erkenntnisse. Sie sind eher daran interessiert, erarbeitete Gedanken zu teilen statt unreflektierte Bewertungen.

b) Unmenschlichkeit zu höherem Zweck

Nicht wenige Ideologien, auf die sich soziale Systeme berufen, sind ihrem Wesen nach intolerant. Das ist besonders dann der Fall, wenn sie sich im Besitz ewig gültiger Wahrheiten oder immer geltender Normen wähnen. Gerechtigkeit kann verstanden werden als der feste

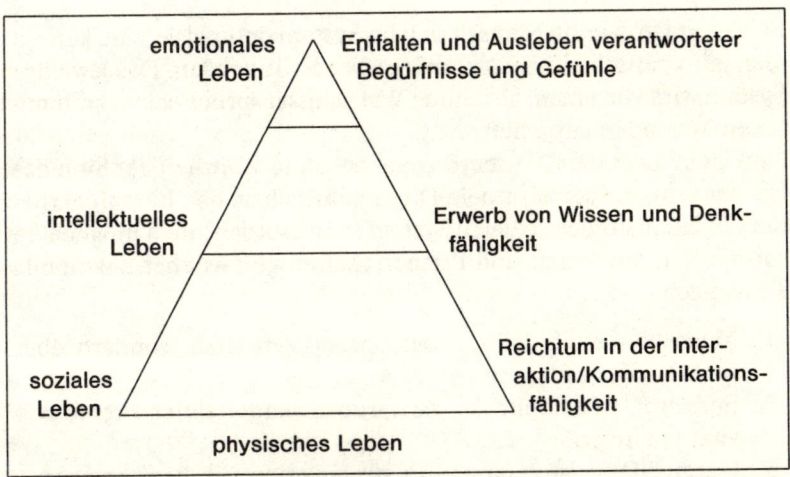

Entfaltung der Lebensdimensionen

81

und dauernde Wille, einem jeden sein Recht zuteil werden zu lassen. Das Recht auf Menschlichkeit schließt ein, daß ein Mensch sein Leben leben kann. Daß er seine Lebensdimensionen zu eigenem und zu fremdem Nutzen entfalten kann, siehe Seite 81.

Welch höherer Zweck einer Person diese Rechte absprechen kann, ist im Einzelfall zu prüfen. Dabei ist zu erinnern, daß die großen Morde der Völkergeschichte meist im Namen der Wahrheit oder des Guten geschehen sind. Die letzte Stufe der Unmenschlichkeit ist sicher das Richten des eigenen Bruders. Die Vorstufe dazu die Versuchung zu glauben, für andere Menschen zu wissen, was gut beziehungsweise wahr ist.

Soziale Systeme transferieren in ihren Strukturen Normen, Standards, Werteinstellungen, Vorurteile und Feindbilder. Entsteigt jemand diesem Rahmen, kommt es zu Konflikten, die sich in massiven Kommunikationsstörungen manifestieren. Dabei ist Widerstand gegen das System per se nichts Böses. Das personal Böse ist selten; das systemisch Böse gilt es zu fürchten.

Der verantwortlich denkende Manager geht davon aus, daß alle Menschen gut sein wollen – lediglich die Strategien, dieses zu realisieren, sind im einzelnen oft hanebüchen.

c) Indikatoren zur Erkennung faschistischer Systeme

Bei der Frage, wie ein Mensch sich im System optimal verhält, kommt man automatisch auf die kleinbürgerlichen Tugenden. Das jeweilige System wird von einem absoluten Wahrheitsanspruch seiner systemischen Tugenden ausgehen.

Nun kann nicht die Orientierung auf absolute Wahrheit der Sinn des Lebens sein, sondern Gutheit. Diese mißt sich an den Biophiliekriterien. In faschistoiden sozialen Systemen ist Gutheit nicht möglich. In solchen Unternehmen und Partnerschaften gibt es eher nekrophile Tendenzen.

1. Menschen erfahren kein personales Vertrauen, sondern eher funktionales Zutrauen.
2. Berechtigte Persönlichkeitsansprüche werden durch Fremdaktivität relativiert.
3. Geringe Omegatoleranz führt zur Isolation von Randgruppen.
4. Obwohl Gleichbehandlung nur vor dem Gesetz sinnvoll ist,

82

erfolgt sie auch durch Führungsinteraktionen ohne Berücksichtigung jeweiliger Individualität.

5. Selbstdefinition der Menschen erfolgt über Systemtreue (z. B. Leistung).
6. Reduktion der Interaktionen durch Erweiterung der Strukturen.
7. Der Eindruck existentieller Bedrohung ist schnell erzeugt, autonome Rechte werden außer Kraft gesetzt.
8. Kommunikation verstärkt sich im Bereich der funktionalen Interaktionen (Information und Appelle).
9. Austauschbarkeit der Menschen wird wichtiger als ihre persönlichen Interessen und Erwartungen.
10. Keine Verstärkung bei personalen Entfaltungen, die nicht vom System kontrolliert werden.
11. Vertreten faschistischer Ideen (z. B. wer Recht und Ordnung gefährdet, muß besonders hart bestraft werden).

In nicht wenigen aktuellen sozialen Systemen funktioniert der am besten, der seine personalen Interessen dem System opfert. Verantwortungsvoll denkende Manager behandeln ihre Mitarbeiter als Menschen. Bitte beachten wir: Die höchste Perversion ist die Personalität um der Funktionalität willen. (Wer tatsächlich nach den Werten der Führungsrichtlinien führt, wird nach kürzester Zeit gefeuert. – Dienst nach Vorschrift wird als Streik erlebt.)
Es ist davon auszugehen, daß Führungskräfte, die jahrelang in Institutionen statt in Kommunikationsgemeinschaften arbeiten, in Subordination statt in Koordination führen und Heteronomiezustände statt Autonomiezustände fördern, auch ihre privaten sozialen Systemwelten entsprechend organisieren. Das ist ein Grund, die Indikatoren argwöhnisch im konkreten Umfeld zu beachten und entsprechend zu verfahren.

d) Zwischen Fanatismus und Fatalismus

Er muß aufpassen, daß er nicht stehenbleibt, der Rattenfänger. So schnell können die nicht bremsen, die ihm folgen. Die Werteirritation bei den Führungskräften ist offensichtlich. Alte Orientierungen werden in Frage gestellt. Bildung und Ausbildung erfolgen wertungebundener. Ein allgemeiner Normenverdruß ist spürbar. Dafür gibt es drei gute Gründe:

1. Normenüberhang

Alle Regeln eines sozialen Systems zu kennen, erschwert sich mit der inneren Expansion des Systems. Vielen Mitarbeitern bleiben die Mengen der Organisationsanweisungen bis zur Pensionierung völlig unerschlossen.

2. Normenverlogenheit

Die für den Normentransfer Zuständigen sind keine Vorbilder. Nicht gerade »quod licet jovi, non licet bovi«, aber es ist nicht untypisch für Bürokraten, daß ihre eigenen Regeln anderen in ihrer »Unmündigkeit« Orientierung geben sollen, in der eigenen Selbstdefinition jedoch ist »Mündigkeit« gegeben.

3. Normennutzlosigkeit

Nicht wenige Jugendliche erleben, daß die Orientierung an die Erwachsenenwerte – Anerkennung, Besitz, Sicherheit usw. – das Leben nicht glücklicher machen. Sie können nicht erkennen, außerhalb der Werbung, daß das Leben hält, was versprochen wird.

Das Rattenfänger-Syndrom besteht darin, daß bestimmte Werte der Kindwelt entnommen und überpointiert werden:

Geborgenheit
Freundschaft
Zärtlichkeit
Spontaneität
Frieden
Vertrauen
Konsum

Orthodoxe Sekten, ideologische Splittergruppen, Esoteriker und bestimmte Jugendorganisationen bilden ihre Strukturen genau nach solchen Systemwerten aus. Daß diese Realitätsablösung zu heftigen Bekehrungsversuchen und -beweisen führen muß, erklärt sich aus der Energie vieler Vorurteile. Missionieren um der Sicherheit im wachsenden Kollektiv willen. Fanatische Gruppensüchtigkeit beschreibt den Aufbau einer sozialen Welt, in der ich sein kann, wie ich sein möchte. Sie ist der Rückzug in eine private Verbandssicherheit.
Ergebenheit in das Schicksal (Fatalismus) ist ein Signal der inneren Kündigung, der inneren Scheidung, der inneren Pensionierung, der

inneren Vergreisung. Der Wunsch nach Fremdbestimmung ist ein Nachweis der Konfliktunfähigkeit. Manager müssen konfliktfähig sein, damit in ihrer Gegenwart Konfliktfähigkeit erworben werden kann.

5. Die Todeslust des Systemagenten

Ein Systemagent ist ein Mensch, der sein Leben dem System geopfert hat. Er verkörpert die Exekutive des Systems in großer Lust und genießt die Rechte des systemisch Recht-Schaffenden. Seine Erfolgserlebnisse sind berechtigte Kontrolle, Bekehrung, Zwangsbekehrung: die grauen Momo-Männer in unmenschlicher Berechenbarkeit.

Systemisches Leben	Personales Leben
Agent	Mensch
heteronom	autonom
systemgerichtet	partnergerichtet
Institution	Kommunikationsgemeinschaft
Symmetrie	Asymmetrie
Funktion	Person
Individualkritik	Systemkritik
instrumental	würdig
moralisch	sittlich
fremdbestimmt	selbstbestimmt
Zutrauen	Vertrauen

Lebens-Polaritäten

Personales Leben bezeichnet die Fähigkeit und Bereitschaft, selbstverantwortet sein Leben zu gestalten. Daran ist ein Systemagent nicht grundsätzlich interessiert. Notwendig wird ein Mensch als Systemagent nur so lange zu personalem Verhalten fähig sein, als dieses vom System nicht mit Isolation bestraft wird.

Der Systemagent ist ein Mensch, der sich heteronom in das System einordnet und das als lustvoll erlebt. Der Regelkreis des Systemschutzes:

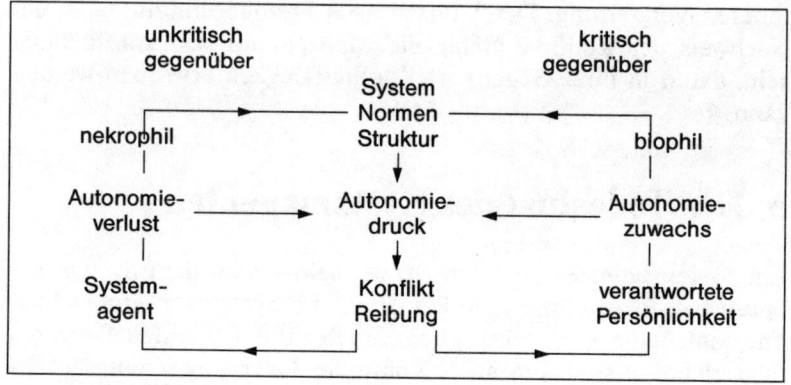

Regelkreis Entfaltung der Autonomie

Kann man sein eigener Systemagent sein? Manchen gelingt es. Sie bauen ein Egosystem auf, dessen eigene Agenten sie sind und nehmen andere Menschen nicht mehr außerhalb einer Störgröße wahr. Da jede Systemkritik vom System verstanden wird als Systemdistanz, Systemferne oder Systemveränderung, reagiert es entsprechend. Der realitätsdicht denkende Manager weiß, daß, wenn er eingebunden im System agiert, er – ohne es zu wissen – weitgehend von den Interessen des Systems (Bestand und Expansion) beherrscht wird. In rationaler Verantwortung erkennt er die Gefahr des System-agententums.

a) Das Glück des reduzierten Lebens

Manchmal liegt es nahe, der großen Versuchung nachzugeben, andere Menschen in Worten und Werken klein zu machen, nur weil es uns selbst schlecht geht. Es gibt gute Gründe, selbst die geforderte und praktizierte »Offenheit« im Umgang miteinander als eine Tötung zu erleben, wenn keine oder kaum Rücksicht genommen wird auf die psychische und soziale Verfassung des Kritisierten. Die Kritik gegen fehlenden Perfektionismus geht von einem lebensfeindlichen Ideal-bild aus, von einer Maschine. Im Maschinenzeitalter sind entsprechende Maximen in die Erziehung eingegangen. Der Mensch gilt um so mehr, je stärker er einer Maschine gleicht.

86

Eine Maschine
- riecht nicht
- läuft präzise
- verhält sich erwartungsgemäß
- arbeitet fehlerfrei
- ist sauber
- arbeitet termingerecht
- verhält sich widerspruchslos
- ist anspruchsfrei (passiv)
- ist berechenbar
- fordert nichts

Die Tiptop-tadellos-Orientierung ist in verschiedenen Lebenssituationen vorteilig, aber nicht in allen.
Die Überlegung, auf welche Knöpfe ich bei mir oder anderen drücken muß, führt zu sozial toleriertem Mord einzelner Lebensdimensionen. Es ist zumindest unsittlich, wenn ich auf mein Leben durch Selbstfunktionalisierung verzichte, nur um das eines anderen durch Fremdfunktionalisierung zu zerstören. So hat Selbstkasteiung zum Beispiel die Funktion, den anderen zum Verzicht zu zwingen.
Die Merkmale eines Menschen, der durch seine Interaktionen sozial oder emotional getötet hat, sind:

1. Unfähigkeit zur Trauer;
2. Unfähigkeit, eigene und fremde Bedürfnisse zu erkennen;
3. In Konsum gewandeltes Bedürfnis nach Liebe.

Manager wissen, wenn sie Menschen instrumentalisieren, werden sie zu Systemhelfern. Sie reflektieren die unantastbare Würde des Menschen als das Verbot, sich beziehungsweise einen anderen zum Mittel zu machen.

b) Partnerschaft ohne Worte

Systemthemen sind Gespräche, deren Inhalt und Struktur vom System weitgehend vorgegeben sind. Systemthemen in der Partnerschaft sind nicht selten. Man unterhält sich über die Nachbarn, Kinder, Eltern, begeht Gesellschaftsrituale und konsumiert kollektiv. Daneben gibt es autonome Themen der Intimität zwischen Menschen, die nicht so sehr vom System bestimmt sind.

Das Angebot an Systemthemen im Unternehmen ist nicht unbedingt kleiner. Die gemeinsame Arbeit und das gemeinsame Unternehmensziel bieten eine Menge an funktionalen Themen, die in der Art der Abhandlung oberflächlich konfliktfrei sind. Man spricht über Parkplatzprobleme, Diktatzeichen, Beförderungspolitik, Investitionsprogramme, Organisationsformen, Projektkoordinationen.

Autonome Themen sind in Art und Inhalt nicht vom System bestimmt. Der Mensch ist bereit und auch in der Lage, Isolationsangst nicht zum Autonomieverzicht führen zu lassen. So spricht er über die Möglichkeiten des Aussteigens genauso offen wie über die Mängel des Beurteilungsverfahrens: Der direkte Konflikt mit der Führungskraft ist ihm lieber als die systemische Regelung.

Grundsätzlich soll in privaten und geschäftlichen Gesprächen sichergestellt sein, daß das, was einer sagt, nicht klein gemacht, verwundet, abgewehrt oder als Angriff gewertet wird. Damit ist keine Konfliktfreiheit gemeint, sondern die Spielregel beschrieben. Die meisten Menschen sind nicht fähig, sich in Konfliktsituationen konstruktiv zu verhalten. Sie setzen Emotionen ein, die gegen den anderen gerichtet sind, weil sie sich durch andersartige Meinungen in ihrer Person bedroht fühlen. Es vertragen aber nur sehr wenige Menschen in einer Konfliktsituation Dominanz, so daß zum Beispiel folgender Ablauf entsteht:

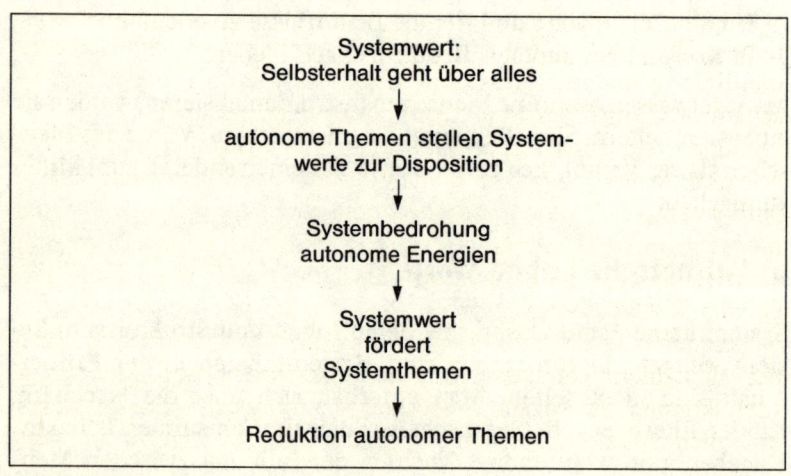

Systemwert:
Selbsterhalt geht über alles
↓
autonome Themen stellen System-
werte zur Disposition
↓
Systembedrohung
autonome Energien
↓
Systemwert
fördert
Systemthemen
↓
Reduktion autonomer Themen

Systembedrohung und Reaktion

Da Systemthemen mit einem Minimum an Elementen auskommen, reduzieren sich auch bald die Interaktionen. Jedes Gesprächspaar in diesem Teufelskreis wird sehr bald aus Konfliktscheu Themen meiden, in denen Autonomie das System in Frage stellt. Die Stärke der Systemthemen kann zu traurigen Ergebnissen führen. Der Interaktionsaustausch vieler Ehepaare an Wochenenden zum Beispiel hat sich nicht nur auf ca. 30 verschiedene Sätze reduziert, die zudem mit denen anderer Wochenenden vergleichbar sind. Zwei soziale Zombies. Es gibt Ehepartner, die mit erbosten Brauen sagen:»Wir verstehen uns ohne Worte. Manchmal reden wir tagelang nicht miteinander.« Das hohe Glück, von Zeit zu Zeit miteinander schweigen zu können, hat damit nichts zu tun.

Sehr viele Führungsbeziehungen haben ihren Interaktionsvorrat in ähnlicher Weise geregelt. Begrüßungsriten, Postabfrage, Arbeitsappelle und Zielzustandsfragen bestimmen die Kommunikation. Persönlichkeitsentwicklung ist hier nur schwer möglich. Jeder kommunizierende Manager fördert die Entfaltung des sozialen Lebens in seinem Umfeld.

c) Rituale sichern Beziehungen

Da der Haftwert einer Information wesentlich von ihrer emotionalen Besetzung abhängt, haben Souvenirs eine Chance. Der Mensch sehnt sich nicht wirklich nach ehemaligen Glücksbringern (Jugendlieben, Ferienorte usw.) zurück, sondern eher nach den Gefühlen, die diese in ihm auslösten. Das »Déjà-vu«-Erlebnis macht dies anschaulich. Zensur bestimmt auch die Erinnerung.

Das erste verschenkte Foto hat aber nicht nur Erinnerungwert. Das »Beisichtragen« zeigte den stabilen Bestand der ersten großen Liebe. Nun werden sich viele soziale Systeme nach außen durch »Zusammengehörigkeitsdokumentationen« abgrenzen. Die Stabilität eines sozialen Systems dokumentiert sich auch durch die Anzahl und Qualität der Erkennungssignale.

Neben den materiellen Bindungen sind die rituellen zu sehen. Bevor der nicht mehr getragene Ring bemerkt wird, haben andersartige Interaktionen die soziale Sicherheit – zumindest eines Partners – erheblich reduziert. Die »Du bist nicht wie sonst«-Dialoge sind nicht selten die Vorstufe. Somit erfährt eine Beziehung Geborgenheit auch aus:

	Interaktion	Symbolik	Sanktion
Staat	Amtssprache Paraden Bürokratie	Titel Embleme Uniformen	rechtliche Konsequenzen Isolation
Unternehmen	Teamregeln Socials Stallgeruch	Habitus Logo Statussymbole	Führung Beurteilung Förderung
Partnerschaft	Intimriten gemeinsame Freizeiten Konfliktstil	Heimgestaltung Andenken Partnerlook Tradition	soziale/psy- chische Strafen und Zwänge Resignation

Systemschutz im Konflikt

Das Entscheidende ist, daß im Konfliktfall nicht gegen die Konflikt-ursachen und für deren Beseitigung gemeinsam gekämpft wird. Häu-fig scheint die Wiederherstellung der Gewohnheiten (Riten) von größerer Wichtigkeit zu sein. »Wenn du so bist wie immer, kann ich davon ausgehen, daß eigentlich alles in Ordnung ist, unabhängig von dem, was du erzählst.« Der Stellenwert der persönlichen Interessen des Partners hängt davon ab, ob diese innerhalb der Systemregeln formuliert werden.

Die Sensibilität für Ritenabweichungen und damit Bestätigung sozia-ler Sicherheit ist groß. Wenn beim abendlichen »Begrüßungskuß« der Vorhaltewinkel des geneigten Kopfes um einige Grad verschoben ist, kann das bereits etliches auslösen. »Was ist denn los mit dir . . .?« Desgleichen im Management, wenn Hofregeln wie Einstellungsent-scheide, Sitzungssitzrituale oder Kleiderordnungen verletzt werden. Personalverantwortlich denkende Manager beachten bei Konflikten, ob es sich um berechtigte Systemansprüche handelt oder personale Interessen funktional, etwa aus Zeitgründen, unterdrückt werden.

d) Vorurteile als sichere Orientierung

Viel persönliche Stabilität erhalten wir aus unseren Vorurteilen. Diese Orientierungsgrößen haben zum Teil erstaunliche Macht. Für die persönliche soziale Kompetenz ist es wichtig, die Regeln im Umgang mit Vorurteilen zu kennen. Es ist davon auszugehen, daß derjenige, der Vorurteile angreift, Menschen angreift, weil er deren Selbstverständlichkeiten in Frage stellt.

Es gibt objektive Grenzen, an denen nahezu jede Kommunikation scheitern muß. Sie zu erkennen, hilft destruktive Konflikte konstruktiv zu handhaben. Verantwortlicher Einsatz von Macht (Zwang) ist gerechtfertigt, wenn Vorurteile nicht beseitigt werden können, entsprechende Aktionen jedoch erforderlich sind.

Nicht alle Arten von Vorurteilen haben im Ernstfall diesen Widerstandswert. Wir können unterscheiden:

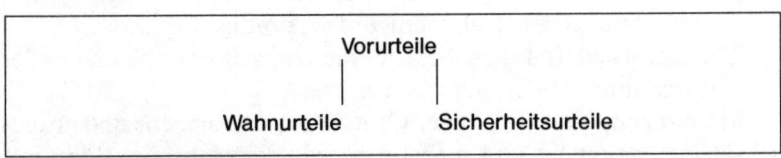

Arten der Vorurteile

Wahnurteile sind Erkenntnisse, gegen die keine Erfahrungen mehr möglich sind. Alle neuen Informationen werden unter dem Vorurteil wahrgenommen.

Sicherheitsurteile dagegen sind Bequemlichkeitsorientierungen (Parteizugehörigkeit u.ä.), die gegen entsprechende Gründe oder Interessen aufgegeben werden.

Es ist im Sinne der Verantwortung des Managers, eine voneinander widersprechenden Vorurteilen (Wahnurteilen) bestimmte Kommunikation abzubrechen.

Erkennungsmerkmale von Wahnurteilen:
1. Sie bestehen aus Generalisierungen (Sprachformen: immer, jeder, alle, keiner, nie).
2. Sie sind in der Regel unlogisch oder unentscheidbar.
3. Sie behaupten ihre eigene Wahrheit.
4. Sie orientieren Wahrnehmung und Informationsaufnahme (Daten werden nicht unabhängig von der psychischen Verfaßtheit erlebt).
5. Sie orientieren Einstellungen und Handlungen.

91

6. Sie sind emotional besetzt (somatische oder sprachliche Wertungssignale).
7. Sie werden bei Infragestellungen emotional verteidigt.
8. Sie sind missionarisch orientiert (Sicherheit im Kollektiv).
9. Es erfolgt argumentative Abstützung durch Doppelbindungen (Koppelung mit Werten, die zu anderen Einheiten gehören: Jeder vernünftige Mensch weiß . . .).
10. Es erfolgt Beziehungsabbruch bei insistierendem Widerstand.

Beispiele für Vorurteile aus dem Management:
— Frauen werden im Vergleich zu männlichen Akquisiteuren von Kunden grundsätzlich als weniger fachkundig eingeschätzt.
— Die chemische Industrie belastet die Umwelt unnötig und entledigt sich ihrer Abfälle auf dubiose Weise.
— Meinungen, die sich in einer Gruppe gebildet haben, sind grundsätzlich rationaler und realistischer als die eines einzelnen mit gleich großem Fachwissen wie der Durchschnitt der Gruppe.
— Höheres Alter begründet grundsätzlich sicherere Urteile in der Einschätzung menschlicher Fähigkeiten.
— Manipulation erkennt man grundsätzlich an der Art des Vorgehens beziehungsweise an der fehlenden Überzeugungssicherheit des Manipulierten.

Der verantwortlich denkende Manager klopft eigene und fremde Orientierungssicherheiten auf den Charakter eines Wahnurteils ab. Gegebenenfalls korrigiert er sich und beendet den Überzeugungsversuch. Wenn mehr als fünf der oben genannten Indikatoren zutreffen, kann auf ein Wahnurteil geschlossen werden.

6. Ethik und Führungsaufbau im System

Ethik wird hier verwendet im Sinne einer gedanklichen Disziplin, die es erlaubt, Moral und Systeminteresse gegen personales Leben und Sittlichkeit abzugrenzen. Um dieses zu können, bedient sich die Ethik bestimmter Normen, die durch Setzung begründet werden. Im Anschluß an Rupert Lay unterstellen wir bei unseren Überlegungen das Biophiliekriterium. Biophilie, so sei noch einmal ins Gedächtnis gerufen, ist alles, wodurch das Leben in seiner Gesamtheit gefördert wird. Der Gegensatz dazu ist Nekrophilie, die lebensverneinende und lebensvernichtende Kraft in sozialen Systemen.

Die Elemente der Führung in einem Unternehmen sind danach aufzubauen und zu verantworten. Wesentliche Ausgangssituationen werden durch das allgemeine Verhältnis zum Begriff »Führung« bestimmt. Wenn bei einer konkreten Abfrage 70 Prozent der mittleren Führungsebene zum Thema Führung unterschiedliches Hintergrundverständnis dokumentieren, ist das ebenso unbefriedigend wie eine zu kurz greifende vereinheitlichte Führungsdefinition.

Letztere wird den unterschiedlichen Anforderungen an den Führungsgeist in einem Unternehmen nicht gerecht. Es ist wichtig, sich die Führungshierarchie deutlich zu machen.

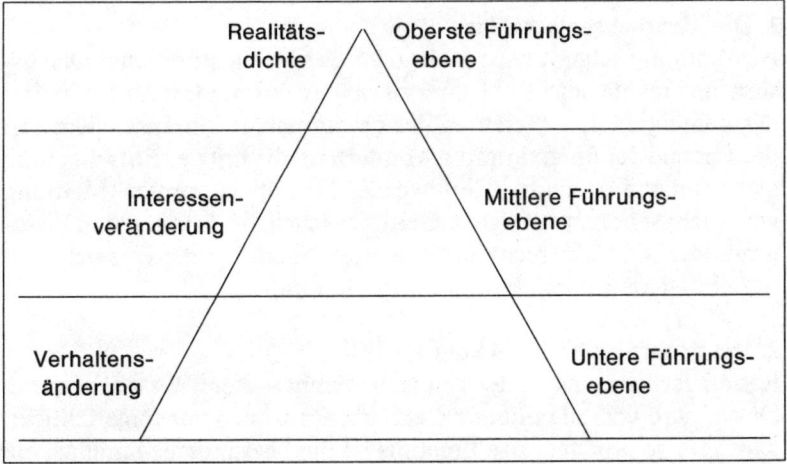

Aufgaben unterschiedlicher Hierarchien

In Abhängigkeit dieser Ebenen ergeben sich je nach Zuständigkeit unterschiedliche

Definitionen
Aufgaben
Anforderungen
Handlungskonsequenzen
Instrumente
Kontrollen
Prinzipien

Der verantwortliche Manager erkennt seine Position in dieser Situation, wird innerhalb eines gemeinsamen Grundverständnisses im Unternehmen seiner hierarchischen Führungsfunktion gerecht und entscheidet den Einsatz der Führungsinstrumente.

a) Problemlösung an der Führungsspitze

Abgesehen vom Besprechungsunwesen in nicht wenigen Unternehmen, dessen Gründe bekannt sind: ungeeignete Vorbereitung und Kommunikationsdefizite der Beteiligten, gibt es grundsätzlich zwei Verfahren der Meinungsbildung in Gremien. Beide haben Daseinsberechtigung, sofern ihr Einsatz problemorientiert verantwortet wird.

1. Die Mehrheitsentscheidung

Abstimmung scheint nach mehr oder weniger ausführlicher Diskussion eine realitätsdichte Lösung zu sichern, zumindest für einen Teil der Beteiligten. Die Gefahren des emotionalen Konsenses liegen in der Energie der überstimmten Minderheit, die mit der Entscheidung nicht unbedingt neutralisiert wurde. Der überstimmten Meinung wird nicht selten nachträglich Geltung verschafft. Intrigen und Phantombilder sind ein nicht unbekannter Nachweis dieser selektiven beziehungsweise projektiven Wahrnehmung.

2. Die Konsensualentscheidung

Rationaler Konsens ist der von allen verantwortete Wissenszustand. Dieser wird von allen über reflektierte Prinzipien zur folgerichtigen Synthese verarbeitet. Das Ergebnis ist die begründete, gemeinsame Entschlußbildung. Jeder einzelne ist in der Lage, den Entschluß begründet zu vertreten und die eventuell erforderliche Interessenänderung der nachgeordneten Führungsgruppe mit sozialer Kompetenz zu realisieren.

Der orientierte Manager unterscheidet aufgrund der Problemqualität die Lösungsalternativen. Er bedenkt, ob es um Dispositionsverbesserung (Mehrheitsentscheidung) oder Funktionsverbesserung (Konsensualentscheidung) geht. Unter Disposition ist hier die Beziehungsordnung einer Gruppe vor dem Horizont eines Problems gemeint, in der durch unterschiedliche Interessen die interpersonelle Konfliktstärke bestimmt wird: Person vor Sache.

Gegenüberstellung:

Konsensual-entscheidung	Mehrheits-entscheidung
Systematischer, gemeinsamer Erkenntnisfortschritt	Das größte Glück der größten Zahl
rational verantwortet	emotional entlastend
Ziel: Realitätsdichte	Ziel: Interessenbeeinflussung
rationaler Konsens	emotionaler Konsens
Verbesserung Funktion	Verbesserung Disposition
Konzentration: Sache	Konzentration: Person

Entscheidung in Gruppen

Funktion meint hier die Sachorientierung, in der eine Gruppe das Problem als gemeinsamen Gegner versteht: Sache vor Person.

Zur Verdeutlichung der Abhängigkeiten:

Gruppe Gremium Team Arbeits-kreis	strukturiertes Visualisieren (z. B. Metaplan u. a.)	Diskurstechnik mit dem Ziel des gemeinsamen Erkenntnis-fortschritts
einzelne Person	strukturiertes Assoziieren (z. B. mind map u. a.)	rational verantwortete, konsensfähige Erkenntnis

Disposition:

- Ideen sammeln
- Problembewußtsein
- Informationen strukturieren
- Interessen-erfassung

Funktion:

- rationale Orientierung
- Realitätsdichte
- soziale Qualität der Wahrheit
- Begründung, Bedingung, Beweis

Kommunikation in Gruppen

In der Führungsspitze eines Unternehmens sind beide Verfahren bekannt, die individuellen Disziplinen in der Kommunikation werden beherrscht, und die Sitzungen werden entsprechend moderiert.

b) Leistungen eines geeigneten Führungssystems

Geeignet ist ein Führungssystem genau dann, wenn es erlaubt, Mitarbeiter unter gleichzeitiger Entfaltung ihres personalen Lebens zum Stabilitäts- und Ertragswachstum des Unternehmens erfolgreich zu beeinflussen. Das ist gewährleistet, wenn folgende Strukturen gegeben sind:

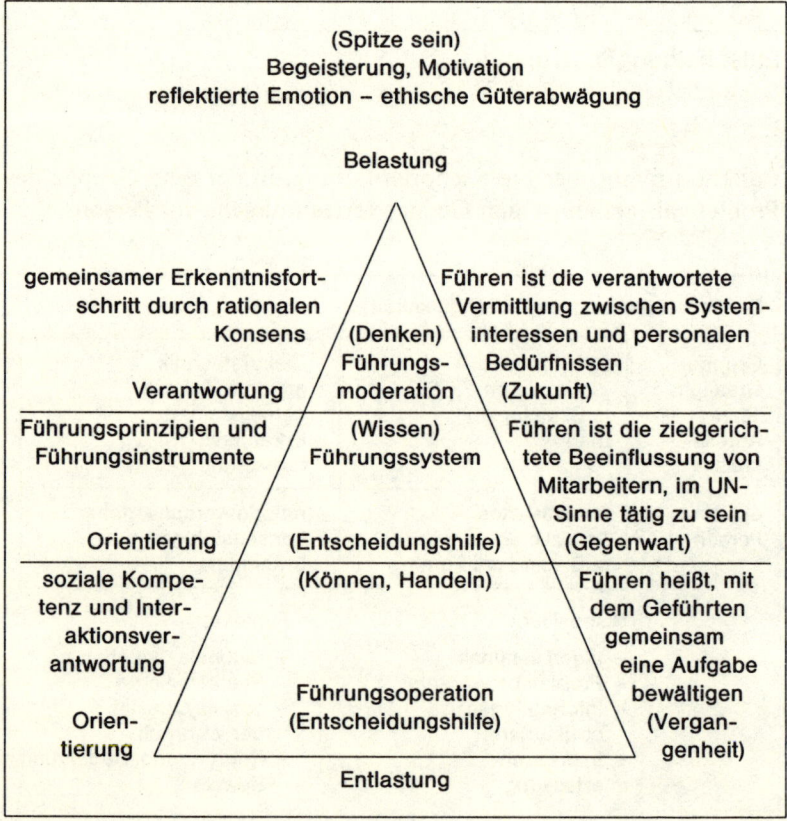

Führen in hierarchischen Systemen

Die Stufen, Aufgaben und Definitionen bestimmen sich aus den Hierarchieebenen. Diese bilden außerhalb von geregelten Sondersituationen die Abgrenzungen im Führungsverständnis und dessen Wirkung. Die zeitliche Orientierung auf Zukunft, Vergangenheit oder Gegenwart ist hierarchieabhängig. Für die oberste Führungsebene resultiert daraus das Verbot, zu tief *im* System zu arbeiten. Der verantwortlich handelnde Manager arbeitet *mit* diesem System und prüft besonders die Prinzipien und Instrumente auf Gegenwartsaktualität.

c) Hierarchieabhängigkeit des Führens

Die Hierarchiestufe bestimmt die Führungsaufgaben und damit das Anforderungsprofil. Sicher wird ein Vorstand seine Führungsaufgaben anders wahrnehmen als ein Gruppenleiter. Die Aufgabenstellungen im Bereich der direkten Personalförderung sind unterschiedlich.

Untere Führungsebene
Wesentliches Aufgabenfeld speziell für die untere Führungsebene ist die konkrete Verhaltensänderung der Mitarbeiter – soweit sie dem Anforderungsprofil der Stelle anzugleichen ist, oder darüber hinaus Förderungsmöglichkeiten bestehen. Führungsoperationen beziehen sich in keiner Weise ausschließlich auf die Arbeitsergebnisse und deren Kontrolle, sondern auch auf die Voraussetzungen hierfür im Verhalten des Mitarbeiters.
In hoher Interaktionsverantwortung bewährt sich die Führungskraft in der dialektischen Beziehung:

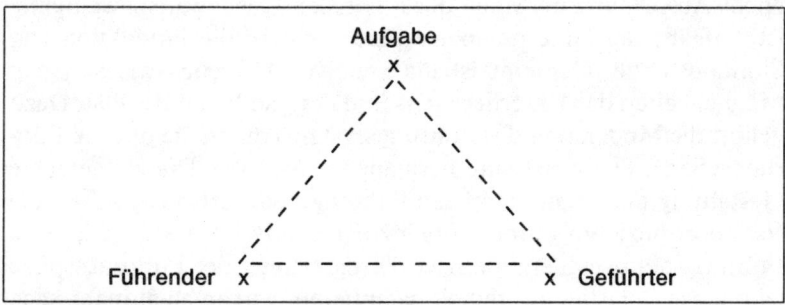

Dialektische Führungsbeziehung

97

Eine Beziehung zwischen Elementen ist genau dann dialektisch, wenn

- die Pole real voneinander verschieden sind
- die Veränderung des einen Pols auch die anderen verändert
- kein Pol ohne die anderen denkbar ist

Die Führungsarbeit, mit dem Geführten gemeinsam eine Aufgabe zu bewältigen, ist wesentlich von der Qualität der Interaktion abhängig. Wie diese im Einzelfall aussehen muß, speziell im Bereich Lob, Tadel, Kritik, Anerkennung, ist den Führungsrichtlinien zu entnehmen. Sie liefern die Orientierung für das Führungsverhalten.

Mittlere Führungsebene
Die mittlere Führungsebene repräsentiert die Führungssystematik. Damit hat sie sowohl eine Multiplikatorenfunktion des allgemeinen Führungs- und Leitbilddenkens als auch eine ständige Kontrollaufgabe, ob die im Hause praktizierte Führungssystematik den aktuellen Anforderungen aus der inneren und äußeren Umwelt des Systems gerecht wird. Eine der Hauptaufgaben der mittleren Führungsebene ist somit die Interessenermittlung, Interessenveränderung und Interessenverstärkung.
Sie realisiert die zielgerichtete und konstruktive Beeinflussung der Mitarbeiter über die Führungsprinzipien und die Führungsinstrumente. Der konstruktive Einfluß erfolgt innerhalb der Führungsregeln. Die Hauptaufgabe dieser Führungsebene besteht darin, aus Zielvorgaben von »oben« durch geeignete Zielbildung Vereinbarungen mit den nachgeordneten Ebenen herzustellen.

Oberste Führungsebene
Nicht Abwicklung im Sinne der rationalen Gegenwartsbewältigung ist Aufgabe der Unternehmensspitze, sondern die Produktion von Sinnüberschuß. Gemeint ist die kreative Differenz zwischen den Möglichkeiten des Unternehmens und der greifbaren Realität. Dazu gehört die Moderation des Führungssystems durch die oberste Führungsebene. Dieses ist eine permanente Aufgabe. Die zeitgerechte Gestaltung der Mitarbeiterbeeinflussung bedeutet nicht selten die Variation beziehungsweise Ergänzung der Führungsleitgedanken. Führungsphilosophien, die nach Fertigstellung der Führungsspitze jahrelange Belästigungsfreiheit garantieren, wirken auch nicht nach innen.

d) Die Notwendigkeit der Moderation

Moderation ist der systematische und verantwortliche Umgang mit den Interessen, Erwartungen und Erkenntnissen einer Gruppe mit dem Ziel des emotionalen oder rationalen Konsenses. Unabhängig von der Zielsetzung werden in jedem Team bestimmte kommunikative Ansprüche gestellt, was das Gesprächsverhalten anbetrifft.

Die Moderation zur Verbesserung der Disposition:
Metaplan-Schlachten erhöhen die Problemtransparenz, haben gruppendynamischen Einfluß (Dispositionsverbesserung) und liefern die Grundlagen für rationale Problemlösungen. Der nicht selten begangene Fehler ist die Problemlösung in einer emotionalen Konsensmoderation. Diese Lösungen können aufgrund von Gruppendynamik und kollektiver Euphorie durchaus außerhalb der Realität liegen.

Die Moderation zur Verbesserung der Funktion:
Der gemeinsame Erkenntnisfortschritt durch konsensfähige Gesprächsbeiträge sichert eine angestrebte Realitätsdichte. Die Qualität der Vorbereitung einzelner ist dabei genauso wichtig wie die Einhaltung der Diskursregeln in der Diskussion. Die rationale Prüfung der Abhängigkeiten aller genannten Individualmeinungen darf dabei nicht durch Überzeugung geschehen. Überzeugungsfähigkeit ist das interaktive Vermögen, das Denken anderer gegen Widerstand zu ändern. Gelingt dies, ist damit kein Nachweis über die Qualität der Erkenntnisse erbracht. Die Tatsache, daß andere Menschen einem Statement zustimmen, beweist nicht dessen Richtigkeit. Rationale Problemlösung und Überzeugungstransfer schließen sich gegenseitig aus.
Damit ergeben sich die Anforderungen an den verantwortlich denkenden Manager von selbst. In Besprechungen und Moderationen geht man nur mit konsensfähigen Erkenntnissen.

Jeder Mensch hat das Recht, die Gründe für seine Entscheidung nicht zu kennen. Jedoch ist zu beachten:
Wer anderen Menschen seine Entscheidung verständlich machen will, muß seine Entscheidungsregeln kennen. Jeder kann zwar nach ihm unbewußten Mustern entscheiden, aber bei verantwortlicher Mitteilung geht es nicht ohne Gründe. Es kommt nicht auf die Ethik

der Entscheidung an, sondern auf deren Rechtfertigung. Ohne diese kommunizieren wir in Irrationalität. Unter dem Biophiliepostulat gilt: *Ich habe nur Achtung vor der Würde anderer (auch vor mir selbst), wenn ich Entscheidungen rational verantwortet habe und begründen kann.* Jede Meinung ist genausogut, wie ihre Gründe tragfähig sind.

Kapitel 3
Die Person

1. Das biophile Menschenbild und die Logik

Ethik entscheidet in dem bisher gebrauchten Sinn über den Einsatz der Strategien. Ohne die Beherrschung der Strategien zur:

— Kommunikation
— Konfliktlösung
— Selbsterkenntnis
— Erkenntnisprüfung
— Konsensbildung
— Wahrheitsfindung
— Mitarbeiterführung
— Verantwortung

bleibt jede Attraktivität der Werte von Unternehmen und Person inhaltslos, seien sie ethisch noch so abgesichert. Ein Unternehmen braucht disziplinierende Spielregeln, um das Systeminteresse gegen die personale Autonomie zu verteidigen. Werte wie Humanität, Mitweltbewußtsein und Wirtschaftlichkeit sind emotional sehr konsensfähig und darum beliebt, aber ein Unternehmen muß auch dafür sorgen, daß die Fähigkeiten, Werte praktisch zu machen, bereitstehen und ständig geprüft werden.
Wenn Ethik also nach der Richtigkeit des Tuns oder Lassens, insbesondere nach dessen Folgen, fragt, und die Mitarbeiter ein entscheidender Erfolgsfaktor sind, ist das Menschenbild von großer Bedeutung. Bleibt dies den Mitarbeitern des führenden Kaders unbewußt, sind Verantwortung, Rechenschaft und Kontrolle nicht sinnvoll möglich. Die Macht der Vorurteile gegen tatsächliche Fähigkeiten und Bedürfnisse wird sich nicht lebensbejahend auswirken. Vom System Unternehmen selbst ist keine Hilfe zu erwarten. Ist es doch an Wer-

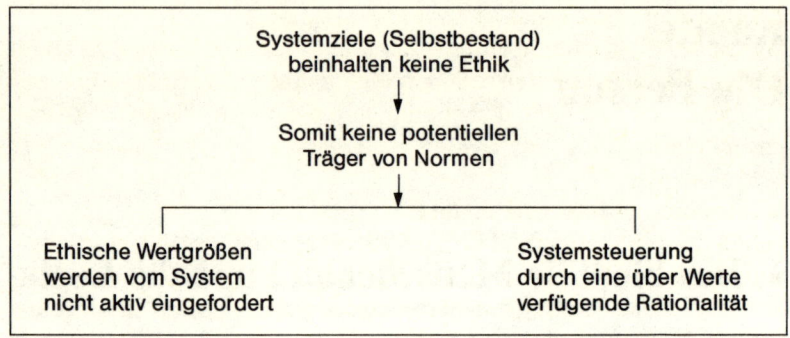

Systemziele (Selbstbestand)
beinhalten keine Ethik

Somit keine potentiellen
Träger von Normen

| Ethische Wertgrößen werden vom System nicht aktiv eingefordert | Systemsteuerung durch eine über Werte verfügende Rationalität |

Ethik im System

ten, die sich gegen die *Austauschbarkeit* der Person als Funktion wenden, nicht sonderlich interessiert.

Werden Unternehmensentscheidungen nach den Regeln der systemimmanenten Optimierung getroffen, hat Ethik eine Feigenblattfunktion! Die Entpersonalisierung des Denkens hätte ihren Höhepunkt erreicht, wenn es nur noch darum ginge, mit einem Minimum an Aufwand und Energie ein Maximum oder Optimum an Ertrag beziehungsweise Erfolg zu erreichen, egal, ob es sich um den privatsystemischen oder berufssystemischen Bereich handelt.

Die Tatsache, daß Unternehmensphilosophien und damit auch die ethischen Grundprinzipien des Hauses nicht dekretierbar sind, fordert den Manager in seiner Multiplikationsfähigkeit von Erkenntnissen, Zielen und Absichten.

a) Lebensbejahung und Lebensverneinung

Die nicht unbedenkliche Definition: *Führung ist eine Synthese zwischen Humanität und Wirtschaftlichkeit* setzt nach dialektischen Regeln voraus, daß sich These und Antithese polar verhalten. Es gibt jedoch gute Gründe, davon auszugehen, daß Humanität sich in der Wirtschaftlichkeit abspielt und umgekehrt.

Lebensbejahung im Management:

1. Investition in Köpfe
Mitdenkende Mitarbeiter sind ungleich besser imstande, kostengünstiger zu entscheiden, tatkräftiger zu verantworten.

102

2. Investition in die Emotion der Führungskräfte

Wer seine Mitarbeiter in einer vertrauensvollen Atmosphäre zu engagiertem Handeln anleiten soll, benötigt Instinkte und Energien, die er nicht dadurch ausbildet, daß er mitgeteilt bekommt, was seine Rechte und Pflichten sind.

3. Investition in personale Freiheit

Fehlende Personalqualität ist auch darin begründet, daß Mitarbeiterpotential nicht erkannt wird. Die höchste Stufe der personalen Freiheit ist die feste Bindung an das erkannte Selbst. Dieses ist untrennbar mit Eigenverantwortung verbunden.

Lebensverneinung im Management:

1. Investition in emotionalen Konsens

Motivierendes Überzeugen der erforderlichen Mehrheit durch engagiertes »Drauflosverhalten« führt nicht selten an der Realität vorbei. Instinktunsicher und antriebsüberschüssig gefährdet guter Wille ohne Sachverstand jedes Leben. Systemische Strukturen zur Motivation entziehen sich häufig rationaler Tragfähigkeit.

2. Investition in die Funktion der Führungskräfte

Seelenlose Rezeptkommunikation übersteigt dankenswerterweise die meisten Gedächtniskünste. Situation 15 mit Interaktion 34 beantworten zu müssen, neutralisiert jede positive Freiwilligkeit. Die Sucht nach der Methodenkompetenz will nicht selten die Verantwortungsscheu vor notwendiger Performanz verdecken. Die Technik wird wichtiger als ihr geeigneter Einsatz.

3. Investition in die systemische Freiheit

Wenn systemisch sachliche Zuverlässigkeit besteht, wenn Deckungsgleichheit zwischen bestellten und erbrachten Zielen vorliegt,entfällt systemischer Druck und Zwang. Die persönliche Zuverlässigkeit in Form von Sachverstand, Fleiß, Anstand und Kreativität bleibt auf der Strecke. Mitarbeiter geraten in Abhängigkeit, indem sie glauben, daß Freiheit ein Fehlen von Zwängen und Druck bedeutet. Es entsteht die Abhängigkeit, den Weg des geringsten Widerstands suchen zu müssen.

Im Vernichtungswettbewerb ist Zuverlässigkeit das ausschlaggebende

103

Fundament im Lebenskampf. Durch die Kontaktstellen zwischen den Systemen ist in erster Linie die personale Zuverlässigkeit gefordert. Das funktionale Zutrauen hat gegenüber dem personalen Vertrauen die mindere Sozialqualität. Der sozial kompetente und auch nachdenkende Manager verantwortet rational sein Postulat der Führung: »Aufbau personaler – und damit biophiler – Verhältnisse.«

b) Wer weiß, nimmt wahr

Jeder Mensch bringt in die Kommunikation seine Verstehensdisposition, sein hermeneutisches Potentialfeld, mit ein. Gemeint ist der Wissens- und Wollensbereich eines Menschen, der für die Verarbeitung auftreffender Informationen zuständig zeichnet. Die bewußt oder unbewußt erlebte Qualität einer Nachricht hängt wesentlich von diesen Voraussetzungen eigener Wahrnehmung ab:

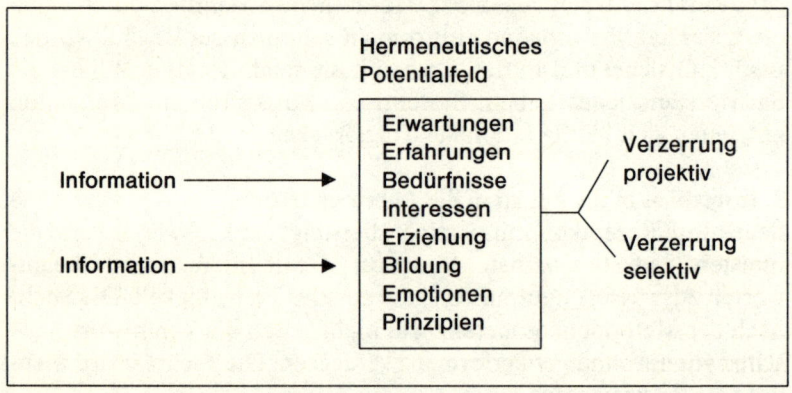

Grundlagen des Verstehens

Trifft eine Information keine Verknüpfungsmöglichkeit (einen leeren Bereich des hermeneutischen Potentialfeldes), wird sie nicht wahrgenommen. Die Gefahren der projektiven und selektiven Verzerrung seien hier als Anmahnung vermerkt. Da jedoch Wissenserwerb die Bedürfnisstruktur sehr wohl beeinflussen kann, schließt sich der Kreis in der Regel: Das Interesse steuert die Wahrnehmung.

Zu der Frage, was ein Manager denn wissen müsse, damit er die nötigen Orientierungen in der verantwortlichen Wahrnehmung seiner Führungsaufgaben erhält, sind die Informationsquellen reichhaltig.

104

Führen aus systemisch vollständiger Information wird die Bildung absolutistischer Strukturen begünstigen. Der Wunsch nach »gläsernen« Menschen führt zu deren Handlungslähmung. Zu der Unternehmerkunst, andere Menschen so einzusetzen, daß sie mehr einbringen als sie kosten, gehört die Wahrnehmung der Kräfte, die das Mitarbeiterverhalten tatsächlich steuern. Diese sind psychischer und sozialer, nicht rationaler Natur. Unteroptimale Effizienz signalisiert nicht selten eine mögliche Demotivation der Mitarbeiter durch kommunikationsunfähige Vorgesetzte.

Ausgehend von der Tatsache, daß fehlende Information aus Orientierungssucht durch Wertung ergänzt wird, ergibt sich:

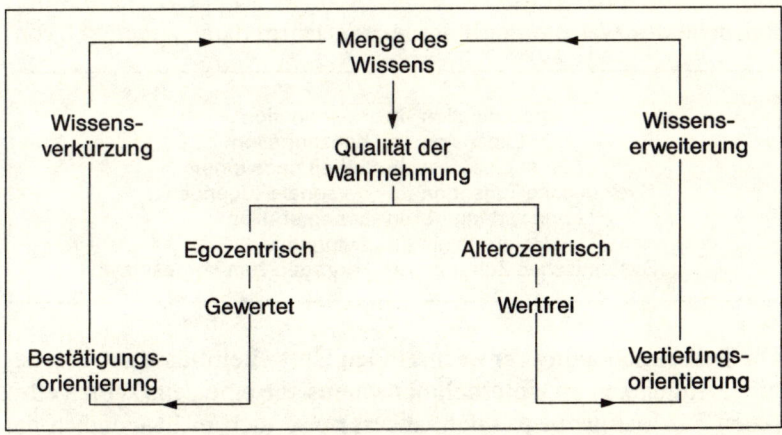

Wahrnehmung und Wissen

Wertung im Sinne emotionaler Orientierung verhindert unmittelbare Erfahrung. Im Umgang mit Menschen machen wir dabei nicht dem Menschen Interaktionsangebote, sondern einem Vorurteil über den Menschen. Phantombildung ist ein Ergebnis fehlenden Wissens. Intellektuelle Spekulation rechtfertigt dann die Interaktion.

Die Erfüllung der Forderung nach wertfreier Wahrnehmung ist ein Arbeitsergebnis in der Persönlichkeitsbildung. Ohne dieses Ergebnis ist eine verantwortete Beeinflussungsethik in der Führungsposition durch den Manager nicht möglich.

105

c) Die Standortbestimmung in der Mitwelt

»Transparenz der Sachzwänge an die Entscheidungsstelle.« Die Sachzwänge im Unternehmen ergeben sich im wesentlichen durch Informationen der inneren (Mitarbeiter) und äußeren (verstehbare Welt) Umwelt des sozialen Systems. Auch Daten aus der unverständlichen Umwelt (Naturkatastrophen) gehören dazu. Die Umwelt hat nur vage definierbare Außengrenzen, da sie immer wieder durch neue Sachverhalte ergänzt werden kann. Da die Führungsmoderation die Anwendung der ethischen Grundwerte im Alltag ständig ausmacht und auf Realitätsdichte prüft, darf der Wertewandel im Umfeld nicht übersehen werden.

Beispiele des Wertewandels der letzten Jahre:

Subordination	in	Koordination
Expansion	in	Konzentration
Leben nach außen	in	Leben nach innen
Systemische Tugenden	in	personale Tugenden
Leben verlängern	in	Leben erfüllen
Heteronomie	in	Autonomie
Systemisches Zutrauen	in	Vertrauen zum Vorgesetzen

Die Berücksichtigung der wechselnden Umwelteinflüsse setzt Handlungsgrundlagen im Unternehmen voraus, die einerseits keinen ethischen Rigorismus begründen, andererseits auch nicht lediglich die Emotion entlasten. Die folgende Seite zeigt die Polaritäten.

Während die Basis der Intuition emotional durch Lust, Unlust, Schuld und Angst beeinflußt wird, sind für die Rechtfertigung der Prinzipien die notwendigen und hinreichenden Bedingungen, unter denen sie gelten, rational auszumachen. Die Prüfung von Sein- und Soll-Prämissen ist ebenfalls unerläßliche gedankliche Arbeit. Unternehmerisches Handeln soll somit wesentlich über teleologische Prinzipien begründet sein. Diese ermöglichen eine Einbeziehung der Lebensdaten aus der Mitwelt des Systems und flexible Reaktion. Der verantwortlich denkende Manager ist aufgefordert, sich die Werte und Interaktionen zu vergegenwärtigen, die seine Verantwortung praktisch machen.

106

Intuitives und prinzipielles Handeln

d) Vom Sinn des Lebens

Der personale Sinn des Lebens ist das Wachsen der Persönlichkeit. Die Kontrolle darüber erleben wir in dem Abgleich zwischen Selbstbild und Tatsächlichkeit. Diese Angleichung ist zunächst keine Frage der Kompetenz oder der Methode, sondern die Nutzung erkannter Kräfte durch realitätsdichte Selbstwahrnehmung. Im Versuch der Selbstnäherung erfahren wir die Bedeutung der Sprache, ohne die wir eigene und fremde psychische Strukturen nur schwer erreichen können.

Was verstehen wir unter »menschlich« leben?
Was bedeutet »Autonomie« für den einzelnen?
Wie praktizieren wir »Toleranz« anderen gegenüber?
Wie verantworten wir unsere Ausübung von Macht?
Was sichert und beschränkt unsere »Freiheit«?
Zu welchen Kompromissen sind wir genötigt und fähig?
Was beschreibt unser »Selbst«?

Antworten auf diese Fragen, das heißt die Verfügbarkeit und die Bedeutung der Worte im Bereich der persönlichen Standortbestimmung, sichern eine vorübergehende verantwortbare Erkenntnis. Da jedes Verstehen neues Unverständnis begründet, ist jede Erkenntnis in der Reflexion über die Persönlichkeit vorläufig. Es gibt keine verläßliche Endgültigkeit in der Selbsterkenntnis.

In einem finalen Weltbild ist die einzige Sicherheit, die wir bei der Sinnfindung unseres Lebens unterstellen können, der eigene Tod, vor dem uns eine auch noch so stabile Wirklichkeit nicht schützt. In einem evolutionären Weltbild ist die Fortpflanzung, die Zeugung neuer Ideen und Gedanken die eigentliche Sinngebung. Somit ist im Leben der letzte Schritt nicht so wichtig wie der nächste. Rupert Lays Buch »Vom Sinn des Lebens« inspirierte zu folgender Strukturierung:

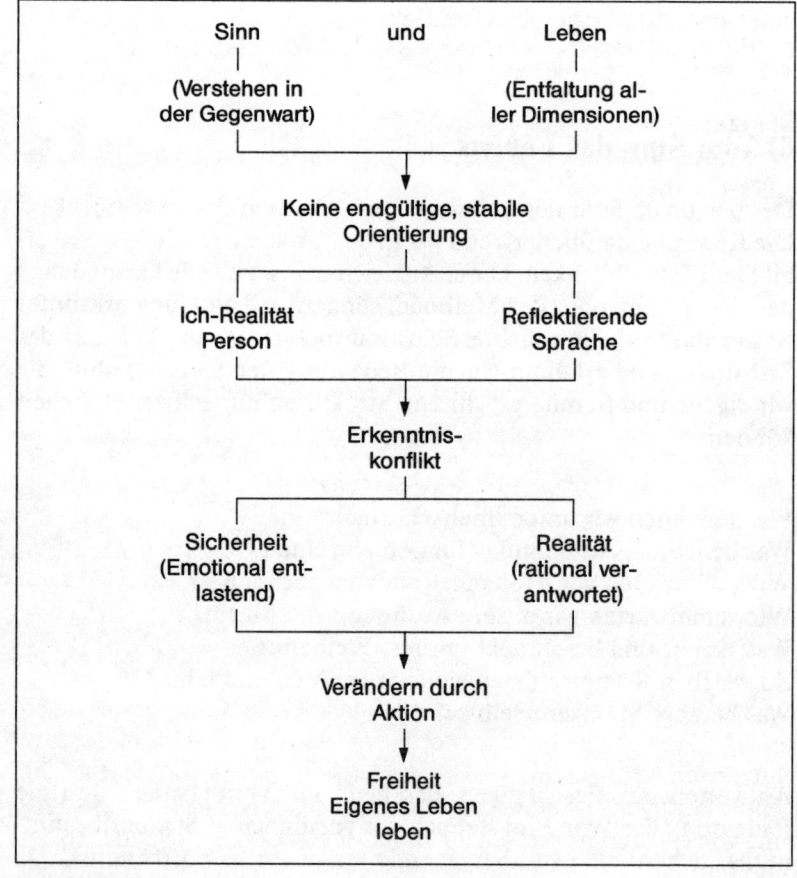

Vom Sinn des Lebens

Demnach besteht der Sinn des Lebens darin, dessen erkanntes Potential zum eigenen Nutzen und zum Nutzen anderer zu entfalten. Wir verdanken Wittgenstein die Erklärung, daß es Fragen gibt in unserem Leben, deren Beantwortung wir nur erleben, indem sie verschwinden.

Der verantwortlich denkende Manager bemüht sich um eine tragfähige Sinnantwort unter Berücksichtigung des Wandels. Dieses Bemühen wird seine personale Autorität stützen und ihn konfliktfähiger machen.

2. Macht und Würde im Menschenbild

Der Einsatz der Fähigkeiten, Menschen den eigenen Willen aufzunötigen, muß in jedem Fall ethisch verantwortet geschehen. Es ist zu unterscheiden:

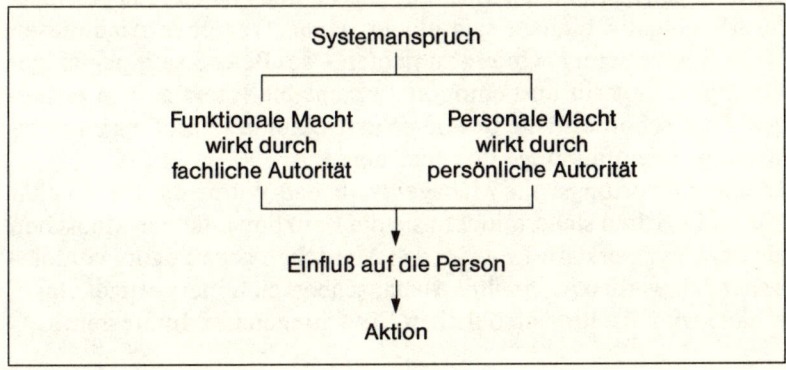

Autorität im System

Da wir Macht bekannterweise mißbrauchen können, ist sie auch richtig zu gebrauchen. Verantworteter Machteinsatz ist denkbar zum Nutzen und zum Schutz eines Menschen, dessen offensichtliche Unmündigkeit die Selbstverantwortlichkeit ausschließt. Diese Prüfung von eigenen Interessen zu lösen, ist nicht immer einfach. Selbst die »Vernunft« ist als interessengeleitete Orientierung kritisch zu sehen.

109

Viele Menschen assoziieren den Begriff »Manipulation«, wenn von Machtausübung in sozialen Systemen die Rede ist. Die Frage jedoch, was denn der Unterschied zwischen *Manipulation* und *konstruktiver Beeinflussung* sei, wird selten schlüssig beantwortet. Im Gegenteil, es sind Argumente zu hören, die sehr bedenklich sind. Von 200 Gefragten antworteten auf diese Frage 168 mit einem beziehungsweise beiden der folgenden Einschätzungen:

a) Manipulation erkennt man am Ergebnis. Der konstruktiv Beeinflußte ist wirklich überzeugt und steht begründet hinter seiner neuen Meinung, während der Manipulierte sich in der neuen Orientierung eher unwohl bzw. unsicher fühlt.

b) Manipulation erkennt man an der Art der Interaktion. Es gibt bedenkliche Tricks und Techniken, die fremden Einfluß erfolgreich machen, speziell im Bereich der »unfairen« Dialektik.

Beide Antworten sind Antworten von Menschen, die sich nicht zureichend gegen nekrophilen Machteinfluß wehren können. Ein geschickter Manipulator braucht sich nur in seinem Vorgehen nach diesen Bedürfnissen seiner »Opfer« zu richten – das Bewußtsein tragfähiger Gründe vermitteln und emotional akzeptable Interaktionen einsetzen – und schon wird die Bewußtseinsstruktur des Empfängers »konstruktive Beeinflussung« diagnostizieren.

Der verantwortungsvolle Manager weiß, daß Würde die Personalität eines Menschen sichert, indem sie die Funktionalität des Menschen als unzulässig erklärt. Er weiß, daß Menschen genau dann würdelos behandelt werden, wenn ihre Austauschbarkeit höherwertiger eingeschätzt wird als ihre persönlichen Erwartungen und Interessen.

a) Andere Menschen sozial disponibel machen

Jeder Mensch sollte Punkte haben, die er unter keinen Umständen bereit ist aufzugeben. Das heißt auf der anderen Seite nicht, daß Menschen Gefangene ihres Standards sind. Michael Kohlhaas lehrt uns, nicht wegen Bagatellen grundsätzlich zu werden.

Nicht wenige Menschen definieren sich selbst unnötig stark über Sozialität. Damit sind sie über leicht berechenbare Bedürfnisse anderen verfügbar. Innerhalb der Wirklichkeit eines Menschen haben die Erziehungsverantwortlichen ein Idealbild aufgebaut. Der Mensch erkennt in seinem Lebensalltag, daß er seinem Ideal-Ich gegenüber unterwertig ist *(Der, der ich bin, grüßt traurig den, der ich sein könnte!)*:

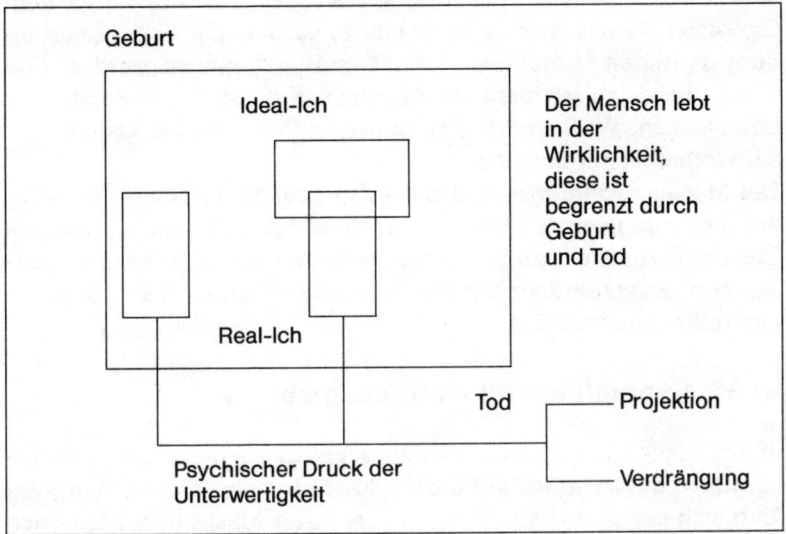

Ideal-Ich und Real-Ich

Mit der Menge der täglich erkannten Ablösung vom Idealbild gilt es als Mensch fertig zu werden. Außerhalb der Gewissensbildung und der Lösung von einem unrealistischen Idealbild stehen ihm zwei bevorzugte psychische Regulative zur Verfügung:

1. Projektion
Sensibel durch den eigenen Beobachtungsalltag erfahren wir an anderen Menschen diejenigen Dinge als unangenehm, zu denen wir einen schuldhaften Erfahrungszugang haben. Fast alle Antipathien sind Projektionen. Menschen hassen sich in anderen, nur weil die eigene Psyche eine Destabilisierung durch Selbstkritik und Selbstbestrafung nicht ertragen kann.

2. Verdrängung
Wir nehmen bestimmte Fehler an uns nicht wahr: zu erkennen an Sprachmustern wie dem Ausruf: »Ich – nie!« Diese unbewußte Un-

111

wahrheit ist das Ergebnis psychischer Stabilisierungsversuche. Die Abspaltung der Wahrnehmung negativer Eigenschaften führt dazu, daß die Selbstdefinition realitätsabgelöster gestaltet wird. Die Grundlage vieler Verunsicherungen ist hier zu suchen. Die Erziehungsbindung zwischen Fehler und Schuld muß aufgehoben werden. Das eigene Ideal-Ich ist nicht zu erreichen. Haß ist auf Projektion zu untersuchen. Weiß ein Mensch um seine Projektionen, kann er verantwortlich damit umgehen.

Der Manager sollte wissen, daß der Zweck aller Über-Ich-Imperative die Einbindung eines Menschen in ein soziales System ist, mit dem Ziel der Fremdsteuerung. Die *soziale Disponibilität* ist damit wesentlich begünstigt und kann zur emotionalen Entlastung des Ausnutzenden mißbraucht werden.

b) Machtpraktiken im Unternehmen

Macht ist die Chance, seinen Willen gegen den Willen anderer durchzusetzen, ungleich, worauf diese Chance beruht. Nicht selten maskiert sich der egoistische Wunsch personaler Macht über Menschen durch die Formen der Bürokratie. Die Wucherungen der Riten, Symbole und Strukturen in sozialen Systemen – speziell vom Typ Institution – trieben früher Blüten:

— Wartezeiten bei privaten Kontakten mit Vorgesetzten
— hierarchische Zuordnung der Naßzellen und Aufzüge, der Schreibtischgröße, Sesselhöhe, Beleuchtungswinkel
— Titelnutzung, adäquate Diktatzeichengröße und Unterschriftsfarbe
— habituelle Marotten (Aktenkoffer, Statussymbole, Dienstwagen)
— Kompetenzkonflikte sind höherwertiger als Sachkonflikte
— Sachkonflikte sind höherwertiger als Beziehungskonflikte
— Durchblättern von Akten während des Zuhörens
— Begrüßungsordnung und Grußrituale;
— Reviermarkierungen und Gewohnheitsrechte bei Rundgesprächen
— abwertende Unfreundlichkeit bei fehlender Systemeignung
— konditionierender Vergleich mit den anderen Mitarbeitern

Macht realisiert sich zwar auch heute noch über Gewalt, aber die Strukturen sind differenzierter:

112

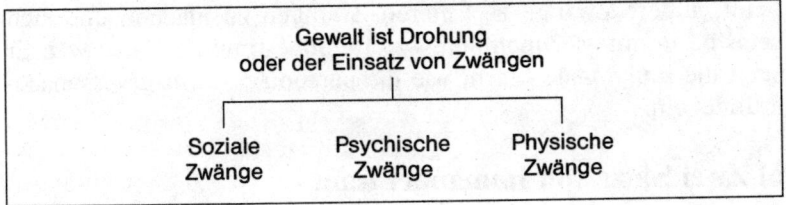

```
                    Gewalt ist Drohung
                  oder der Einsatz von Zwängen

        Soziale          Psychische        Physische
        Zwänge            Zwänge            Zwänge
```

Gewalt und Zwänge

Soziale Zwänge beschreiben den Entzug der sozialen Geborgenheit:

Unternehmen	Partnerschaft
Reduktion der Grußrituale	Reduktion der Intimriten
Informationsselektion	Kontaktpausen
Teamausschluß	Distanz

Soziale Zwänge

Psychische Zwänge vermindern die Selbstachtung vorzugsweise über Scham, Angst, Schuld und Minderwertigkeitsgefühle.

Unternehmen	Partnerschaft
Tadel	Vorwürfe
Aufstiegssperre	Doppelbindungen
Intrigen	Opfer-Retter-Verfolger

Psychische Zwänge

Die physischen Zwänge richten sich gegen den Körper. Auf Beispiele sei verzichtet. Alle Zwänge realisieren sich über Interaktionen. Der verantwortlich denkende Manager weiß, daß Motivation auch

113

heißt, äußere Zwänge zu inneren Zwängen zu machen und sich selbstbestimmt vorzunehmen, was fremdbestimmt gedacht war. Er setzt die funktionale Macht wie die personale Macht gewissensbegründet ein.

c) Zwei Sätze von Immanuel Kant

Personal frei sein zu können bezeichnet die Fähigkeit, sich von inneren und äußeren Zwängen zu lösen, mit dem Ziel der festen Bindung an das erkannte Selbst. Die systemische Freiheit meint die Bedingungen, unter denen sich das System seine soziale Welt selbst gestaltet. Aufgaben einer sittlichen und technischen Moral bestehen in der optimalen Gestaltung des menschlichen Verhaltens mit dem Ziel der psychischen und sozialen Entfaltung. Die absolute Forderung der Vernunft beschreibt der Königsberger Philosoph Immanuel Kant (1724–1804) in dem Grundbegriff seiner praktischen Philosophie, dem kategorischen Imperativ: *»Handle so, daß die Maximen deines Willens jederzeit zugleich als Prinzip einer allgemeinen Gesetzgebung gelten können.«*
Der beste Wille ist der feste Wille. Dem gegenüber steht der Lustimperativ: Tue das, was dich am stärksten emotional entlastet. Die Fähigkeit des Managers, sich nach der Kantschen Regel zu richten, stellt hohe Forderungen an seine rationale Kompetenz und seine Handlungsdisziplin. Wir können unsere ausschließlich intellektuellen Prinzipien getrost als Abfall der Großhirnrinde abtun. Relevante Prinzipien sind ohne erkennbare Handlungskonsequenzen nicht denkbar. Die Praxis ist vielleicht gar nicht so schwer: »Was du nicht willst, das man dir tut . . .!«
Es gibt gute Gründe anzunehmen, daß die Väter des Grundgesetzes in der BRD den Philosophen Kant bei den Gedanken über die Würde des Menschen (Art. 1 GG) haben Pate stehen lassen. Eine seiner diesbezüglichen Aussagen lautet: *»Handle so, daß du die Menschheit sowohl in deiner Person als in der Person eines jeden anderen, jederzeit zugleich als Zweck, niemals bloß als Mittel brauchst.«*
Genau das meint der Begriff »Würde«. Menschen, die sich oder andere im Dienste eines Systems funktionalisieren, verzichten für sich selbst auf personale Entfaltung. Andere können in ihrer Gegenwart nicht wachsen. Es ist menschlicher zu sagen, »keiner ist größer«

114

als »einer ist kleiner«, auch wenn dabei Spannungszuwachs erfahren wird. Im ersten Fall müssen zwei gleichberechtigte Partner ihre wachsende Autonomie ständig gegeneinander realisieren. Konfliktfreier wird eine Beziehung sein, wenn eine Hierarchie ritualisiert ist. Unsere Bestimmung ist Entfaltung. Eine Beziehung zu unserem Dasein hilft bei der Selbsterkenntnis und den Konsequenzen daraus. Die Selbstachtung gebietet es, daß man weiß, wer man ist und sein Leben lebt. Wir sind unserem Selbst gegenüber verpflichtet. Es zu erkennen und das Erkannte zu fördern, ist die Voraussetzung für jeden verantworteten Einsatz des eigenen Potentials. Der verantwortlich denkende Manager orientiert sein Führungshandeln innerhalb der Kantschen Imperative.

d) Würde in der Partnerschaft

Die moderne Ethik ist eine Ethik der Kommunikation. Es geht darum, den anderen alterozentriert zu akzeptieren, mit dem Ziel der personalen Förderung. Wenn ich Menschen hasse oder vor Liebe auffresse, funktionalisiere ich sie zu meiner emotionalen Entlastung. All das geschieht über nicht unvertraute Interaktionen. Als Beispiele aus dem partnerschaftlichen Bereich seien genannt:

Egozentrischer Haß durch Belastung des anderen mit:
— Schuld: »Wie siehst du wieder aus!«
— Angst: »Das war jetzt das letzte Mal!«
— Scham: »Ich beweise dir deine Lüge.«
— Ungeborgenheit: »Mach doch was du willst!«
— Minderwertigkeit: »Das kannst du doch nicht!«
— Urteilen: »Ich kenne dich doch!«
— Ohnmacht: »Sag doch endlich, was dich quält!«

Egozentrische Liebe durch Belastung des anderen mit:
— Abhängigkeit: »Kein Mensch liebt dich mehr als ich!«
— Resignation: »Uns wird nichts mehr trennen!«
— Funktion: »Ohne dich könnte ich nicht mehr leben!«
— Kleinheit: »Sogar meine Mutter mag dich.«
— Unwissen: »Sag mir doch, warum du mich liebst?«
— Verzicht: »Ich möchte mit dir etwas anderes machen.«
— Verantwortung: »Mit dir könnte ich Berge versetzen.«

Da ich nur von jemandem verwundbar bin, der mir etwas bedeutet, sind engere Beziehungen besonders geeignet, personale Tugenden zu üben. So, wie es auch in Unternehmen der Fall sein soll. Die Würde in sozialen Situationen geht verloren, wenn ein Mensch sich selbst aufgibt, um die Zuwendung anderer zu erhalten. Nach Rupert Lay werden auf dem Altar der Liebe eigene Emotionen, Bedürfnisse, Orientierungen, Persönlichkeiten geopfert. Um die Liebe eines Menschen nicht zu verlieren, gibt man sich selbst auf. Man wird der Mensch, der man sein soll. Aktive Liebe macht den Partner frei statt Schuldgefühle zu erzeugen.

Die Kommunikation im Unternehmen wird bestimmt durch die soziale Erfahrung der Mitarbeiter. Wenn diese sich in geeigneten Interaktionen in ihrem Privatleben um kommunikative Entfaltung und Erfolge bemühen, werden auch geeignete Prägungen im Unternehmen erkennbar. Der verantwortliche Manager weiß, daß Selbstverwirklichung nicht bedeutet, das zu verwirklichen, was ein anderer gesagt hat. Wir sind zwar, was wir sind durch andere, und andere sind was sie sind, durch uns, aber Partnerschaften haben das biophile Ziel der beiderseitigen Entfaltung.

3. Der konstruktive Sieg über die Moral

Moral ist die Summe subjektiver Normen. Sie beschreibt das Wertgerüst in einem sozialen System. Zweck der Moral ist die Einbindung von Menschen in dieses System, um sie fremdgesteuert zu machen. Kritikverzicht gegenüber einer Moral ist unter dem Biophiliekriterium rational nicht verantwortbar.

In jedem sozialen System sind Normengruppen vorhanden, die das Miteinander regeln:

Staatsmoral: Rechtsrahmen zur Realisierung eines Menschenbildes
Firmenmoral: Bezugsgröße für innere und äußere Loyalität
Vereinsmoral: Motivation durch emotionalen Konsens
Familienmoral: Verbindende Abgrenzung gegen Umwelt
Partnerschaftsmoral: Ehrenkodex gegenseitiger Treue

In Konfrontation mit diesen Systemen der Moral stellt sich die Frage nach der Legitimierung von Entscheidungen. Erst die geeignete

Rechtfertigung ermöglicht Orientierung und damit Verantwortung. Diese Legitimation erfolgt über:

1. Moralität. Das Gemeinwohl des Unternehmens zu schützen ist Aufgabe jeden Managers.
2. Biophilie. Personale Entfaltung bleibt geschützt, unter Umständen auch in Konkurrenz zum System.

Damit kommt der Größe »Charakter« eine wesentliche Bedeutung zu. Charakter beschreibt einerseits die Summe der Eigenschaften, über die sich ein Mensch definiert. Andererseits sind auch die handlungsleitenden Werte gemeint, durch die es bei inneren und äußeren Reizen zu inneren und äußeren Reaktionen kommt. Diese handlungsleitenden Werte sind Arbeitsergebnisse, nicht Schicksal. Der verantwortliche Manager prüft die Ansprüche der Moral gegen die individuellen Gewissenswerte. Wesentliche Grundfragen sind: Wieviel Autonomie verträgt mein System – wieviel System verträgt meine Autonomie?

a) Gewissensnöte durch das Ideal-Ich

Die Unterwertigkeit des Real-Ichs gegenüber dem Ideal-Ich vorausgesetzt, gibt es noch mehr Konfliktinstanzen, zwischen denen im Alltag oft ein Kompromiß hergestellt werden muß:

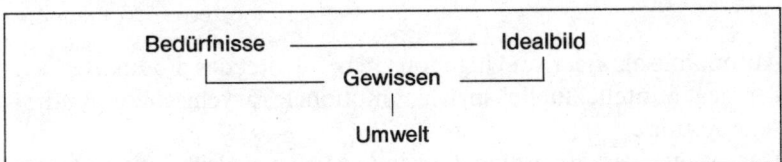

Position des Gewissens

Die Konflikte zwischen diesen Instanzen sind unvermeidbar. Somit sind viele Reaktionen aus psychischen Lebensbereichen Kompromisse. Die Einforderung bestimmter Verhaltensweisen in den Lebenssituationen orientiert sich wesentlich in der Kompromißbildung zwischen Moral und Sittlichkeit:

117

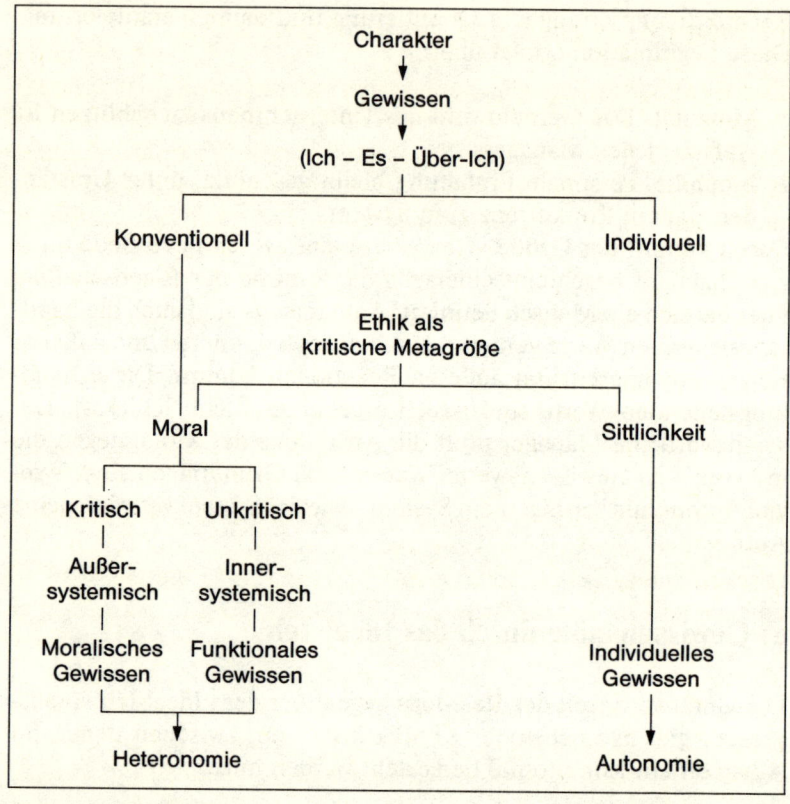

```
                        Charakter
                           ↓
                        Gewissen
                           ↓
                  (Ich – Es – Über-Ich)
            ┌──────────────┴──────────────┐
     Konventionell                      Individuell
                        Ethik als
                  kritische Metagröße
            ┌──────────────┴──────────────┐
          Moral                          Sittlichkeit
      ┌──────┴──────┐
   Kritisch      Unkritisch
      │              │
   Außer-        Inner-
   systemisch    systemisch
      │              │
  Moralisches    Funktionales          Individuelles
  Gewissen       Gewissen              Gewissen
      └──────┬──────┘                      │
             ↓                             ↓
      Heteronomie                      Autonomie
```

Moral und Sittlichkeit

Autonomie als kreativer Ungehorsam beinhaltet das produktive Denken gegen intellektuelle, soziale, emotionale, psychische und physische Routine.

Der rational verantwortlich denkende Manager beeinflußt im Unternehmen nicht nur das Verhalten der Mitarbeiter. Auch die Änderung oder Bestätigung der Mitarbeiterorientierung ist seine Aufgabe. Im Bewußtsein um die Gewissensnöte und deren Strukturen bei jedem Menschen ist seine Maxime:

Ein Mensch kann gezwungen werden, etwas Unmoralisches zu tun, aber niemals etwas Unsittliches. Ethisches Management bedeutet auch eine ständige biophile Kritik der moralischen und sittlichen Normenzwänge.

118

b) Stanley Milgram und die Gewissensarten

Das Gewissen, so die allgemeine Überzeugung, ist eine psychische Instanz, die uns Menschen sagt, was Gut und Böse ist. 1984 starb im Alter von 51 Jahren der amerikanische Psychologe Stanley Milgram. Anläßlich der abenteuerlichen Gefangennahme von Adolf Eichmann durch den israelischen Geheimdienst in Buenos Aires, startete er 1960 in der Yale University (New Haven, Connecticut/ USA) seine aufsehenerregenden Experimente. Sein Ziel war herauszufinden, unter welchen Bedingungen ein Mensch aufgrund fremder Autorität mit zunehmender Härte gegen einen fremden Menschen vorgehen würde und welche Umstände oder Persönlichkeitseigenschaften zur Gehorsamsverweigerung führen.

Den Teilnehmern wurde ein Lernexperiment vorgetäuscht, bei dem die Auswirkung von Strafe auf das Lernen überprüft werden sollte. Der Lernende (Schauspieler) mußte vom Lehrer (Versuchsperson) bei falschen Antworten mit zunehmend stärkeren (simulierten) elektrischen Schlägen bestraft werden, und zwar von 15 Volt bis 450 Volt ansteigend. Der Lernende wurde während der Vorgänge vom Lehrer nicht gesehen, nur seine stetig heftiger werdenden Schmerzensschreie, die ab 300 Volt der Stille wichen, waren zu hören. Unter diesen Bedingungen drückten 62,5 Prozent aller Teilnehmer gehorsamst die Hebel bis zu 450 Volt, obwohl es keine anderen Zwänge zum Weitermachen gab als nachdrückliche verbale Aufforderungen des Versuchsleiters.

Weltweite Untersuchungen erbrachten übereinstimmende Ergebnisse:

1. Es gibt weder Geschlechts-, noch Alters- oder Bildungsunterschiede bei der Gehorsamsbereitschaft gegenüber Autoritäten.
2. Fällt der Versuchsperson die Rolle der Befehlsübermittlung zu, ergibt sich eine nahezu 100%ige Bereitschaft, entsprechend vorzugehen.

Die menschliche Kultur hat fast völlig darin versagt, innere Hemmungen gegen Handlungen einzubauen, die von einer Autorität angeordnet werden. Es ist jederzeit möglich, daß Partner, Kollegen und andere normale Menschen beginnen, über andere normale Menschen Gericht zu halten, weil ihr eigenes Motiv der Zugehörigkeit höherwertiger ist als der Respekt vor einer Person. Viele wurden nur deswegen keine Massenmörder, weil sie – mehr oder weniger zufällig – nicht in entsprechende Gruppen gerieten.

Die Hoffnung, mit Eichmann den Prototyp eines schlechten Charakters der Öffentlichkeit als abschreckendes Beispiel vorführen zu können, blieb enttäuscht. Das Ergebnis zeigte einen – vielen in Art und Lebensführung verwandt – phantasielosen Bürokraten, der als Systemagent auch ein geordnetes Privatleben vorzuweisen hatte.

Der verantwortungsvolle Manager fördert sinnvoll den kreativen Ungehorsam, weil er weiß, daß die Psyche grundsätzlich versucht, mit einem *Minimum an Anormalität* auszukommen, um die Stabilisierung zu erhalten. Auch wenn die Folgen verheerend sind.

c) Moral als Einbettung in die Fremdbestimmung

Das Über-Ich der meisten Menschen beinhaltet die normativen Eltern-Ich-Imperative, die bei Nichtbefolgung Angst, Scham, Schuld oder Minderwertigkeitsgefühle auslösen. Sie bestimmen letztendlich den Kompromiß zwischen den Konfliktinstanzen:

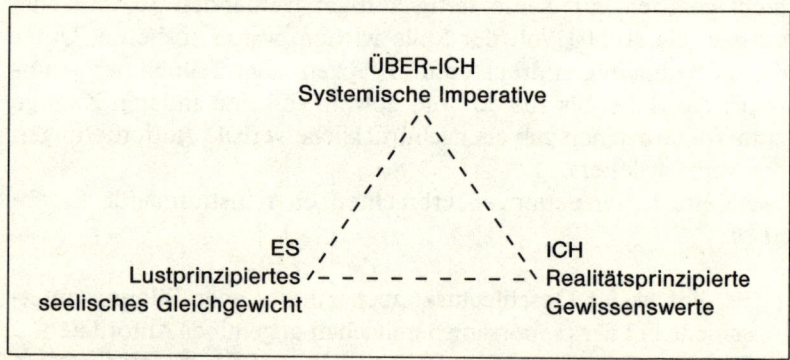

Werte des Gewissens

Obwohl wir wissen, daß der autoritäre Führungsstil als Allheilmittel ungeeignet ist, weil er Mitarbeiter infantilisiert, kommt es in den Unternehmen immer wieder zu Fehlerbekämpfungen über Schuldzuweisungen. Gemeint ist das Personalisieren von Problemen, die an Menschen gebunden werden, um Antrieb durch Schuldvermeidung zu erreichen. Wenn diese Menschen keine sinnvollen Entschuldungsmechanismen beherrschen, wie zum Beispiel Entschuldigung vor anderen, Beichte oder kontrollierte Selbstbestrafung, werden Abwehrmechanismen aktiviert. Der Weg in die innere Emigration wird beschritten, unter Umständen bis zur lustvollen Selbstvernichtung durch unkontrollierte Selbstbestrafung. Durch eifriges Lecken werden die Wunden an der Heilung gehindert. Es ist sinnvoll, den psychischen Destabilisierungen der moralischen Zwänge mit ethisch verantworteter Sittlichkeit entgegenzutreten.

Weil Ethik nicht im System stattfindet, sind wir gehalten, neben den funktionalen Relationen in unseren sozialen Systemen personale Relationen aufzubauen. Bei der Betrachtung der inner- und außersystemischen Beziehungen ergibt sich folgendes Bild:

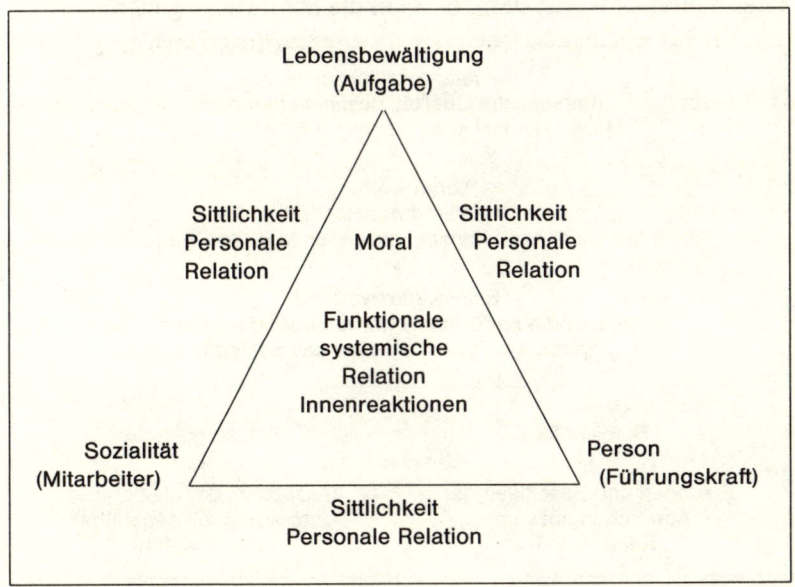

Funktionalität und Personalität

In der Moral realisiert sich das System. Die hier zugeordneten Interaktionen sind Elemente des Systems. Menschen handeln in dieser Steuerung heteronom als Systemagenten. Alle anfallenden Aufgaben werden ausschließlich im Systemzusammenhang interpretiert.

In der personalen Relation handeln Menschen als autonome Wesen. Die jeweiligen Aufgaben werden als persönliche Aufgaben verstanden. Die Identifikation mit der Führungsaufgabe ist durch persönliche Verantwortung gesichert.

Der Manager weiß, daß er ständig im Bereich der Verantwortung und Menschlichkeit gefordert ist. Er trifft diese Entscheidungen nicht unter dem Aspekt der Bequemlichkeit.

d) Der Sieg der Sittlichkeit

Fast alle unternehmerischen und auch partnerschaftlichen Probleme sind Probleme in einer Beziehung zu anderen Menschen. Wir können nur gemeinsam gewinnen oder verlieren. Das sittliche Gewissen hat zum Ziel die eigenen Entscheidungen, über ein eigenverantwortetes ethisches Wertsystem. Es kann die Schrittfolge gelten:

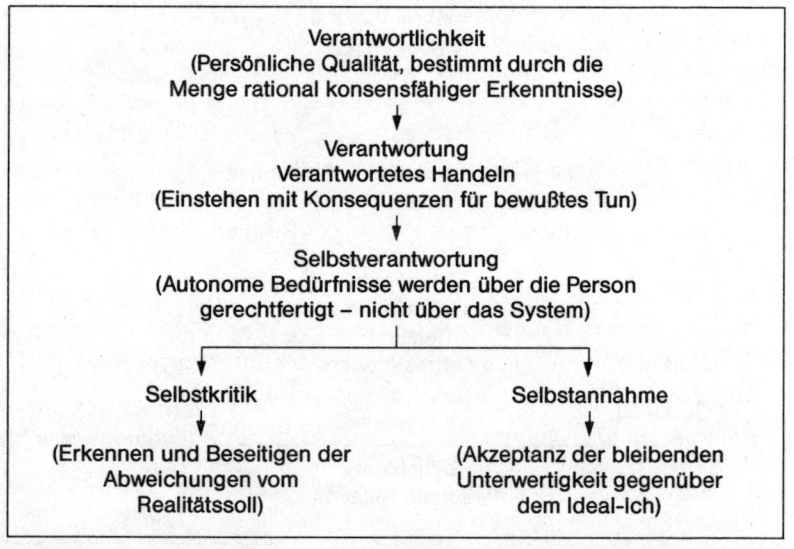

Selbstverantwortung und Autonomie

Selbstkritik und Selbstannahme sind wesentliche Voraussetzungen für die Fremdannahme. Wir können mit anderen nur biophile Bindungen eingehen, wenn die Abwehrmechanismen gegen diese Voraussetzungen erfolgreich bekämpft werden. Die bekanntesten Abwehrtechniken sind zum einen *Schuldabwälzung* und zum anderen *Selbstverleugnung* durch gewaltige Techniken des Vergessens, Flucht

122

in Abhängigkeiten, Verstecken im Abwarten, Verbergen in »dicker Haut« und Routine (psychische und/oder soziale Trägheit).
Der verantwortliche Manager hat nicht dauernd ein schlechtes Gewissen, wenn er nicht gerade etwas »Vernünftiges« tut. Es erfordert ein hohes Maß an Charakterstärke, den autonomen Zustand emotionaler Entlastung schuldfrei gegen akute systemische Ansprüche durchzusetzen. Es gehört zur täglichen Arbeit des Ich, eigene handlungsleitende Werte verantwortlich zu übernehmen und das eigene Leben danach zu organisieren. Ein Manager handelt sittlich, wenn er Ichgehorsam ist.

4. Führungskräfte sind Persönlichkeiten

Es ist nicht gerechtfertigt, jemandem Personalverantwortung zu übertragen, der in Krisensituationen zu irrationalen Entscheidungen neigt. Als irrational sind alle diejenigen Entscheidungen zu verdächtigen, bei denen im Konflikt zwischen emotionaler Entlastung und rationaler Verantwortung zugunsten der ersten Größe nachgegeben wurde. Wichtige Führungsaufgaben in einem Unternehmen, zum Beispiel in einem Dienstleistungsunternehmen, sind:

— Das Unternehmensprofil nach innen und außen geeignet prägen
— Marktziele wettbewerbsorientiert erreichen
— Teilziele in der Aufgabenerfüllung setzen und kontrollieren
— Organisationsstrukturen funktionsorientiert beeinflussen
— Mitarbeiter auswählen, einsetzen, weiterbilden
— Mitarbeiter führen und motivieren
— Leistungen und Ergebnisse konsensfähig bewerten
— Effizienten Eigeneinsatz bestimmen

Damit verschiebt sich mit zunehmender Personalverantwortung der technische Führungsaspekt zu einem der sozialen Performanz.

Eine Führungskraft, die sich über Mängel im Personalbereich oder der Organisation beklagt, negiert ihre Aufgabe. Ein Manager, der keine Mängel sieht, kennt seine Aufgabe nicht. Erfolg in der Führung ist wesentlich eine Frage der Kommunikation.
Persönlichkeit ist das Ergebnis von Bildungserfolgen im Bereich der

sozialen Kompetenz. Die Qualität dieser Kompetenz befähigt den Manager, Person und Position auseinanderzuhalten. Das Vertrauen in die eigene Kraft läßt ihn nicht Arbeit zuteilen, sondern Verantwortung.

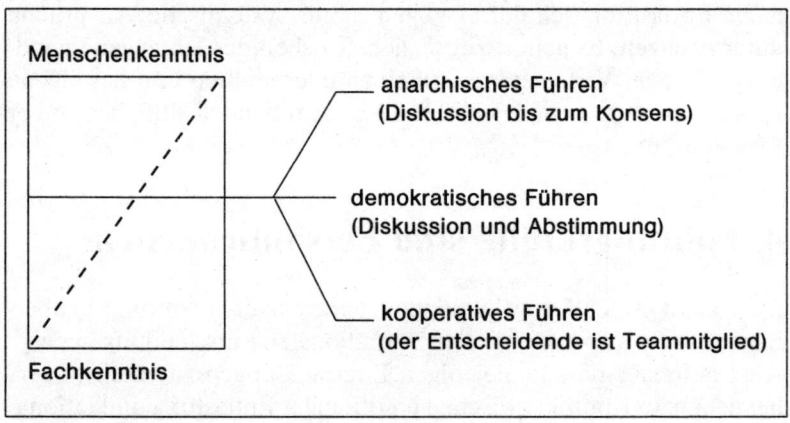

Menschenkenntnis und Führung

Die Arbeit an der eigenen Persönlichkeit ergibt sich notwendig durch Interaktionen. Unsere Sprache ist Ausdruck unserer Persönlichkeitsgestaltung. Der verantwortlich denkende Manager beachtet die Konsequenzen seiner Erkenntnisse.

a) Vom Individuum über die Person zur Persönlichkeit

Wenn Realitätsdichte den eigenen Standort im Umgang mit sozialen Systemen bestimmt, entscheidet die Verwirklichung von Autonomie über den Weg vom Individuum zur Persönlichkeit.
Der Erfolg der Beeinflussung anderer Menschen hängt wesentlich davon ab, in welcher systemischen oder personalen Situation sich diese befinden. Um das festzustellen, benötigt die Führungskraft Erkenntnisstufen, die durch ausgeprägte Eigenerfahrung in der Persönlichkeitsarbeit stabilisiert sind.

Stufen in der Persönlichkeitsbildung:

124

	1. Anonymität
1. Schritt	Das eigene Bewußtsein ist das Systembewußtsein und definiert sich in den Handlungskonsequenzen über die Systemstrukturen. Der Mensch verhält sich im Tausch – gegen ein Geborgenheitsgefühl – systemkonform
	2. Individualität
2. Schritt	Bewußtwerden des persönlichen Verlorenseins in der Strukturwelt des Systems und gemäßigte Gegenreaktion durch Autonomiebestrebungen. Austesten der Systemtoleranz gegenüber autonomen Bedürfnissen. Der Stellenwert der systemischen Geborgenheit reduziert sich.
	3. Personalität
3. Schritt	Selbstdefinition über die Summe aller Eigenschaften, die den Menschen in seiner Individualität ausmachen. Ausbildung der Kräfte gegen die Systembequemlichkeit. Wissen um Würde und die Gefahren der Funktionalisierung. Das System und seine Forderungen werden eventuell gegensätzlich zu den berechtigten Bedürfnissen einer Person erlebt.
	4. Persönlichkeit
	Selbstdefinition über das erkannte Selbst. Entfaltung eigenen Lebens zum persönlichen Nutzen und zum Nutzen anderer. Das System wird als selbstbestimmter Rahmen akzeptiert, in dem sich Persönlichkeit realisiert. Die Grenzen des Systems werden ständig kritisch reflektiert.

Entwicklung der Persönlichkeit

Innerhalb der Persönlichkeit unterscheiden wir mehrere Persönlichkeitstypen (autoritäre, biophile und kooperative Führungspersönlichkeiten). Zu erkennen ist, daß der Weg des Individuums zur Persönlichkeit über die Würde führt.

Der verantwortliche Manager weiß, daß die Entscheidung zwischen Leben und Gelebtwerden davon abhängt, ob er seine tyrannischen Über-Ich-Strukturen überwinden kann. Ohne dies sind kritische Gegenpositionen nahezu unmöglich. Erfolg in der Persönlichkeitsbildung ist zu erkennen an:

— Abbau von Wahnurteilen
— Keine aggressive Reaktion auf potentielle Verunsicherung
— Minimierung der Projektionen
— Kompromißfähigkeit zwischen Konfliktinstanzen
— Kein Verstecken hinter dem Rücken von Mehrheiten
— Entpersonifizieren von Problemen
— Motivation zur Eigenverantwortung

b) Eigenbild – Fremdbild – Vorbild

Wir Menschen sollten beachten, daß wir nicht unbedingt so sind, wie wir uns selber sehen. Der Grund liegt darin, daß sich jeder Mensch unbewußt über seine Orientierungen und Absichten (Ziele) interpretiert, die er ebenso unbewußt als erfüllt ansieht. Wenn wir wirklich wissen wollen, wie und wer wir sind, müssen wir sorgfältig auf die Rückkoppelungen im sozialen Prozeß achten. Andere sagen uns nicht nur, wie wir wirken, sondern auch, wie wir tatsächlich sind. Das Bild, das wir von uns haben, ist entstanden durch die Interaktionsangebote in der Kindheit. Wenn wir uns durch sie gegenüber der Umwelt definieren konnten, wird uns später ein zwar stets gefährdetes, aber mit unserem Eigenbild verträgliches Bild *zurückgespiegelt*. Anderenfalls entwickeln Menschen Furcht vor eventuellem Selbstverlust. Für eine vorbildliche Führung sind dies ungeeignete Voraussetzungen. Stärke der Persönlichkeit bedeutet Minimierung der Abwehrmechanismen.

Negative Beispiele aus der Unternehmenspraxis:

— Emotionale Exzesse töten jegliche Vorbildlichkeit
— Strategische Intrigen hinterlassen Verachtung

126

- Wer nichts ablehnen kann, kann auch nichts durchsetzen
- Fehlende Selbstorganisation beeinflußt Fremdorganisation
- Schuldzuweisungen erzeugen Angstreaktionen
- Launen zerstören Vertrauen
- Erotische Verhältnisse im Betrieb vermindern Führungsautorität
- Nachgiebigkeit um der Ruhe willen führt zur Unruhe
- Dominanz in der Selbstdarstellung neutralisiert das Interesse der Zuhörer

Manager sind vorbildlich, wenn sie in schwierigen Situationen (Konflikten) Interaktionen produzieren, die für die Beteiligten nachahmenswert sind. Vorbildlichkeiten in den Werten degenerieren zu leicht zu »Lippenbekenntnissen«. Und es muß auch immer berücksichtigt werden, ob der sich an einem »Vorbild im Erfolg« Orientierende im Besitz der gleichen Ressourcen (Beziehungen, finanzielle Mittel, Freizeit) ist. Das beste Vorbild ist ein Täter. Unwichtig ist dabei, ob es Johann Wolfgang von Goethe, Onkel Werner aus Königstein oder Mahatma Gandhi ist. Hauptsache, es ist ein Mensch, der im gegebenen Augenblick ohne Wimpernzucken gesagt oder getan hat, wovor wir zögerten. Besonders dann, wenn sein Leben dabei geglückt ist und er zur Entfaltung anderer entscheidend beitragen konnte.

Positive Beispiele aus der Unternehmenspraxis:

- Dominanzverzicht in Konflikten fördert Personalität.
- Zuverlässigkeit sichert Zutrauen.
- Achtung vor dem anderen vergrößert Vertrauen.
- Einfühlungsvermögen führt zu Offenheit.
- Ausgeglichenheit erzeugt Sympathie.
- Verantwortete Begründungen verkleinern Widerstände.
- Toleranz bekämpft Intoleranz.
- Durchsetzungsstärke gegen Bequemlichkeit erzeugt Achtung.
- Interesse an anderen macht interessant.

Der verantwortungsvolle Manager bemüht sich um eine realistische Selbsteinschätzung ohne Projektion und Selektion. Er akzeptiert sich und andere, indem er nicht von einem Ideal ausgeht. Dadurch entwickelt er Feedbacksicherheit im Geben und Nehmen. Daraus resultierende Persönlichkeitssignale bewirken eine Ausstrahlung, die dann positiv seine Vorbildfunktion unterstützen.

c) Die Einsamkeit des Führens

Wer versucht, in Führungssituationen seine emotionalen Bedürfnisse zu befriedigen, führt schlecht. Diese eigene psychische Abhängigkeit wird dazu führen, daß Mitarbeiter abhängig und klein gemacht werden, je nachdem wie die Bedürfnisbefriedigung sich realisiert. Psychische Unabhängigkeit ist die Voraussetzung für eine positive Antwort auf die Frage: Wird ein Mensch im Umgang mit mir selbständiger oder nicht?

Der Gedanke »Führungskräfte werden für Einsamkeit bezahlt«, hat seinen Ursprung wahrscheinlich in der nötigen Distanz zur Aufrechterhaltung von Autorität und Vertrauen. Die Selbstverwirklichung eines Managers in seiner Führungsfunktion ist außerhalb seiner Bedürfnisse zu sehen. Sie wird notwendig erschwert, wenn er sich in soziale Bindungen begibt. Soziale Bindungen bestimmen die Güterabwägung (z. B. zwischen Individuum und Unternehmen) und begünstigen damit Abhängigkeiten. Soziale (enge) Beziehungen erhöhen die Verletzbarkeit, das Ausgeliefertsein. Damit ergibt sich für Führungskräfte:

- Sie sollten eine Reihe angstfreier sozialer Beziehungen haben. Das bedeutet, sensibel zu sein gegen soziale Ängste und Nähe so zu halten, daß Emotionalität nicht funktional ausgenutzt werden kann.
- Sie müssen Techniken beherrschen, um im privaten Bereich Zuwendung zu erhalten. (Das ist schwierig, denn der erfolgreiche Partner will in der Ehe Frieden, der andere will aber sein gestautes Konfliktpotential loswerden.)

Dialektisches Denken in dieser Situation führt häufig zu einer - in biophiler Hinsicht - bedenklichen Synthese, siehe Tabelle Seite 129.

Manager wissen, daß sie einen Bereich brauchen, in dem sie sich angstfrei darstellen können, ohne verwundet zu werden. Sie sorgen dafür, daß dies in einigen ihrer Beziehungen zur Regelerfahrung wird.

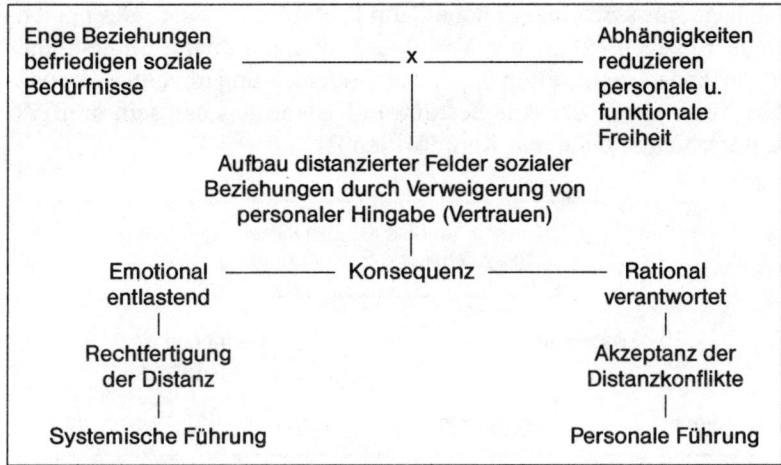

| Enge Beziehungen befriedigen soziale Bedürfnisse | —————— x —————— | Abhängigkeiten reduzieren personale u. funktionale Freiheit |

Aufbau distanzierter Felder sozialer
Beziehungen durch Verweigerung von
personaler Hingabe (Vertrauen)

Emotional ——————— Konsequenz ——————— Rational
entlastend   verantwortet

Rechtfertigung   Akzeptanz der
der Distanz   Distanzkonflikte

Systemische Führung   Personale Führung

Vertrauen in der Beziehung

d) Beliebtheits- und Unbeliebtheitsmerkmale

Der Manager ist gefordert, folgende Ausschließlichkeit aufzubrechen: Entweder ist jemand kontaktstark und anpassungsfähig, oder er ist eigensinnig und durchsetzungsstark. Auf der einen Seite ist Frontdominanz gefordert, andererseits ist der ideale Führer ein Beziehungsspezialist.

Unbeliebtheitsmerkmale		Beliebtheitsmerkmale	
Ungerechtigkeit	Ernsthaftigkeit	Aufrichtigkeit	Lenkbarkeit
Egoismus	Dynamik	Gerechtigkeit	Leutseligkeit
Taktlosigkeit	Unnachgiebigkeit	Konsequenz	Lustigkeit
Rechthaberei	Eindringlichkeit	Fachwissen	Nachgiebigkeit
Arroganz	Schlagfertigkeit	Zuverlässigkeit	Beeinflußbark.
Unaufrichtigkeit	Distanz	Gelassenheit	Bereitwilligkeit
Ungepflegtheit	Blickfestigkeit	Zuversicht	Vertraulichkeit
Unfähigkeit	Härte	Gepflegtheit	Mitteilsamkeit
Eitelkeit	Zielsicherheit	Kompromißfähigkeit	Freigiebigkeit
Nervosität	Beharrlichkeit	Berechenbarkeit	Leichtgläubigk.
Eifer	Ungeniertheit	Ordentlichkeit	Konsumfreude
Unschlüssigkeit	Disziplin	Vorbildlichkeit	Attraktivität
	Merkmale personaler Autorität		

Autoritätsmerkmale

129

Manager müssen Gegner haben, um Probleme zu lösen. Das persönliche Engagement in der Verfolgung übergeordneter strategischer Ziele bedarf nicht selten der Auseinandersetzung mit einer personalen Autorität, zu der eine bestimmte Distanz gegeben sein muß. Zu unterscheiden bei allem Kampfwillen ist:

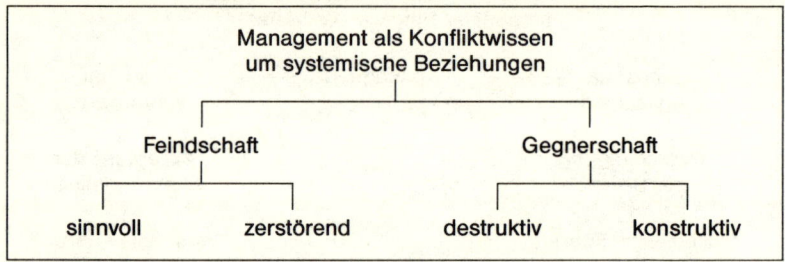

Konfliktwissen

Der verantwortungsvolle Manager entscheidet rational über den Einsatz seiner personalen Autorität. Er ist sowohl in der Lage, im Falle der Sachprobleme, Interaktionen zur Darstellung seiner Führungsposition zu kürzen, als auch durchsetzungsstark mit überlegter Dominanz zu handeln.

5. Interaktionsverantwortung und Selbstbestimmung

In gleicher Weise, wie die Interaktionen anderer Menschen bei uns selber bewußte und unbewußte Reaktionen auslösen, wirken wir selbst in der Kommunikation. Einige dieser Wirkungen sind realitätsdicht erfahrbar und erkennbar. Damit können sie reflektiert und verantwortet werden. Ein Manager beherrscht die *Beziehungsgrammatik* und weiß um die nahezu gesetzmäßige Wechselwirkung vieler Interaktionen. Er setzt genügend Gesprächsregeln ein, um Gesprächsklima und Gesprächsverlauf im Zielsinn zu beeinflussen. Anderenfalls kommt es zu emotional entlastendem Verhalten, das sich überwiegend wie folgt äußert:

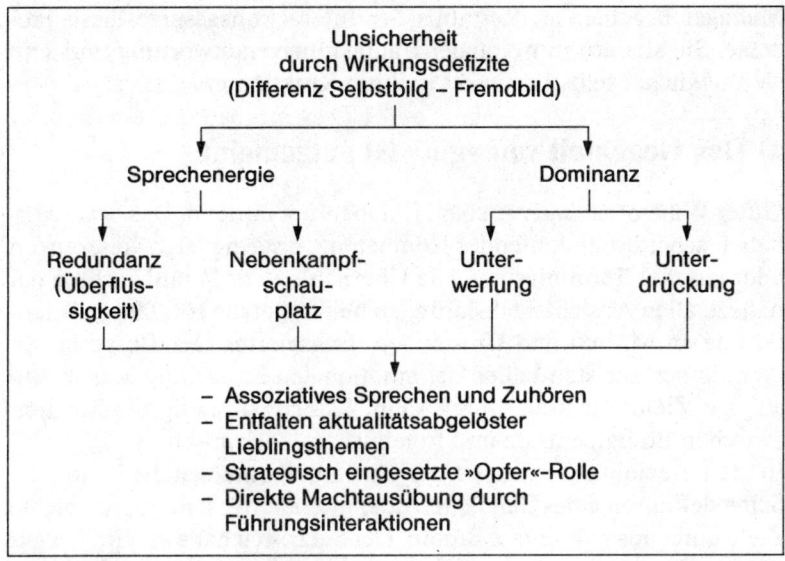

Reaktionen bei Unsicherheit

Unverantwortete Interaktionen, spontane Gegenreaktionen – speziell in Widerstandsgesprächen – dienen der emotionalen Entlastung und werden entsprechend zurückgegeben. Sie erzeugen entsprechende Gegenmuster, wodurch sich ein Konflikt im Einzelfall schnell aufschaukelt. Eskalatoren sind diejenigen Interaktionsmuster, die den Sender emotional belasten. Es ergibt sich ein geregeltes System, dessen Darstellung an einen Schmetterling erinnert:

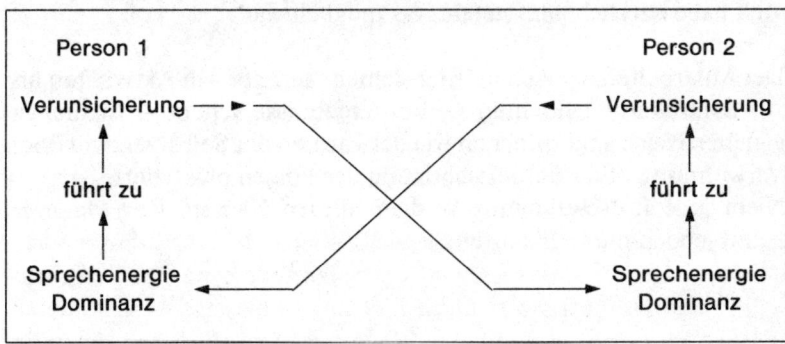

Schmetterling in der Kommunikation

Manager beachten in Kenntnis der Interaktionsgesetze diese Prozesse. Sie steuern in rationaler Interaktionsverantwortung und sind weitmöglichst selbstbestimmt in ihren Reaktionen.

a) Das Gegenteil von »gut« ist gutgemeint

Guter Wille ohne Sachverstand ist lebensgefährdend. Das beste Vorhaben scheitert an fehlender Kompetenz, ungeeigneten Ressourcen oder falscher Terminierung. Die Übernahme der Verantwortung bei nahezu allen Absichtsrealisierungen beinhaltet die sorgfältige Orientierung an Mitteln und Umständen. Engagiertes Drauflosverhalten dient in den meisten Fällen der emotionalen Entlastung, was durchaus zur Zielerreichung führen kann. Jedoch ist häufig die Relation zwischen Energieeinsatz und Ergebnis unökonomisch.

In den Beziehungsbereichen (Führung, Partnerschaft) treibt die Selbstdefinition eines Beteiligten über intendierte, statt über erreichte Ziele durchaus nekrophile Blüten. Der Satz: »Ich habe es wirklich gut gemeint« soll Fehlleistungen entschuldigen, für die das »Opfer« auch noch zur Dankbarkeit gedrängt wird.

»Ich habe dabei doch nur an dich gedacht . . .«
»Dabei habe ich mich so angestrengt . . .«
»Ich habe wirklich gedacht, Sie freuen sich . . .«
»Wenn ich gewußt hätte, daß du . . ., hätte ich nie . . .«
»Du kannst doch nicht böse sein, nur weil ich . . .«
»Das habe ich in keinem Falle gewollt . . .«
»Wissen Sie eigentlich, was uns das gekostet hat . . .?«
»Ich habe wirklich alles getan, was möglich war . . .«

Der Mitarbeiter, der sich im Engagement zerreißt - in Aktivitäten bis zur Sklavenarbeit flüchtet, weil er Ergebnisse scheut -, ist hier in gleicher Weise angesprochen wie der Partner, der Selbstverzicht über Verwöhnung ohne Berücksichtigung der Folgen praktiziert.

Nicht jede Entschuldigung verdient diesen Namen. Der Manager kennt jedoch die Indikatoren:

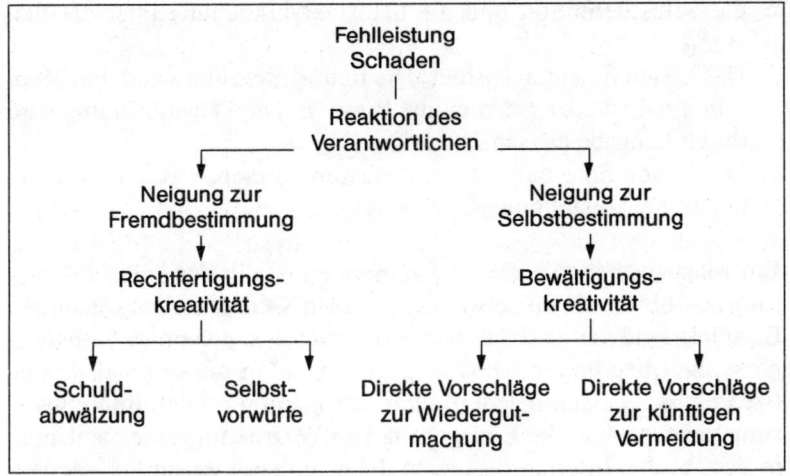

Verhalten bei Fehlern

Der verantwortliche Manager setzt bei Fehlleistungen keine Schuldzuweisungen ein, weil er damit die Fremdbestimmungstendenzen
einer Persönlichkeit fördert. Er bedenkt seine Vorbildfunktion bei
Mißerfolgen. Zu Hause vermeidet er Psychofallen, wie zum Beispiel
»Wundstreicheln« durch Helfersyndrome, indem er sich um eigene
und partnerschaftliche Autonomie bemüht.

b) Leben aus zweiter Hand

Außerhalb der Grenzen unserer Geschaffenheit können wir versuchen, verschiedene Leben zu leben.

1. Das Leben für einen Staat: Recht und Ordnung sind grundsätzlich
   höherwertiger als persönliche Bedürfnisse. Es entsteht das Marty-
   rium der Bürokraten.
2. Das Leben für eine Ideologie: Der Wert einer Idee oder Überzeugung überragt den des eigenen Daseins bei weitem.
3. Das Leben für ein Unternehmen: Die Firma bedeutet alles. Daraus folgt Unterwerfung durch unreflektierte Anpassung.
4. Das Leben für einen Beruf: Die Arbeit ist das Leben. Daraus folgt

133

die Selbstdefinition und die Selbstverwirklichung über die Leistung.

5. Das Leben für einen Partner: Die Bedürfnisse eines anderen Menschen haben grundsätzlich die Priorität. Die Selbsterfüllung wird durch Hingabe erreicht.

6. Das Leben für einen Besitz: Anfassen können, was man wert ist, lautet die Vorstellung.

Ein Manager bedenkt die Autonomieverluste in der Selbstaufopferung und nimmt sie im notwendigen Fall in Kauf. Die oben genannten Beispiele sind genau dann nekrophil, wenn sie personale Selbstvergessenheit begründen. Dies ist gegeben, wenn die Internalisierung (sich etwas zu eigen machen) über Introjektion erfolgt. Internalisierung bedeutet hier die Einlagerung von Verarbeitungsmechanismen in der Psyche. Internalisierungen determinieren wesentlich die Persönlichkeit. Von besonderer Bedeutung im Management sind Internalisierungen bezogen auf den Umgang mit Ambivalenzen.

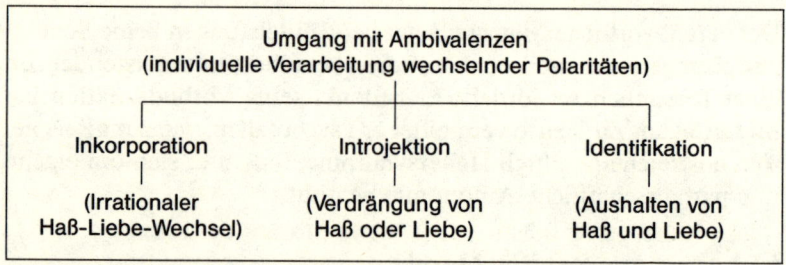

Umgang mit Negativerfahrungen

Inkorporation ist der unvorhersehbare polare Wechsel in der emotionalen Besetzung. Das Objekt (Partner, Unternehmen) wird einmal zum »Kotzen« gefunden und ein andermal als »zum Fressen gern« erlebt (corpore = Körper).

Introjektion bezeichnet die unkritische einseitig positive oder negative Besetzung von Objekten. Idealisierung oder extreme Pejorisierung verdrängen die Wahrnehmungsmöglichkeit gegenteiliger Informationen und lassen Wahnurteile entstehen.

Identifikation ist die Bilanzierung der positiven und negativen Merkmale eines Objektes mit der verantworteten Entscheidung für das Objekt (Unternehmen oder Partner).

Identifikation ist der stärkste Wertgarant, wobei wir Werte als eine Orientierung in einer konkreten sozialen Systemwelt verstehen. Im Prinzip können Menschen sich nur für etwas engagieren, was sie über Identifikation internalisiert haben.

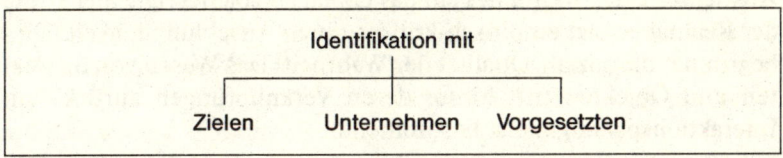

Identifikation

Die Identifikation mit nur einem Element ist in der Praxis zu wenig. Sie ist auch nicht über Dekrete zu erreichen. Manager achten darauf, daß sie in Führungsbeziehungen und Partnerschaften Identifikation fördern und nicht positive Introjektion fordern. Ein Blick in ein soziales System durch dieses Erklärungsmodell beeinflußt wesentlich die Personalentwicklung. Manager wissen, daß Verantwortung im Spannungsverhältnis zwischen Wahrnehmen und Wahrhaben spielt. Die Frage lautet: »Wie gehe ich mit eigenen und fremden Ambivalenzen um?«

c) Folgerungen aus dem Interaktionsparadigma

Interaktion bezeichnet die sprachliche und nichtsprachliche Wechselbeziehung zwischen Menschen. Sie gestaltet wesentlich soziales und damit personales Leben. Die Orientierung ist leichter, wenn vorgegebene Werte zu beachten sind, die nicht in Frage gestellt werden können. In den vergangenen Epochen war das der Fall. Wir können unterscheiden:

1. Zeit der Theozentrik (500 v. Chr. – 1450)
Ausrichtung des Weltbildes auf Ideologien und deren Repräsentanten. Die Sicherung der Realität erfolgte über eine spekulative Begriffstheorie. Wahrheit hatte eine semantische Qualität. Ein metaphysisches Paradigma war bestimmend.

2. Zeit der Anthropozentrik (1450–1950)

Ausrichtung des Weltbildes auf den Menschen als Person. Die Sicherung der Realität erfolgte erkenntnistheoretisch über Reflexion. Existenz »wahrer« Sätze begründet die semantische Qualität der Wahrheit. Ein subjektphilosophisches Paradigma war bestimmend.

3. Zeit der Biozentrik und Soziozentrik (ab 1950)

Ausrichtung des Weltbildes auf das Leben als solches. Die Sicherung der Realität erfolgt empirisch-kritisch durch Anschlußfähigkeit. Dies begründet die soziale Qualität der Wahrheit. Das Wesen von Subjekten und Objekten tritt hinter deren Verknüpfungen zurück. Ein Interaktionsparadigma ist bestimmend.

Das Interaktionsparadigma beinhaltet, daß ein Mensch fast ausschließlich durch die Interaktionen der Welt, in der er aufwächst, in seinem Wesen bestimmt wird. Wir alle »machen« andere Menschen durch unsere Interaktionen, genauso wie wir durch die Interaktionen anderer gemacht werden. Aus diesem Bewußtsein ergeben sich folgende Erkenntnisse für den Manager als Führungskraft und Privatperson:

1. Das gesprochene Wort ist ein Nachweis des Denkens und des Fühlens.
2. Die Somatik (Körper) ist eher ein Nachweis der emotionalen Befindlichkeit als der Rationalität.
3. Sprache gestaltet wesentlich die Qualität einer Beziehung.
4. Konsensfähigkeit bezeichnet die Anschlußmöglichkeit einer Erkenntnis sowohl emotional als auch rational.
5. Die Wirkung von Interaktionen ist emotional und rational verantwortbar.
6. Interaktionen gelten in erster Linie dem Bild, das ich von einem Menschen habe.

Die Verwertbarkeit von Erkenntnissen orientiert sich somit an der Sozialität, für die sie gelten soll. Der verantwortlich denkende Manager begibt sich nicht in Gesprächssituationen, ohne rational konsensfähige Erkenntnisse vorbereitet zu haben. Er trägt die Konsequenzen seiner Interaktionen in der privaten und beruflichen Welt.

d) Grundregeln in der Kommunikation

Interaktionen können leichter verantwortet werden, wenn wir um ihre Wirkungsgesetze wissen. Die Erfassung der Interaktionen anderer setzt voraus, daß die Fähigkeit zur »wertfreien Wahrnehmung« erfolgreich ausgebildet ist. Von sich selbst absehen zu können ist Grundlage des alterozentrierten Denkens und Interagierens. Die Anforderungen an Interaktionen sind unterschiedlich, je nachdem, ob es um *Kontaktabsichten* oder *Distanzvermeidung* geht.

Bei Kontaktabsichten ist im Konfliktfall Dominanzverzicht unerläßlich. Dies ist durch folgende Regeln zu erreichen:

1. Keine selbstbewerteten Meinungen abfragen
2. Im Konflikt nicht durch Fragen führen
3. Keine Selbstdarstellung innerhalb von Distanzthemen
4. Vermeidung von Doppelbindungen in der Argumentation
5. Keine Argumentations- und keine Frageketten
6. Keine Qualifikation im Moral- bzw. Wahrheitsbereich
7. Keine Sprechenergie bei Unsicherheit

Folgende Regeln dienen der Distanzvermeidung und der wertfreien Interaktion:

1. Grundsätzlich Information vor Negation
2. Geduldiges, genaues und analytisches Zuhören
3. Kontaktvergewisserungen konstruktiv quittieren
4. Eher beschreiben als bewerten
5. Einfühlung durch Zuwendungsinteraktionen
6. Nutzenargumentation oder Schlüssigkeitsnachweis
7. Gegenreden konstruktiv beantworten
8. Argumentation statt Argumente

Manager begünstigen sozialen Reichtum. Sie beachten Kommunikationsregeln in ihren sozialen Prozessen und fördern diese entsprechend bei anderen. Ihr sicheres Gespür in der Einschätzung der sozialen Kompetenz anderer orientiert sich an beschreibbaren Interaktionen.

6. Sozialer Reichtum gegen Phantombildung

Das »Andorra-Phänomen« nach dem Roman »Andorra« von Max Frisch beschreibt die Wirkung der Strukturen sozialer Systeme auf die Selbstdefinition eines Menschen. Ein Mensch wird zu dem, was andere gesagt haben, er sei es. Er wächst in die Verpflichtung aus einer Erwartung hinein, für die er nicht verantwortlich ist. Die Erwartung wird auch seiner Person nicht gerecht. Sie ist ein spekulatives Ergebnis der Orientierungsarbeit anderer Menschen. Und diese anderen Menschen reagieren entsprechend ungehalten und strafend, wenn das »Opfer« sich nicht erwartungsgerecht verhält:

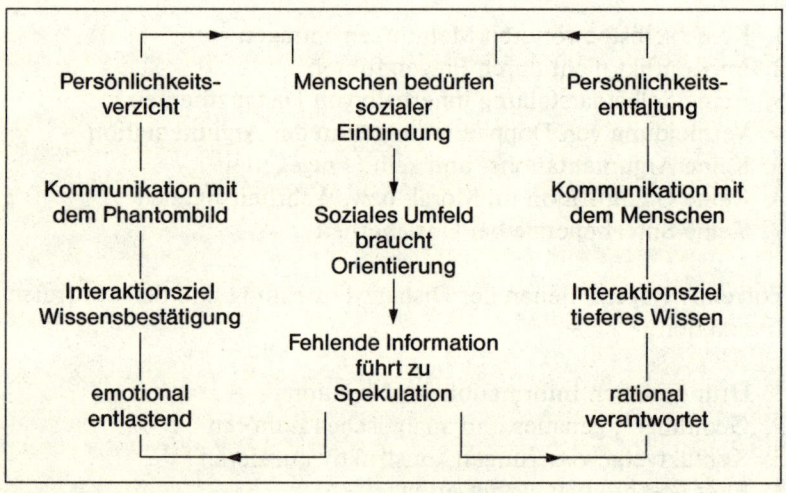

Regelkreis Phantombild und soziale Orientierung

Menschen können Beliebiges aus einem Menschen machen, wenn sie in Abwesenheit des Betreffenden über ihn reden. Das führt dazu, daß die Beteiligten nie mehr *zu* ihm sprechen werden, sondern *über* ihn, wenn sie *mit* ihm reden. In diesen – nicht seiner Selbstdefinition geltenden – Interaktionen wird er sich zunächst nicht wiederfinden und versuchen, sich zu wehren. Bei fehlender Ich-Stärke jedoch wird er zu dem werden, über den andere durch Gerede gerichtet haben. Offen bleibt dabei die Frage, ob ein Mensch zurückgespiegelt bekommt, was mit seinen individuellen Entfaltungsmöglichkeiten vereinbar ist. Nicht wenige haben das lebenslange Schuldgefühl, hinter

138

den Erwartungen anderer zurückgeblieben zu sein. Wird das natürliche Potential dem *positiven Phantombild* nicht gerecht, verkürzt sich personales Leben erheblich:
Überschätzung führt zu Verzweiflung.

Außenseiterverachtung führt zur Außenseiterprofilierung.
Funktionalisierung führt zu automatischem Handeln.
Schuldzuweisung führt zu Fehlverhalten.
Mißtrauen führt zu Mißerfolg.
Haß führt zur Hinterhältigkeit.
Eifersucht führt zu Untreue.
Rache führt zu Aggression.

Sozialer Reichtum bezeichnet die Summe möglicher Interaktionen, zu denen ein Mensch in unterschiedlichen Situationen sozial unschädlich fähig ist. Die Anzahl seiner »Rollen« bestimmt sein psychisches Alter. Je weniger es werden, desto näher ist die Überschreitung des »Point of no Return« im sozialen Lebensverlauf.
Durch sozialen Reichtum besteht die Möglichkeit, auch in der Gefahr der Phantombildung alternatives Verhalten zu zeigen und dieser entgegenzuwirken, zum Beispiel wenn ein Mitarbeiter, der seine Arbeit als notwendiges Übel betrachtet, konsequenterweise auch seinen Arbeitsplatz für ziemlich unbedeutend hält.
Manager wissen, daß die Ursache vieler Intrigen, Störungen im Betriebsfrieden und mißlichen Führungsbeziehungen wesentlich durch die Phantombildung bestimmt ist und wirkt ihnen aktiv entgegen.

a) Menschen werden, wie wir sie behandeln

Unser Denken, Fühlen und Handeln wird weniger von unseren persönlichen Eigenschaften beeinflußt als vielmehr von den Erwartungen und Verhaltensweisen anderer Menschen. Es ist ein Irrtum anzunehmen, wir könnten uns selbst machen. Wir sind anderen ausgeliefert und andere sind uns ausgeliefert. Die Begegnungen mit anderen Menschen haben uns zu dem gemacht, was wir heute sind.
Bei der Überlegung, wodurch die Vergangenheit eines Menschen und damit die Akzeptanz seines Schicksals wesentlich bestimmt ist, begegnen wir an erster Stelle der Kommunikation. Ein Mensch bildet seine Persönlichkeit wesentlich durch die Interaktionen anderer aus.

Der feste Glaube an Menschen bewirkt, daß sie sich entfalten. Vorausgesetzt, sie haben die Fähigkeiten dazu. Wie viele Menschen haben das Glück, daß ihnen Partner, Freunde und Führungskräfte zur Seite stehen, die ihnen durch geeignete Interaktionen die Möglichkeit geben, über sich hinaus zu wachsen, indem sie ihr Potential entfalten? Es gibt kein größeres Glück als Freundschaften, Menschen, die Vertrauen und Zuwendung zeigen. Der Vertrauenstraum der Kindheit erfüllt sich: *Soziale Geborgenheit und Zuwendung sind nicht an Wohlverhalten gebunden!*

Unsere bewußten Interaktionen können dazu beitragen, eine soziale Welt zu gestalten, in der Kommunikation im Sinne von Vertrauen und Freundschaft möglich ist. Das eigene Beispiel steht an der Spitze der Möglichkeiten:

Verhalten wir uns so, daß andere unser echtes Interesse an ihnen verspüren. Verhalten wir uns so, daß andere nicht mit Dingen bestraft werden, vor denen wir Angst haben. Verhalten wir uns so, daß andere nicht zu etwas verpflichtet werden, das außerhalb ihres Potentials liegt. Verhalten wir uns so, daß andere unsere aufrichtige Freude an ihrem Wachstum erleben. Verhalten wir uns so, daß andere unsere Wertungen nachvollziehen können. Verhalten wir uns so, daß andere sich in unserer Gegenwart lebendig fühlen.

Verantwortliche Manager realisieren das Wachsen anderer an ihrer Seite aktiv. Dieses Verhalten zeigen sie auch in ihren Partnerschaften. Sie praktizieren aktive Gelassenheit in der Begegnung mit anderen; sie nehmen sie wie sie sind!

b) Sozialer, intellektueller und psychischer Mord

Mord ist die aktive oder passive Vernichtung menschlichen Lebens. Das Strafrecht verfolgt den physischen Mord. Aber das Leben hat mehr Dimensionen als die der Physik.

```
        Physisches Leben
      + Soziales Leben
      + Psychisches Leben
      + Emotionales Leben
      + Intellektuelles Leben
      + Religiöses Leben
      + Systemisches Leben
      ─────────────────────
      = Menschliches Leben
```

Lebenssumme

Es wird dem Menschen nicht gerecht, wenn sein Leben im allgemeinen Bewußtsein auf die physische Dimension reduziert wird. In diesem Fall sollten wir nicht von einem Menschen sprechen, sondern von einer Art »Verdauungsröhre«. Für eine menschliche »Arbeitseinheit« oder für eine partnerschaftliche »Versorgungsfunktion« mag das sogar teilweise zutreffen.

Ein wesentlicher Grund für das intellektuelle, soziale und psychische Töten anderer liegt in der Angst vor deren Entfaltung. Die vermeintliche Erkenntnis, daß mit dem Wachsen anderer die eigene Kleinheit deutlicher zu spüren wäre, setzt Minderwertigkeitsgefühle voraus. Die eigene Entfaltung ist blockiert, das personale Leben verkümmert. Die Frage sei berechtigt, was wir anderen im eigenen Sterben antun. Wenn unter der Alpha-Position in einem sozialen System der ungebrochene Dominanzanspruch zu verstehen ist, der eine Hackordnung begründet, ist die Omega-Position als der soziale Rangplatz zu verstehen, von dem aus nicht mehr ungestraft gehackt werden kann. Nicht selten stabilisiert durch soziale und psychische Zwänge, gibt es polare Positionen: In einer stabilen Alpha-Omega-Beziehung wird die Gewährung sozialer Geborgenheit als großmütige Toleranz empfunden. Es ergeht die Forderung nach Verfügbarkeit des anderen. In einer stabilen Beziehung wird das Empfangen sozialer Geborgenheit in drückender Dankbarkeit erfahren. Der Ausgleich erfolgt durch Hingabe an den anderen. Werden die jeweils notwendigen Gegenrollen eingenommen, mindert es das Leben beider, da Entfaltung zugunsten hierarchischer Rituale zurücktritt.

Intellektuelles Leben wird gemindert, wenn Lernen verhindert ist. Die eigene Bequemlichkeit ist hier genauso Lebensvernichtung wie das Abhalten anderer von Erkenntnissen und Erfahrungen.

141

Soziales Leben wird gemindert, wenn Kommunikation zur Funktion degeneriert. Eigene Kontaktscheu und Vorurteile verhindern das Wachsen in Begegnungen. Der Einfluß auf andere erfolgt durch quantitative und qualitative Sozialkontrolle.

Psychisches Leben wird gemindert, wenn sich Bedürfnisse nicht entfalten können. Schuldgefühle durch unreflektierte Über-Ich-Werte verhindern Erfahrung. Andere werden durch Angst, Scham, Schuld und Minderwertigkeitsgefühle »klein« gehalten.

Der verantwortliche Manager beachtet die eigene Dimensionserweiterung und prüft ohne Bequemlichkeit die Entfaltung der Lebensdimensionen in seinem Umfeld. Er denkt daran, daß gerade die Unregelmäßigkeiten der Persönlichkeitsentwicklung es sind, die manchen Menschen zu überdurchschnittlichem Leistungsstreben motivieren.

c) Über die Ohnmacht des Opfers

Humanität beinhaltet die Forderung, den anderen als Mensch wahrzunehmen. Die Problematik liegt darin, daß wir den anderen, wenn er nicht in unseren Mustern interagiert, als inhuman wahrnehmen. Unsere Überzeugungskraft bestimmt den Erfolg bei dem Versuch, ihm die eigenen Muster aufzudiktieren. Hinzu kommt, daß viele Menschen bereit sind, auf vieles zu verzichten – selbst auf Realität und Autonomie –, wenn Geborgenheit nicht verkürzt wird. Die Überforderung beim ständigen Verteidigen des eigenen Lebenskonzeptes führt zur Konfliktüberdrüssigkeit, schließlich zur Konfliktunfähigkeit. Der psychische Kollaps durch die Angst ist erfolgt. Im Ablauf:

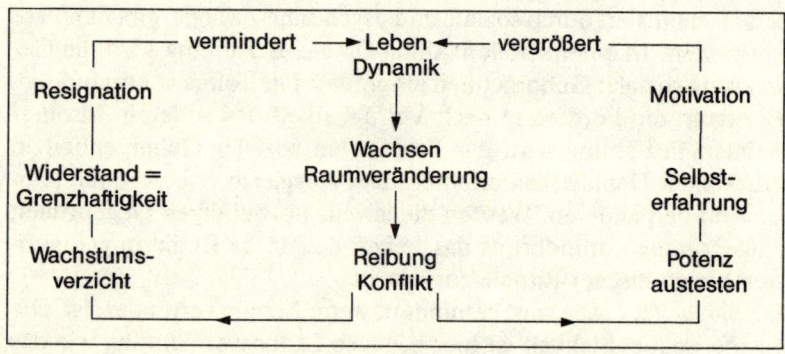

Regelkreis Dynamik und Selbsterfahrung

Dies kann nicht das Ziel des Managers sein. Die Forderung nach der Steigerung der emotionalen Schwerverletzlichkeit ist berechtigt. Klares und verantwortliches Denken schafft die Disposition dafür. Betroffenheit und Sensibilität sind zu unterscheiden.

Das Opfer der Phantombildung ist auch ein Opfer wegen seiner sozialen Geborgenheitssuche. Gibt es etwas Unmenschlicheres, als das Streben nach Zuwendung mit der Funktionalisierung des Betreffenden zur Bedürfnisbefriedigung eines anderen Menschen zu beantworten?

Manager wissen um diese Zusammenhänge und versuchen, mit ihren Interaktionen und Werten anderen die Chance zu geben, den ersten Eindruck ein zweites Mal machen zu dürfen, das heißt, ihm die Unwiderruflichkeit zu nehmen. *Die Empathie im Umgang mit Menschen ist die Pflicht, die Sympathie eine Kür. Antipathie verhindert Empathie.*

Verantwortlich denkende Manager pressen andere nicht in wohldefinierte Raster. Sie wissen, daß Antipathien die Funktion haben, die Psyche vor unliebsamen Erfahrungen zu schützen, indem sie diese auf Distanz hält. Vor diesem Hintergrund kann eine verantwortungsvolle Einschätzung anderer erfolgen.

d) Checkliste:
»Bin ich ein Phantombildhauer?«

Die persönliche Disposition zur Phantombildung ist zu erkennen. Die Veranlagung ist weit verbreitet. Der harmlose »Klatsch« ist hier ausgenommen. Tendenzen zur nekrophilen Phantombildung:

1. Menschenkenntnis wird begründet mit Einschätzungserfolgen
2. Auffällige Disposition zum Sprechen über andere Menschen
3. Menschliches Verhalten wird betont moralisch qualifiziert
4. Speicherfreude bei Hintergrundwissen über andere
5. Verherrlichung oder Verteufelung geschichtlicher Größen
6. Sensationslust bei positiven oder negativen menschlichen Attraktionen
7. Aufwertungsgefühl bei Zutreffen negativer oder positiver Vorhersagen
8. Disposition zu negativen oder positiven Introjektionen
9. Auffällige Verachtung eigener Schwächen bei anderen

Es ist eine diabolische Versuchung, Menschen durch festgelegte *Interaktionsangebote zu machen*. Das *soziale Prokrustieren* – besonders im Kollektiv – ist ein Gesellschaftsspiel, über das viel Leid zu den betroffenen Menschen kommt. Zwar verlangt die autonome Emotion Berücksichtigung: »Manche Menschen mag ich eben und manche nicht! Dieses ehrliche Gefühl hat sicher seine Berechtigung. Schließlich habe ich genügend Erfahrung.« Als Rechtfertigung greift sie zu kurz. Sympathien und Antipathien stehen schon fest, bevor man dazu kommt, einen Menschen kennenzulernen. Wenn wir Menschen sympathisch oder unsympathisch finden, so hat das meist nichts mit dem Charakter zu tun. Vielmehr sind die Umstände (psychische und soziale Disposition der Betreffenden), unter denen man sich kennenlernt, ausschlaggebend.

Der rational verantwortlich denkende Manager ist betont intolerant gegenüber der Intoleranz der Phantombildhauer.

Kapitel 4. Die Technik

1. Geeignete EDV und bewertete Simulation

Computer sollen das Denken vom Wissen befreien. Gemeint ist, daß der Mensch bei der Selektion entscheidungsrelevanter Daten aus der verfügbaren Gesamtmenge technische Unterstützung nutzen kann. Damit ist die Funktion der Datenverarbeitung und sogar die der künstlichen Intelligenz beschrieben. Bezogen auf das Management sind zwei Aufgabendimensionen in diesem Zusammenhang wesentlich:

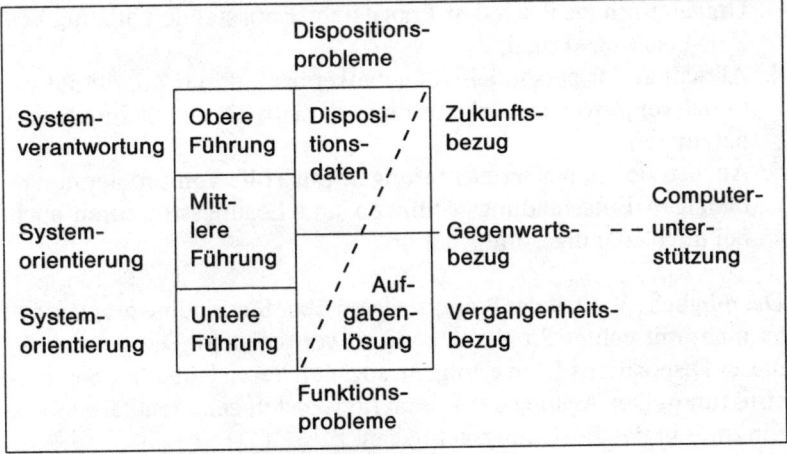

Problemart und Verantwortung

Orientierung ist grundsätzlich eine Frage der Information. Information bezeichnet einen Transfer von Daten vom Geber zum Empfänger, der einen Zustand der Uninformiertheit des Empfängers mindert oder behebt.

145

Ein Einsatz der Computer im Bereich der Strukturveränderung in sozialen Systemen ist wünschenswert. Ihr Eroberungszug in der technischen Welt der Datenverarbeitung ist besser gelungen. Die Unterstützung im Führungssystem wäre eine wesentliche Zusatzfunktion. Das Führungssystem hat die Aufgabe, Dispositionsdaten so zu verarbeiten, daß keine Interaktionskosten durch innerbetriebliche Konflikte entstehen. Diese Daten lassen den Manager zum ständigen Lernpartner eines Computersystems werden.

Er kann erwarten, daß sein PC und/oder sein Laptop für ihn folgende Möglichkeiten bereithält:

1. Aktualität in der Führungssystematik, das heißt Zugriff auf die aktionsbezogene Bedeutung der Führungsprinzipien sowie auf Aufbau und Funktion der Führungsinstrumente.
2. Erweiterung der persönlichen Kompetenz durch Erfassung und Ausbau des sozialen Reichtums sowie Interaktionstraining für geeignete Argumentation.
3. Verbesserung der Selbstorganisation, das heißt Unterstützung im Umgang mit wechselnden Prioritäten: Entlastende Nutzung des Zeit-Leistungs-Prinzips.
4. Aktualität der persönlichen Gedankenbank durch Zugriff auf rational verantwortete Erkenntnisse: Kreativität durch Impulsvernetzungen.
5. Ausbau der Arbeitserleichterungen mit Hilfe von problemunabhängigen Entscheidungstechniken und Lösungsstrukturen auch bei unvollständiger Information.

Die mögliche Vielfalt der Prognosedaten über Simulationsprogramme ist nicht mit echter Problemlösung zu verwechseln. Die Bewertung dieser Dispositionsdaten erfolgt im sozialen Bereich über die Systemstrukturen. Der Anstieg der Interaktionskosten zeigt realitätsgelöste Eingriffe in das Beziehungsgefüge an.

Die steigende Forderung nach der rationalen Verantwortung des Managers beinhaltet einen erweiterten Einsatz der Computer. Die Managementsoftware wird sein Denken fördern und die Ergebnisse zu seiner persönlichen Entfaltung verwalten. Die Orientierung zur Veränderung der sozialen Disposition hat für ihn persönlich und für sein Umfeld hohe Priorität.

a) Weniger Sicherheit durch mehr Information

Mit der Menge der Information erhöht sich – dank technischer Fortschritte – weniger der Erfassungs- und Speicheraufwand, sondern eher die Berücksichtigungsgrammatik. Das Grundstreben des Managers, in Sicherheit, das heißt mit Hilfe vollständiger Information, entscheiden zu wollen, schafft ihm ein neues Problem: Die quantitative Bewältigung von Information wirft die Frage nach deren Qualität beziehungsweise Qualifizierung auf. George Bernard Shaw karikierte diese Situation mit dem hintergründigen Satz: *»Je größer die Insel des Wissens im Ozean der Unkenntnis – desto länger ist die Küste des Zweifels.«*
Der Zweifel ist nicht selten in fehlenden Werten und Prinzipien begründet. Die verantwortliche Übernahme handlungsleitender Werte unterstützt jede Informationsselektion im Sinne von Person oder System. Mit zunehmender Menge der Informationen sind wir gehalten, unsere Orientierungen stärker zu realisieren:

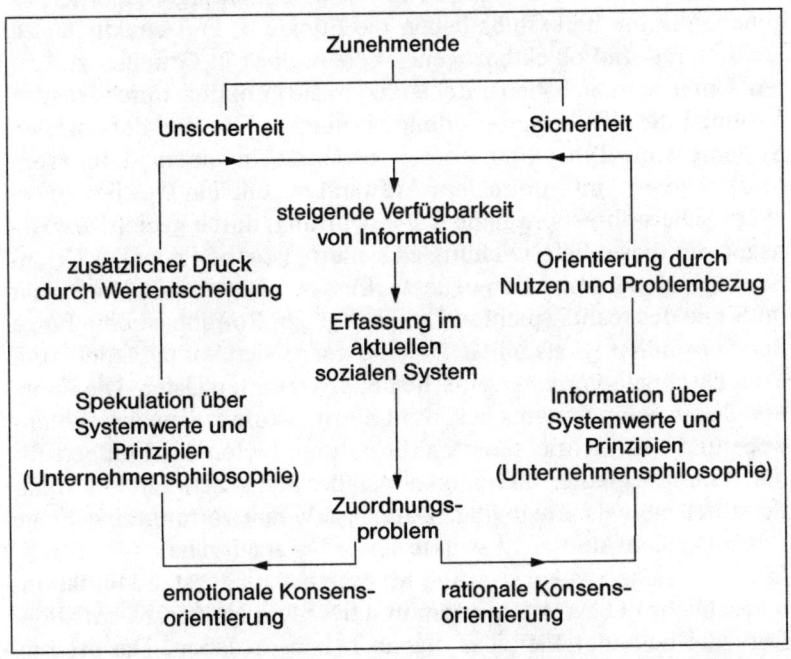

Regelkreis Information zwischen Rationalität und Emotionalität

Es ist Manageraufgabe, in der Zielorganisation, Personalpolitik, der Kundenorientierung, der kreativen Produktgestaltung und dem Ausbau eines strukturellen Wettbewerbsvorteils verantwortete und klare Werte zu vertreten. Transparenz zu schaffen und entsprechend zu multiplizieren, sichert dem Manager Akzeptanz durch Berechenbarkeit. Er informiert sich ständig über neue Nutzungsmöglichkeiten des PCs – speziell für seine Führungsaufgaben – und verwendet diese in Abhängigkeit zu den Strukturen und Orientierungen seines sozialen Systems.

b) Computer stützen Orientierung, nicht Verantwortung

Davon ausgehend, daß jedes System in seiner Trägheit die Standards und Strukturen unterstützt, welche der Zielerreichung – Erhaltung und Entfaltung – dienen, ist es wichtig, Begriffe wie Kreativität und Verantwortung in diesem Zusammenhang zu sehen. Soziale Systeme haben verschiedene Funktionen. Familien etwa haben die Funktion, personales Leben zu entfalten und Geborgenheit und Sicherheit zu geben. Vereine und Clubs haben die Funktion, Freizeitaktivität zu legitimieren und objektbezogenes Lebensglück in Gruppen zu bieten. Unternehmen haben unter anderem die Funktion, durch kreative Visionen die Wettbewerbsvorteile zu nutzen. Das Ziel der sozialen Systeme vom Typ Unternehmen bedeutet, in einem definierten Marktsegment mit minimalem Aufwand maximalen Gewinn zu erzielen. Die wahrgenommene Verantwortung, durch geeignetes Management diese Zielerreichung zu sichern, ist eine Frage der Orientierung in den Informationen der verfügbaren Datenbasis. Kreativität im Sinne des realitätsdichten Denkens gegen Routine ist eine Frage der Sensibilität. Sensibilität ist eine Frage der vorhandenen und aktuell wahrgenommenen entscheidungsrelevanten Daten. Die Funktion des sozialen Systems bestimmt die Strukturen, die Nachrichtenwege und die Nachrichtenarten. Strukturen bieten das Flußbett für die Systemelemente, die Interaktionen der Menschen. Eine Bürokratie stützt niemals Kreativität. Damit ist Verantwortung eine Frage freien Denkens und nicht strukturierter Datenausgabe.

Das psychische System vom Typ Mensch hat zunächst die Funktion, menschliches Leben zu eigenem und fremdem Nutzen zu entfalten. Das Ziel bedeutet hier, das eigene Leben zu leben. Das ist nur möglich, wenn Emotionen und Irrationalität – soweit sie dem eigenen

Ich entsprechen – Berechtigung und Entfaltung erfahren. Die Qualität des Denkens ist somit bezogen auf ein Lebensziel keineswegs funktional, sondern nutzt die Fähigkeit optimaler Wahrnehmung als Entscheidungshilfe, nicht als Sachzwang. Auch hier ist rational ritualisiertes Leben eine Störgröße in der Persönlichkeitsentfaltung. Unsere These lautet: Computer stützen Bürokratie, nicht Verantwortung oder Kreativität. Stellen wir diese Ebenen auf der nächsten Seite gegenüber, sind Analogien erkennbar.

Oft ist das Informationsbedürfnis gesättigt, nicht aber die Lebensdaten. Wachstum und Vergänglichkeit sind emotionale Größen. Der Antrieb zum Leben ist das Wollen, sonst ist es Vegetieren. Computer haben in diesem Zusammenhang die Aufgabe, die Qualität des Wollens zu verbessern.

Die emotionale *Energie der Führungsspitze,* die Funktion des Unternehmens gegen Öffentlichkeit und Wettbewerb zu rechtfertigen und sie dabei noch verantwortlich auszubauen, ist wesentlich für das Gesamtgeschick des Hauses. Resignation und Bedürfnisbefriedigung in den oberen Positionen zeugen nicht von der emotionalen Verantwortung, Begeisterung für das eigene Haus zu erzeugen.

Die Rechtfertigung von Unternehmensentscheidungen über die Verarbeitung orientierender Informationen reicht nicht aus als Begründung für nachgeordnete Ebenen. Unter dieser Maxime könnten Rechner das Unternehmen leiten. Der kreativ vorgehende Manager bedenkt, daß Mitarbeiter zur Identifikation eines Menschen bedürfen.

Er weiß, daß ein Systemagent in seiner systemischen Rückversicherung die Daten der Vergangenheit abhandelt. Jede Gegenwart aber bietet mehr, als die Vergangenheit zur Verarbeitung vorbereiten konnte. Wenn Glück das Bewußtsein beschreibt, Teil eines biophilen Prozesses zu sein, steht der Manager als Person auf der Seite der Verantwortung, der Computer auf der Seite der Orientierung.

c) PC-Kompetenz statt PC-Performanz

Kompetenz bezeichnet das aktive Vermögen, auf Abruf Wissen und Können musterhaft vorweisen zu können. Unter Performanz verstehen wir den konkreten Einsatz der Kompetenz in einer aktuellen – nicht simulierten – Situation. Grundsätzlich gilt die Forderung, Kompetenz zu erwerben und diese zur Performanz zu bringen.

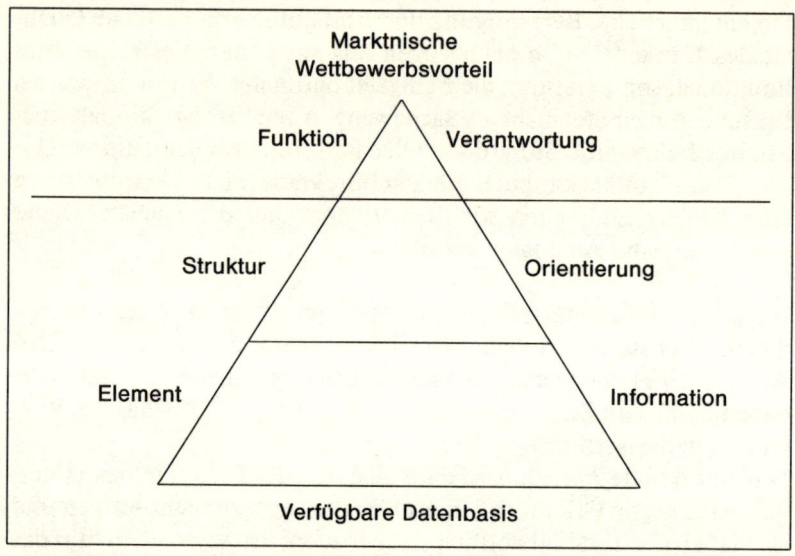

Information und Wettbewerb

Im Horizont des »Panta rhei« ist Leben als dynamischer Prozeß, nicht als statischer Zustand zu verstehen. Jede Struktur in einem System kann demnach nur dann als lebensbejahend erklärt werden, wenn sie sich potentiell selbst in Frage stellen kann. Nur der Mensch ist in der Lage, sich selbst als Prozeß wahrzunehmen.

Daraus folgt, daß Performanz – soweit sie nicht Zufall ist – sich nur dort ausdrückt, wo keine festen Systemdaten die Bewältigungsentscheidung vorgeben. Von dieser Situation sollten Manager im Umgang mit System und Mensch ausgehen.

In der konsequenten Anwendung des *Biophilieprinzips* sind Wissen und Können in diesem Zusammenhang nur die Werkzeuge des verantworteten Wollens im Management.

Der verantwortungsvolle Manager fördert systematisch die Kompetenz der Computer und die Performanz des Mitarbeiters. Er hat nicht das unbewußte oder bewußte Ziel, menschliche Strukturen in die Idealfunktion eines Rechners zu überführen. Er weiß, daß wir einen Menschen daran erkennen, daß er uns ähnlich ist. Ein Computer ist uns nicht ähnlich. Er liefert einen wesentlichen Teil der Orientierung als Voraussetzung personaler Verantwortung.

150

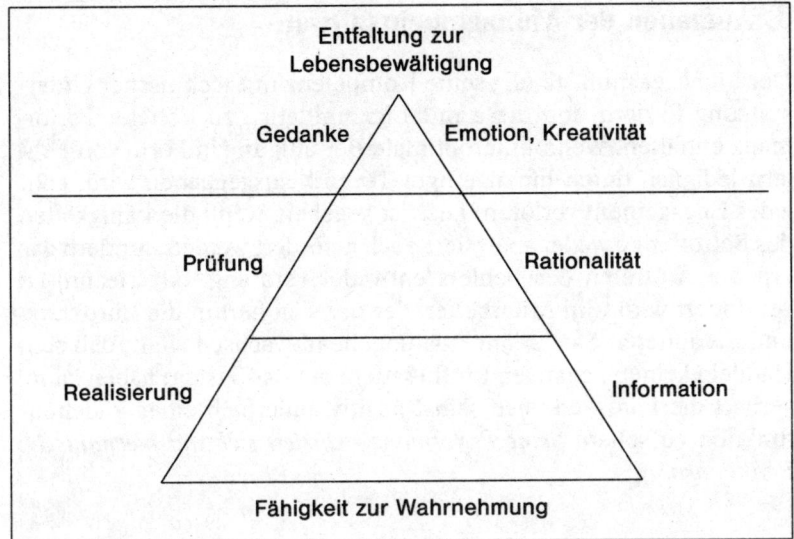

Wahrnehmung und Leben

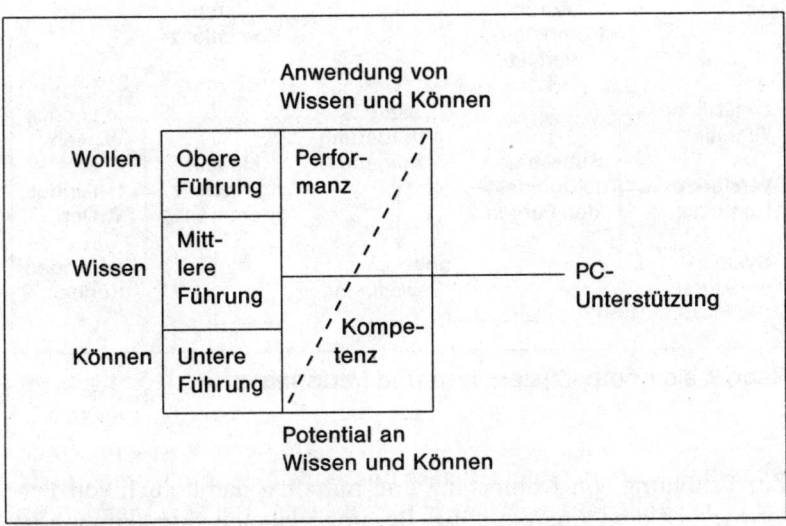

Kompetenz und Performanz

d) Aufgaben der Managementsoftware

Der Manager muß ständig seine Kompetenz mit technischer Unterstützung fördern und diese mit Eigeninitiative zu höherer Performanz entfalten. Wenn unteroptimale Bewältigung in Form von Fehlern lediglich durch hinzugefügte Technik ausgeglichen wird, geht jedes Engagement verloren. Dies ist gegeben, wenn die Fähigkeiten des Betroffenen weder analysiert noch gefördert werden, sondern das erneute Auftreten des Fehlers entweder verdrängt oder technisch verhindert wird. Ein Mitarbeiter, der um sich herum die Bürokratie und die inneren Sachzwänge dahingehend wachsen sieht, daß sein Handeln keinen negativen Einfluß mehr auf das System haben kann, verliert die Fähigkeit, sich selbst positiv außerhalb einer Rädchenfunktion zu sehen. *Seine Performanz reduziert sich auf mechanische Reaktionen.*

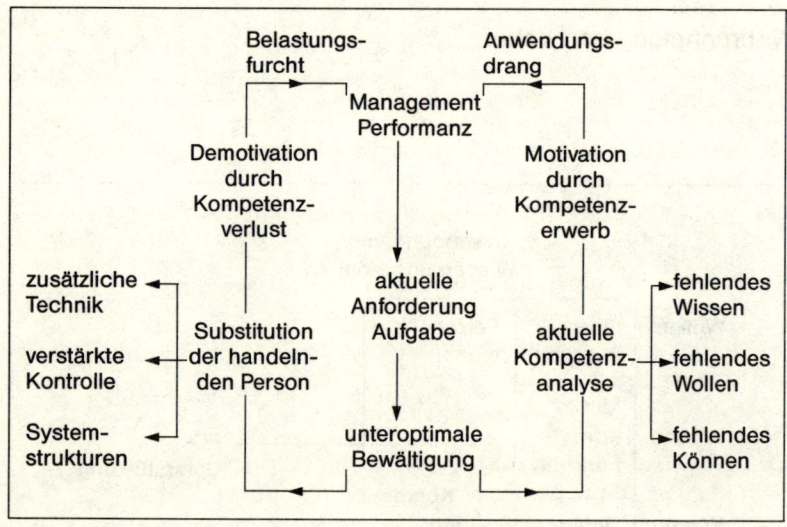

Regelkreis Kompetenzanalyse und Performanz

Zur Erhöhung von Kompetenz und mittelbar damit auch von Performanz ist eine Analyse nötig. Bei ungeeigneten Interaktionen ist das Kompetenzpotential zu untersuchen auf

152

a) fehlendes *Wissen* – Ausgleich durch strukturierte Information;
b) fehlendes *Wollen* – Ausgleich durch Überzeugung vom Sinn der Werte;
c) fehlendes *Können* – Ausgleich durch aktives Training in der Wiederholung.

Ist die Analyse erfolgt und korrekt, können Computer Arbeitspartner in der Kompetenzerweiterung werden. Es geht nicht um Substitution, sondern um permanente Kompetenzerweiterung. Ein PC kann dem Manager mit geeigneter Managementsoftware Unterstützung bieten in den Bereichen:

1. Datenbanksystem mit Verknüpfungsauskünften für die Führungskraft
— Geeignete Interaktionen für Problemsituationen
— Argumentation aus dem Erfahrungsspeicher
— Alternativen in der Gesprächsstruktur
— Beurteilungskriterien und -indikatoren
— Aktuelle Definitionen der Unternehmenswerte
— Verwendungssystem für gesammelte Ideen
— Diskursregeln zur Vorbereitung
— Abruf der Moderationstechniken

2. Trainingssystem zum Erwerb und Üben rationaler Fertigkeiten
— Standortbestimmung in der Definitionsfähigkeit
— Menschenkenntnis durch Beziehungswissen
— Erwerb verantworteter Prinzipien
— Prüfung logischer Analyse
— Zuwachs rationaler Entscheidungssicherheit
— Stärkung der Arbeitsmethodik
— Stabilisierung positiver Denkstrukturen
— Erhöhung des Zielbildungsvermögens

3. Direkte Arbeitsunterstützung bei aktueller Aufgabenbewältigung
— Geeignete Prioritätenvergabe über Präferenzverfahren
— Erleichterung in der Zeitverwaltung
— Durchführung von ABC-Analysen
— Logikprüfung in der Argumentation
— Vernetzung unterschiedlicher Systeminformationen
— Aufbau von Problemlösungsfeldern
— Bewertungsanalyse für das Arbeitsverhalten
— Informationsfluß im Unternehmen

Die beliebige Erweiterung einer Managementsoftware ist gegeben. Der Einsatz aus den Bausteinangeboten muß unter dem Postulat rational verantworteten Denkens im Management geprüft werden. Der Manager unterscheidet zwischen *Kompetenz* und *Performanz* und weiß, daß die Performanz eines Computers in der Unterstützung seiner Führungsaufgaben beschränkt ist.

2. Angstreduktion durch Denkfähigkeit

Angst soll hier verstanden werden als ein Gefühl der Bedrohung durch das Ungewisse: eine Emotion, ausgelöst durch fehlende Information für die Zukunftsbewältigung. Grundsätzlich ist Angst wesentlich abbaubar durch das unerschütterliche Gefühl sozialer Geborgenheit. Dem Management stellen sich zusätzliche Aufgaben: Das Leben im sozialen System ist ein Leben vor der systemischen und der individuellen Zukunft. Damit sind zwei Forderungen an die Person gestellt: Sie sollte auf das Wachsen innerer Zwänge und die Aufrechterhaltung autonomer Kraft gegen das Systeminteresse vorbereitet sein. Keiner der polaren Forderungen ist einseitig nachzugeben, es sei denn, man will Selbstaufgabe oder Anarchie. Dieser Balanceakt zwischen Selbstbestimmung und Fremdbestimmung ist ohne psychische Schäden nur durchzustehen, wenn der Umgang mit Entscheidungszwängen bei unvollständiger Information geübt ist. Das Angstpotential des Menschen drückt sich in seinem Umgang mit Ungewissem aus. Eine mögliche Systematisierung der Ängste:

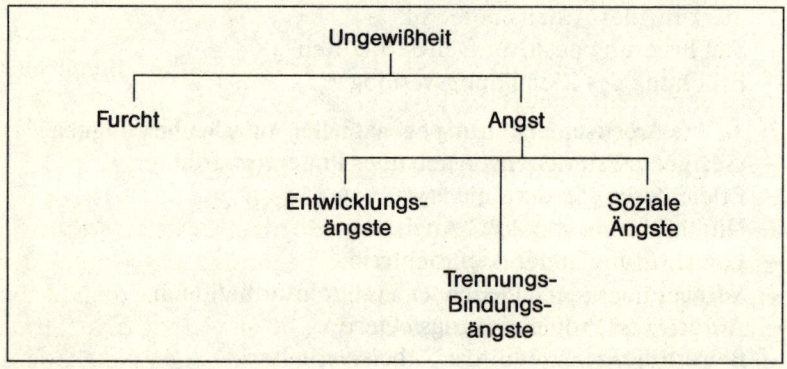

Struktur der Ängste

Furcht bezeichnet die Zielangst. Es gibt einen konkreten Anlaß, von dem die Vorstellung Angst ausgeht: Examensangst, Angst vor Arbeitsplatzverlust, Angst vor Krankheit, Flugangst, Unfallangst. Angst hat ihre Ursache in wechselnden Vorstellungen: Entwicklungsängste hindern den Manager, sich Situationen auszusetzen, denen er physisch, sozial, psychisch oder intellektuell nicht gewachsen zu sein glaubt. Zielängste können sich nicht einstellen, weil konkrete Erfahrungen verhindert werden.

Soziale Ängste des Managers beschreiben alle Unannehmlichkeiten, die im Sozialkontakt auftreten können:

— die Angst, kritisiert zu werden
— die Angst, Omega zu sein
— die Angst, besiegt zu werden
— die Angst, überlastet zu werden
— die Angst, etwas zu verlieren
— die Angst, sich zu blamieren
— die Angst, Fehler nicht zu bemerken
— die Angst, Phantombildung zu erleiden
— die Angst, führen zu müssen

Bindungsängste verhindern den Anschluß an Berufe, Menschen, politische oder religiöse Überzeugungen. Auch die Abwehr gegen Systemwerte und -strukturen kann hier begründet sein. Trennungsängste verhindern ein Lösen von eingegangenen Bindungen.

Der verantwortliche Manager weiß, daß seine Ängste im Management in der Ursache *fehlender Information* zu suchen sind. Er beherrscht die Techniken der Entscheidung bei Unsicherheit. Die sozialen Angstbereiche bewältigt er in der Anwendung rational konsensfähiger Prinzipien.

a) Monokausalität und Multikausalität

Linearität beruhigt das Denken. Die Sicherheit in der Unterscheidung zwischen Ursache und Wirkung begünstigt das Gefühl der Herrschaft über einen Prozeß. Doch das Feld des Lebens besteht aus einem Netz unendlich vieler Punkte. Es gibt kein Leben ohne Spannung. Wir leben also im Netz, und wir entscheiden im Netz. Somit können wir kaum vorhersehen, welche Netzbereiche in welcher Form reagieren. Biophilie vollzieht sich in vernetzten Entscheidungen. Alle unsere Entscheidungen wirken in unabsehbaren Folgen über kleine Knoten im Netzgeflecht unserer sozialen, ökonomischen, psychischen und religiösen Welt. So verändert die Personalentscheidung mehr als nur den Arbeitsprozeß. Weil wir davon ausgehen können, daß Leben eine die Realität erfassende, mit allen Dingen in Beziehung stehende Größe ist, vollzieht sich Biophilie in vernetzten Entscheidungen.

Fast alle unternehmerischen Entscheidungen sind Entscheidungen bei Unsicherheit. Wenn das so ist, gibt es zwei Lösungsmöglichkeiten:

1. Traditionell wird so lange darüber geredet, bis eine Entscheidung bei Pseudosicherheit möglich ist. Die psychologische Sicherheit kompensiert die Defekte des Wissens.
2. Es kommt darauf an, über rationale Strategien zu verfügen, die es erlauben, im Zustand der Unsicherheit Entscheidungen rational handhabbar zu machen.

Kettendenken im Gegensatz zum Netzdenken reduziert die Differenzierung der Ursachen. Im rationalen Denken ist zu unterscheiden:

Gelegenheit Bedingung Ursache	Glas halten Loslassen Gravitation	Mitarbeitergespräch Phantombildung Autonomiebedürfnis
Ergebnis/Erfolg	Fall	Interaktionskosten

Voraussetzungen für das Ergebnis

Das Denken in Bedingungen und Ursachen ist für die rationale Konsensfähigkeit wesentliche Voraussetzung. Der verantwortliche Manager geht den Weg der Lebensspannung: weg vom monologischen hin zu dia(multi)logischem Denken. Er muß bereit sein, die jeweilige Erkenntniskette von Zeit zu Zeit im Netz der Realität zu orientieren.

156

b) Angst und fehlende Information

Eingebunden in das jeweilige soziale Netz und gefangen in den Grenzen dessen Potentials führen die meisten Menschen ein Leben in Abhängigkeit. In dieser Abhängigkeit ist die Unsicherheit begründet, welche die Zukunft unberechenbar macht. Fehlende Information füllt sich nicht immer mit Hoffnung und Glück, vielfach auch mit Bedrohung und Unglück.
Weil Angst in der beschriebenen Form zum Manageralltag gehört, bedarf dieser der Trivialausstattung eines jeden Abhängigen: Angstreduktionsmechanismen. Wenn Menschen nicht gelernt haben, mit der Angst umzugehen, wird die *Angst im Alter stärker,* da eine größere Gefährdung gegeben ist.

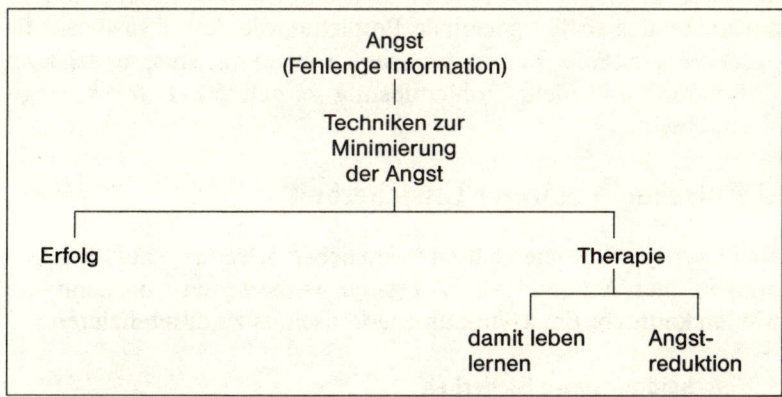

Angstbearbeitung

Einige im Managementalltag praktizierbare Techniken zur Reduzierung von Angst bei fehlender Information sind:

1. Minimax-Regel
Minimalisierung des maximalen Risikos. Selbst der schlimmste Fall bedeutet selten psychischen oder physischen Tod, höchstens Unannehmlichkeiten. Daraufhin muß eine rational aufgearbeitete Strategie vorbereitet werden. Die Minimax-Regel ist die fundamentalste Form der Entängstigung.

157

2. Maximin-Regel

Suche nach dem größtmöglichen Schritt mit der kleinstmöglichen Risikowahrscheinlichkeit. Selten schreibt eine Situation intellektuelle oder soziale Unbeweglichkeit vor. Diese Regel schützt Menschen mit negativen Risikoerfahrungen vor Ängsten.

3. Vertrauensregel

Der Situation wird mit der wachsamen Sicherheit begegnet, keine nekrophilen Aktionen erleben zu müssen. Dort, wo die Erwartung enttäuscht wird, schließt ein Riegel. Die anderen Felder bleiben im Vertrauensbereich. In sozialen Problemfällen hat sich diese Regel bewährt.

Der verantwortliche Manager hat neben Informations- und Entscheidungstechniken für den funktionalen Bereich auch rational durchdachte Strategien für personale Probleme, die Angst auslösen. Er unterstützt in seiner Führungsaufgabe weniger mit Trost (es sei denn Zuwendung und nicht Problemlösung sei gefragt) als mit strategischen Hilfen.

c) Entscheidung unter Unsicherheit

Nicht wenige Menschen hätten es am liebsten, wenn sie bei Entscheidungen aller Art sämtliche Ausgänge vorhersehen und dann frei wählen könnten. Entscheidungstheoretisch ist zu differenzieren:

1. Entscheidung unter Sicherheit

```
                         Handlung
     Absicht ─────────────────────────────── Ziel
```
Sicherheit

Empfinden von psychischen, sozialen oder intellektuellen Belastungen ist nahezu ausgeschlossen, wenn alle Komponenten bekannt sind. Derartige Arbeitssituationen haben den Charakter mechanischer Funktionen und befriedigen auch daher nicht den Sinnanspruch des nach Weiterentwicklung strebenden Mitarbeiters.

2. Entscheidung unter Risiko

```
                              Wahrscheinlichkeit 1 _____ Ziel 1
                    Handlung
         Absicht    _____ _____ Ziel 2
                              Wahrscheinlichkeit 2
                              Wahrscheinlichkeit 3 └_____ Ziel 3
```

Risiko

Die Entscheidung, ob das beabsichtigte Handeln oder ein anderes Handeln vollzogen wird, erfolgt nach der Bilanzierung aller Ziele unter entsprechender Zuordnung von Wahrscheinlichkeiten. Bei sorgfältiger Analyse wird dieses Vorgehen der Situation im Netz weitgehend gerecht.

3. Entscheidung bei Unsicherheit

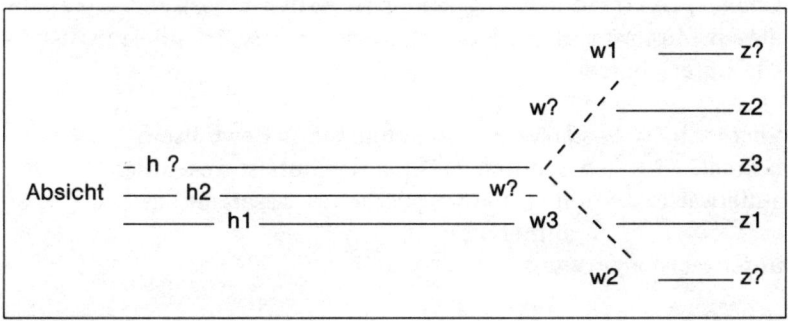

Unsicherheit

Die Summe der unberechenbaren Parameter setzt sich zusammen aus ungewissen Handlungen, Zielen und Wahrscheinlichkeiten: *Entscheidungen im Netz sind Manageralltag.* Diese praktische Lebenssituation ist bei sozialen Problemen überwiegend gegeben.

Die Lebenstüchtigkeit eines Menschen ist nicht unbedingt abhängig von der Fähigkeit, richtige Entscheidungen zu treffen. Die Art, wie wir *nach* getroffenen Entscheidungen emotional mit uns selbst umge-

159

hen, zeigt viel genauer, wie weit wir im jeweiligen Augenblick mit uns selbst in Einklang stehen.

Der verantwortliche Manager baut keine Pseudosicherheiten auf, wenn er Entscheidungen bei Unsicherheit zu treffen hat, sondern setzt risikobewußt Entscheidungshilfen ein. Eine Managementsoftware zur Überprüfung der Wahrscheinlichkeit ist vorstellbar. Die Nachgiebigkeits- und Kompromißfähigkeit in akzidentellen Bereichen ist hiervon unangetastet.

d) Die Zeit zur Meditation

Eine unnötig große Zahl von Managern lebt nach dem Prinzip des »Flucht-Aktivismus«: Ich muß aktiv sein, um zu wissen, daß ich lebe. Nun ist ein Leben in Aktivität – gleich welcher – nicht die Erfüllung eines personalen Lebens. Es sei denn das Leben als Systemagent in einem abgespaltenen Sektor. Es ist zu befürchten, daß Menschen sich vergessen, wenn sie nicht zu sich kommen. Neben anderen Entspannungstechniken ist die Meditation für den Manager eine wesentliche Chance, den nicht realitätsadaptierten Aktivismus zu reduzieren. In diesem Zusammenhang läßt sich zwischen vier Bewußtseinszuständen unterscheiden:

überwach   – starkes Erleben ohne reales Bewußtsein
normal   – was durch das Gehirn rinnt, ist wesentlich
außerwach   – mit sich etwas geschehen lassen und dies
               wahrnehmen
unterwach   – dösen

Die Meditation konzentriert sich auf persönliche Erfahrung im außerwachen Zustand. Die Vorteile bei regelmäßiger Meditation:

1. Verstärkung innerer Gelassenheit
2. Überwindung von Vorurteilen
3. Neutralisierung der Abhängigkeit vom Geist des »Habens«
4. Selbsterkenntnis und damit innere Freiheit
5. Ständiger Aufbau zureichender Motivationsfelder
6. Positive Verlagerung des Zeiterlebens
7. Erweiterung der Erfahrungsfähigkeit
8. Aktive Passivität, d. h. etwas geschehen lassen können

160

9. Reduktion des Schlafbedürfnisses
10. Biophile Veränderung in der Grundorientierung
11. Absinken der Alkoholtoleranz

Die Institutionalisierung der Meditation im Alltag ist absolutes »Muß«. Mindestens zweimal täglich 20 Minuten sind vorgeschrieben, sonst hat Meditieren keinen anderen Zweck als den der gelegentlichen Entspannung.

Vereinfachter Ablauf einer Einstiegsmeditation nach Rupert Lays »Meditation für Manager«:

1. Physische und psychische Entspannung durch geeignete Haltung und Einstellung.
2. Zwanzig Minuten innerliches gedankliches Sprechen eines Mantras, eines Leitwortes.
3. Alles, was während der Meditation geschieht (Störungen, Einschlafen, Verlust des Mantras) ist gut und wird passiv betrachtet.
4. Langsames Auftauchen nach zwanzig Minuten.

Der verantwortlich denkende Manager weiß, daß er der Forderung des Alltags nicht nur den Intellekt entgegensetzen kann. Die emotionale Kraft des Antriebes ist in ihrer Konzentration ein Erfolgsgarant. Eine Güterabwägung von Gefährdung und Nutzen im Bereich persönlicher Entscheidungen ist ohne innere Ausgeglichenheit nicht optimal gewährleistet. Die Persönlichkeitsarbeit zur Reaktivierung der psychischen Substanz ist lebenserweiternd.

3. Dialektisches Denken und ethische Betroffenheit

Dialektik bezeichnet eine Anzahl von Denk- und Interaktionstechniken, die zur Lösung von Problemen geeignet sind, die sich aus der sokratischen Differenz ergeben. Die sokratische Differenz beschreibt die Spannung zwischen Wahrheit und Gewißheit. Unter Wahrheit ist zu verstehen, daß eine Aussage mit dem ausgesagten Sachverhalt übereinstimmt. Gewißheit ist der psychische Zustand, etwas nicht mehr sinnvoll bezweifeln zu können. In der Praxis resultiert daraus der Versuch, Gewißheiten auf andere als Wahrheiten zu übertragen. Daraus ableiten können wir die Spannung zwischen Realität und Wirklichkeit.

Unter *Realität* ist der abstrakte Bereich dessen zu sehen, was ist: die Tatsächlichkeit, hinter der Sprache und damit ein Teil des Denkens zurückbleibt. Realität ist in Sprache nicht einzuholen. Kein Wort erfüllt die Leistung, tiefe Eindeutigkeit zwischen Menschen zu vermitteln, die auch noch rational verantwortet werden kann.

Unter *Wirklichkeit* ist die subjektiv konkret wahrgenommene Welt zu verstehen. Die jeweilige Interpretation von Situation, Gegenstand, Wort wird zur eigenen Sicherheit gerne im Kollektiv als Bestätigung objektiver Erkenntnis geleistet. Viele glauben, Meinungen werden zu Wahrheit, wenn sie von genügend Leuten geteilt werden.

Der Sinn jeglicher Dialektik liegt in der informationellen Unzulänglichkeit des Menschen. Niemand kann absehen von seinen Erwartungen und Interessen bei dem Erwerb von Erkenntnissen und Erfahrungen. Die projektive und/oder selektive Verzerrung bestimmt die Informationsaufnahme des Menschen. Ein und derselbe Sachverhalt (Gedanke, Wort, Objekt) bietet sich der Wahrnehmung unterschiedlicher Betrachter in verschiedensten Gestalten – und in allen können zutreffende Inhalte vorhanden sein. Dialektik ist der Teilbereich kritischen philosophischen Denkens, der einerseits auf sprachlich logischem Wege der Wahrheitsfindung (Realitätsdichte) dient, andererseits die Überzeugung anderer Menschen zum Ziel hat.

Von besonderer Bedeutung ist die Beziehung zwischen Gemeintem und Gesagtem, zwischen Absichten und Konsequenzen, zwischen Prinzipien und Interaktionen bei der Prüfung gewissensgerechter Handlungen. Ob aus bekannten Werten die entsprechenden Verhaltenskonsequenzen gezogen werden, ist zunächst rational zu prüfen. Damit hat Dialektik die Aufgabe der Vermittlung von Betroffenheit, indem sie inkonsequentes Verhalten als solches ausweist. Bei Abweichungen zwischen konsequenzorientierten Forderungen der Realität, wie zum Beispiel Signale der Natur zum Thema Umweltverschmutzung, und gleichzeitiger bedürfnisorientierter Wirklichkeit der Verharmlosung, ist durch dialektisches Nachdenken zumindest die Berechtigung eines Leidensdruckes zu erkennen. Leider sinkt bei nicht wenigen Menschen die Stärke der Betroffenheit mit der Entfernung

162

vom Problem. Der Lyriker Jörn Pfennig schreibt in seinem Buch »Hand aufs Hirn«:

Erdbeben in China – 280000 Tote.
  Na, da bleiben ja noch genug übrig!
Fähre vor den Philippinen gesunken – 480 Tote.
  Viel zu vollgestopft diese Dinger!
Bus in den Anden 200 Meter abgestürzt – 85 Tote.
  Donnerwetter 200 Meter!
In der Lohengrinstraße trächtige Dackelhündin überfahren –
  Mein Gott!

Ethische Betroffenheit realisiert sich in der Beziehung zwischen wahrgenommenen Ereignissen und sittlicher Erkenntnis. Sie ist die Disposition, bei Konflikten zwischen handlungsleitenden Werten und wahrgenommenen Ereignissen konkrete Handlungskonsequenzen zu ziehen. Anderenfalls hätte Ethik lediglich eine Feigenblattfunktion.

Der argumentierende Manager orientiert sein Denken auch in dialektischen Forderungen und qualifiziert seine Aussagen durch tragfähige Begründungen. Speziell dann, wenn Funktionsverbesserung durch Sachlichkeit gefordert ist. Bei Problemstellungen im Bereich der Verbesserung sozialer Disposition setzt er Techniken zur Beziehungsgestaltung ein. Er ist in der Lage zu entscheiden, ob es um den Transfer von Überzeugung oder um die Realitätsdichte einer Problemlösung geht.

Er interessiert sich nicht für die Beherrschung dialektischer Fertigkeiten, um eigene Gewißheiten und Sicherheiten zu verteidigen und zu verbreiten. Er verantwortet die dialektische Vermittlung einer Aussage, um deren Wahrheit (Realitätsdichte) er sich redlich bemüht hat, so daß sein Gesprächspartner (Mitarbeiter) daraus Handlungskonsequenzen ziehen kann.

a) Ohne Logik überwiegend emotionale Entlastung

Unter Logik verstehen wir die Gesetze der Folgerichtigkeit in der Realitätsnähe mit dem Ziel der Realitätsgestaltung. Emotionale Entlastung ist das Befolgen der Forderungen des situativen Lustprinzips. Bei der Qualität von Aussagen ist grundsätzlich zu unterscheiden zwischen Aussagen über:

Wahrheit	= Aussagen, die sagen, was ist in der objektiven Welt.
Gewißheit	= Aussagen über subjektive Sicherheiten, häufig gebunden an die Unfähigkeit, Erkenntnis zu bezweifeln.
Richtigkeit	= Aussage, die erklärt, was sein soll in der Legitimation über einen Normenbezug.
Authentische Aussage	= Auslassung über den eigenen psychischen Zustand, die Beschreibung der eigenen Wahrnehmung (Wirklichkeitsbezug statt Realitätsbezug).

Die Orientierung für das bewußte Denken erfolgt auf der nächsten Seite.

Der emotionale Konsens durch gemeinsame emotionale Entlastung in zum Teil gruppendynamisch strukturierten Feldern ist immer dann geeignet, wenn die Verbesserung der *sozialen Disposition* das eigentliche Kommunikationsziel war. Pinwandorgien und Metaplanschlachten haben hier ihre Berechtigung, sofern sie nicht den Anspruch einer qualitativ höherwertigen Problemlösung stellen.

Dialektik als intellektuelle Disziplin der Problemlösung ermöglicht es, die Gründe für Meinungen auf ihre Tragfähigkeit zu überprüfen. Dies gilt interpersonell (für die Interaktion zwischen Menschen) und intrapersonell (für den inneren Dialog – Erkenntnisprüfung).
Es ist wichtig, nicht Dispositionsverbesserung mit Problemlösung zu verwechseln. Menschen können sich brüderlich einig sein in realitätsabgelösten Entscheidungen und Zielen, die nicht im Sinne des Unternehmens beziehungsweise der Partnerschaft sind. Dagegenzustellen und zielabhängig einzusetzen sind Techniken des emotionalen und rationalen Konsenses.

b) Die Lust am Syllogismus

Ein Syllogismus ist ein Drei-Satz-Beweis, mit dem die Richtigkeit eines Argumentes logisch dargestellt werden kann. In einem Drei-Satz-Beweis besteht ein vollständiges Argument aus der Nennung des verwendeten Prinzips, dem betreffenden Faktum und dem sich

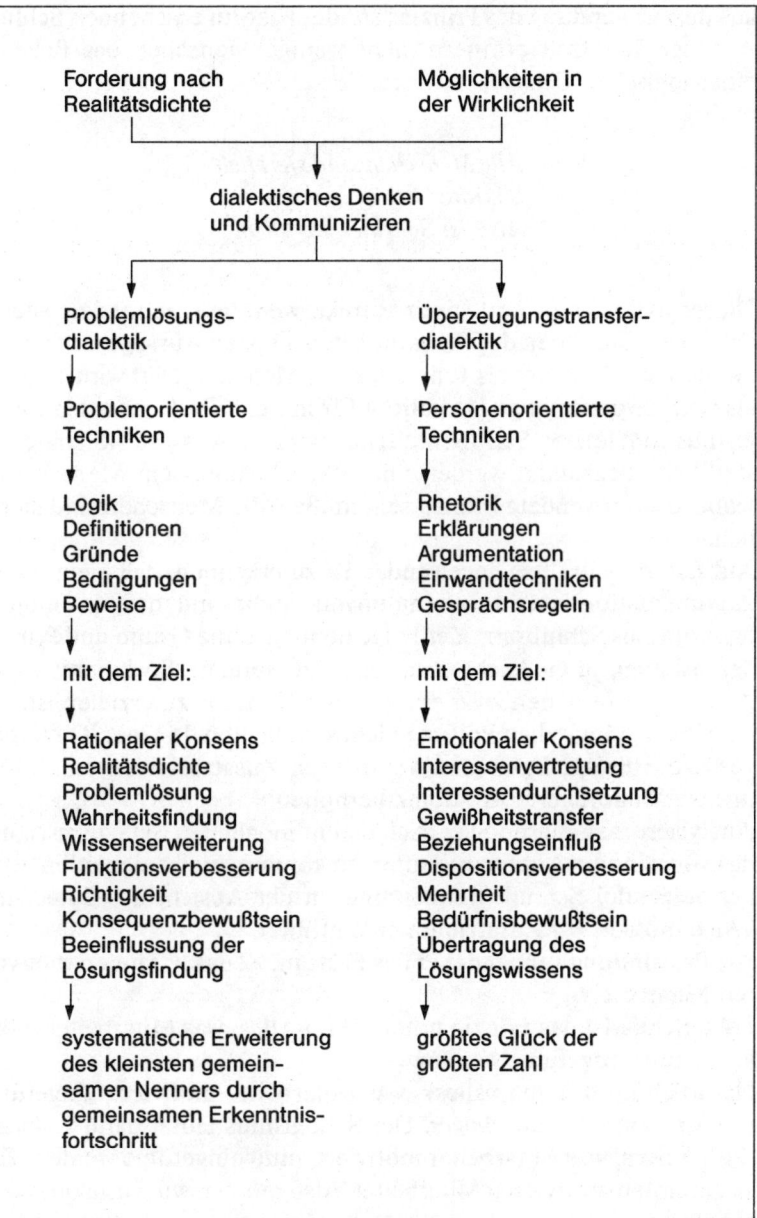

Forderung nach
Realitätsdichte

Möglichkeiten in
der Wirklichkeit

dialektisches Denken
und Kommunizieren

Problemlösungs-
dialektik

Überzeugungstransfer-
dialektik

Problemorientierte
Techniken

Personenorientierte
Techniken

Logik
Definitionen
Gründe
Bedingungen
Beweise

Rhetorik
Erklärungen
Argumentation
Einwandtechniken
Gesprächsregeln

mit dem Ziel:

mit dem Ziel:

Rationaler Konsens
Realitätsdichte
Problemlösung
Wahrheitsfindung
Wissenserweiterung
Funktionsverbesserung
Richtigkeit
Konsequenzbewußtsein
Beeinflussung der
Lösungsfindung

Emotionaler Konsens
Interessenvertretung
Interessendurchsetzung
Gewißheitstransfer
Beziehungseinfluß
Dispositionsverbesserung
Mehrheit
Bedürfnisbewußtsein
Übertragung des
Lösungswissens

systematische Erweiterung
des kleinsten gemein-
samen Nenners durch
gemeinsamen Erkenntnis-
fortschritt

größtes Glück der
größten Zahl

Emotionaler und rationaler Konsens

165

aus der Anwendung des Prinzips auf das Faktum ergebenden Schluß. Aus der Schulzeit erinnern nicht wenige Menschen das Beispiel eines logischen Dreisatzbeweises:

Alle Menschen sind sterblich.
Sokrates ist ein Mensch.
Also ist Sokrates sterblich.

Dieser Syllogismus ist logisch korrekt, weil die Obermenge »sterblich« die Gesamtheit der Menschen in der ersten Aussage umfaßt, im zweiten Satz Sokrates als Teilmenge von Mensch erklärt wird, folglich also die Begriffsmenge »sterblich« für ihn gilt. Prüft man den Syllogismus vom letzten Satz (Schluß) her, wird die Aussage: »Sokrates ist sterblich« begründet werden mit: »Weil Sokrates ein Mensch ist«, wobei das verwendete Prinzip sein muß: »Alle Menschen sind sterblich.«

Auf den Arbeitsalltag angewendet, ist zu erkennen, daß die meisten Argumentationen dahingehend unvollständig sind, daß sie eine Behauptung als Schlußsatz oder Folge nennen, ohne Grund und Prinzip darzustellen, ja vielleicht ohne diese zu kennen. So kommt es zu Aussagen, mit denen zwar emotionaler Konsens zu erzielen ist, die jedoch einer logischen Prüfung nicht standhalten. In einer Konferenz wird zum Beispiel gesagt: »Wir müssen Zusatzprämien einführen, um die Mitarbeitermotivation zu erhöhen!«

Analysiert man diesen Satz nach einem möglichen Syllogismus, um das vollständige Argument prüfen zu können, ergibt sich offensichtlich folgender Schluß (Behauptung) in der Absicht des Sprechers: »Also müssen wir Zusatzprämien einführen.«

Als Begründung verwendet er das Faktum: »Zusatzprämien motivieren Mitarbeiter.«

Folgerichtig ist das Prinzip unterstellt: »Alles, was Mitarbeiter motiviert, muß eingeführt werden.«

Natürlich muß selten »alles«, was Mitarbeiter motiviert, eingeführt werden, sondern nur *einiges*. Der Syllogismus lautet dann vollständig: Einiges, was Mitarbeiter motiviert, muß eingeführt werden. Zusatzprämien motivieren Mitarbeiter. Also müssen wir Zusatzprämien einführen.

Diese Argumentation ist aber nicht logisch, da aus zwei Teilmengen in den beiden ersten Sätzen keine Schlußfolgerung gezogen werden kann. Die Argumentation, daß auch andere Maßnahmen zur Mitarbeitermotivation aktiviert werden können, hat gegen Widerstand logisch gute Chancen.

Es ist also durchaus interessant, die praktischen Argumentationen des Alltags auf ihre stillschweigenden Voraussetzungen hin untersuchen zu können. Auch die eigenen Argumentationen und Schlüsse verdienen eine diesbezügliche Prüfung. Um dieses jedoch zu beherrschen, ist ein Blick in Regeln und Strukturen der Syllogismen nötig.

Als formal richtigen Syllogismus verwenden wir drei Sätze.

Prinzipiensatz:

       (M)   (P)

(a) Alle Systemagenten verhindern personales Leben M a P

Faktensatz:

       (S)   (M)

(i) Einige Manager sind Systemagenten S i M

Schlußsatz:

             (S)   (P)

(i) Also verhindern einige Manager personales Leben S i P

Auch in dieser Drei-Satz-Argumentation wird ein Prinzip auf einen wahrgenommenen Einzelfall angewendet und eine logische Folgerung daraus gezogen. Die mathematische Abhängigkeit der verwendeten Mengen beim Denken und Sprechen bedarf zum Nachvollzug des Wissens um einige Termini:

1. Der *Prinzipiensatz* regelt ein allgemeingültiges Prinzip. Zu unterscheiden sind empirisch zu prüfende Sein-Prinzipien und ethisch zu untersuchende Soll-Prinzipien.

Sein-Prinzip: Alle Fluglehrer machen jährliche Checkflüge.
Soll-Prinzip: Alle Verbrechen müssen geahndet werden.

2. Der *Faktensatz* macht eine Aussage über eine Wahrnehmung. Zu unterscheiden sind beschreibbare Beobachtungen und gewertete Informationen.

Beschreibung:
Wolfgang ist ein Fluglehrer.

Bewertung:
Unmenschlichkeit ist ein Verbrechen.

3. Der *Schlußsatz* ergibt sich in der Anwendung der genannten Prinzipien auf die angeführten Fakten nach den Regeln der Mengenlehre.

Beispiel 1:
Wolfgang macht einen jährlichen Checkflug.

Beispiel 2:
Unmenschlichkeit muß geahndet werden.

Auch mit dem Satz: »Alle Systemagenten verhindern personales Leben«, werden zwei Mengen ins Verhältnis gesetzt: die Menge der Systemagenten und die Menge der Verhinderungen personalen Lebens. Die wahrscheinlich größere Menge ist die der Verhinderungen personalen Lebens, da nicht nur Systemagenten dieses bewirken.

(M) = Mittelterminus

Beiden Vordersätzen (Prinzipiensatz und Faktensatz) gemeinsam ist eine Größe (das eigentliche Argument), die im Schlußsatz nicht mehr vorkommt. Die ist das Argument, mit welchem der Schlußsatz begründet werden soll. Das Argument zum Schlußsatz: »Einige Manager verhindern personales Leben« lautet: »Weil einige Manager Systemagenten sind.«

(P) = Logisches Prädikat

Alles, was im 1. Vordersatz nicht (M) ist, wird das logische Prädikat genannt. Es qualifiziert später im Schlußsatz das Subjekt.

(S) = Logisches Subjekt

Alles, was im 2. Vordersatz nicht (M) ist, wird das logische Subjekt genannt. Hier wird das Faktum mit dem Argument qualifiziert. Das Argument entfällt in jedem Fall im Schlußsatz. Von besonderer Bedeutung sind im Syllogismus die verwendeten *Größenordnungen* in den Aussagen. Zu unterscheiden sind hierbei Aussagen über verschiedene Mengen:

(a) Allmenge (jeder, alle, immer, stets, ewig, ständig)
(i) Teilmenge (der, einer, manche, fast alle, die meisten)
(e) Nullmenge (keiner, niemand, nie, nichts, niemals)
(o) verneinte Teilmenge (einige nicht, der nicht, die meisten nicht)

Für das Beispiel zum Thema Systemagent ergibt sich die abstrakte Darstellung mit den Abkürzungen (x bezeichnet die mögliche Menge):

Prinzipiensatz:	M x P
Faktensatz:	S x M
Schlußsatz:	S x P

Die logisch zulässigen Mengenverhältnisse sind an den Spalten der Kleinbuchstaben zu erkennen (x = a, e, i, o):

M x P	a	a	e	e
S x M	a	i	a	i
S x P	a	i	e	o

└─► das oben angeführte Beispiel

Je nach Stellung des (M) unterscheidet man vier verschiedene syllogistische Figuren. Innerhalb der Figuren gelten die Mengenabhängigkeiten entsprechend der Tabellen. Für den Alltag ist die Beherrschung der ersten syllogistischen Figur ausreichend.

Bei der Aufgabenstellung, aus zwei gegebenen Vordersätzen (Prinzipiensatz und Faktensatz) den Schlußsatz zu ermitteln, sind diese Abhängigkeiten anzuwenden.

Beispiel:
Prinzipiensatz: Alle ehrlichen Menschen vertragen Feedback (P a M)
Faktensatz: Alfred verträgt kein Feedback   (S o M)
Schlußsatz: ?   (? ? ?)

Methoden zur Ermittlung des Schlußsatzes bei gegebenem Prinzipiensatz und gegebenem Faktensatz anhand des gegebenen Beispiels:

1. Bestimmen der Elemente (M), (S), (P) und der Mengenaussagen in den Sätzen (a, i, e, o)
   M = Feedback vertragen
   S = Alfred
   P = ehrliche Menschen
   Prinzipiensatz = a (Alle ehrlichen Menschen ...)
   Faktensatz   = o (Alfred verträgt ... kein ...)

2. Ermitteln der syllogistischen Figur durch die Stellung von (M)
   Prinzipiensatz: P x M
   Faktensatz: S x M
   Gegeben ist die zweite syllogistische Figur

3. Vokalfolge in den betreffenden Spalten suchen und – wenn vorhanden – den Schlußsatz bilden.
   Prinzipiensatz: P x M   x = a
   Faktensatz: S x M   x = o

4. Falls die Kombination vorhanden ist, wird der Schlußsatz mit den bekannten Elementen (S, P, x) gebildet. Falls nicht, sind die Vordersätze zu vertauschen, wodurch sich eine neue Vokalfolge als Spalte ergibt. Ist auch dann die Kombination nicht vorhanden, ist kein Schluß möglich.

Schlußsatz: S x P   x = o

Also: Manchmal ist Alfred nicht ehrlich.

Grundsätzlich ist in keinem Fall ein Schluß möglich, wenn:
— beide Vordersätze negativ sind,

170

– beide Vordersätze Aussagen über Teilmengen sind,
– kein gemeinsames (M) vorhanden ist.

In der Praxis ist die Konstruktion des Schlußsatzes bei gegebenem Prinzipiensatz und Faktensatz eher selten. Häufiger kommt es vor, daß der Schlußsatz als Argument verwendet wird, und Faktum und Prinzip stillschweigend vorausgesetzt werden. Hier ist es besonders wichtig, die Prämissen zu ergründen, um das analytische Zuhören zu schulen und in Gespräch, Debatte, Diskussion zu verwenden. Beispiele unvollständiger Argumentation über Schlußsätze sind:

Fall:
1: Mit dieser Einstellung beweisen Sie Ihre Vorurteile.
2: Wenn du weiter so trinkst, hast du weniger Chancen.
3: Wir müssen sofort handeln.

Bei diesen Schlüssen fehlt das Argument (M). Wir erhalten es in der Praxis auf die Frage nach dem »Warum«. Die Antworten könnten sein:

Fall:
1: Weil Sie widersprechende Fakten ausklammern.
2: Weil du verachtet werden wirst.
3: Weil für uns Gefahr im Verzug gegeben ist.

Stillschweigende Voraussetzungen werden ermittelt, indem entsprechende Kombination der Elemente in der Tabelle aufgesucht wird.

1. Bestimmen der Elemente (M), (S), (P) und der Mengenaussagen in den Sätzen (a, i, e, o).
2. Tabellenkombination suchen und Prinzipiensatz bilden.

Die Beherrschung der syllogistischen Regeln ist die Voraussetzung für Problemlösungen im Bereich des rationalen Konsenses. Damit kann dem unlogischen Argumentieren um des emotionalen Konsenses willen begegnet werden. Für unsere Beispiele sind die frei formulierten Prinzipien folglich:

Fall:
1: Alle unvollständigen Informationen begründen Vorurteile
2: Alle Verachtung verkürzt Chancen
3: Alle Gefahr im Verzug erfordert Handeln

Bei Argumentationen, die plausibel klingen, aber dennoch falsch sind, beruht dieses oft auf bestehenden Vorurteilen oder falschen Schlüssen.

Durch geeignetes Training ist Anwendung und Umgang mit Syllogismen mit überschaubarem Aufwand erreichbar. Eine Verstärkung dieses Denkens ist sicher eine generelle pädagogische Forderung.

Nach dem bisher Gesagten ist es eine Überlegung wert, den eigenen Charakter als syllogistische Arbeit zu erleben. Eigenschaften eines Menschen, die er überlegt entfaltet, sollen in Einklang stehen mit seinen reflektierten Gewissenswerten. Diese *handlungsleitenden Werte* (hdl-Werte) sind zunächst wesentlich durch die Erziehung geprägt, können jedoch später in eigener Entscheidung übernommen und ausgebaut werden. Auch Entscheidungen aufgrund erkannter Fakten sind ein Schluß, der Prinzipien voraussetzt.

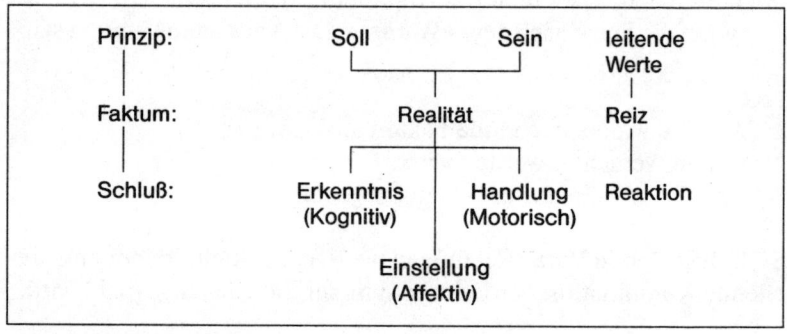

Charakter syllogistisch

Zur Sicherheit in der Anwendung des dialektischen Handwerkszeugs gehört auch die Anwendung syllogistischen Denkens. Dies ist wichtig für alle Orientierungen zwischen bekannten Endpunkten oder Gegensätzen.

Ein dialektisches Prinzip lautet: Aus These und Antithese wird Synthese; aus Wille und Gegenwille wird gemeinsamer Wille. Die Bedeutung der Dialektik für den Manager beginnt jedoch im inneren Dialog. Konkurrierende Werte und Interessen, Konflikte zwischen Bedürfnis und Über-Ich-Imperativen sind meistens nur über Kompromisse realitätsdicht zu lösen. Polare Lösungen verkürzen Rea-

172

lität unter Umständen erheblich. Der persönlich empfundene, emotionale Druck bei Güterabwägung resultiert in der Regel aus der Entscheidungsnot in der dialektischen Beziehung polarer Forderungen:

— Überstunden oder Freizeitrecht
— Selbstbestimmung oder Fremdbestimmung
— Aktivität oder Passivität
— Kostenbewußtsein oder Fortschrittsorientierung
— Emotionalität oder Rationalität
— Freistellung eines Mitarbeiters oder alternative Integration
— Systeminteresse oder personale Bedürfnisse
— Manipulation oder Edukation
— kooperatives oder autoritäres Führen
— Pflicht oder Neigung

Polare Lösungen werden selten einer Problemstellung gerecht. Die Entscheidung für nur das eine bzw. nur das andere berücksichtigt nicht die meist gerechten Ansprüche des Gegenpols. Wahrheit liegt auch nicht immer in der Mitte (bestenfalls begraben), sondern ist jeweils sorgfältig auszumachen.

Dialektisches Kreuz

Nun können wir nur dann verantwortlich in polaren Strukturen entscheiden, wenn wir über ein Prinzip verfügen, welches Anwendung auf ein erkanntes Faktum (Ereignis, Erkenntnis) findet. Als Beispiel sei der Konflikt eines Angestellten beschrieben, der sich entscheiden muß, ob er heute freiwillige Überstunden machen soll oder nicht. Gibt er dem Bedürfnis nach, den Abend in der Familie zu verbringen, könnten sozial begründet Schuldgefühle durch die Arbeitsbelastung gegenüber Kollegen Druck ausüben, andererseits wird bei selbstverständlichem Freizeitverzicht die Familie ihre Rechte über Gewissensdruck fordern. Diese innere Konfliktsituation wird um so bedrohlicher empfunden, als keine eigenen Prinzipien zur Klärung dieser Abwägung verfügbar sind. Die Orientierung in dieser Aufgabenstellung ergibt sich durch das auf der Vorseite angegebene dialektische Kreuz.

Formal gilt:
Ist Y eher A oder B?
(a) Alle M sind A (oder B).
(i) Y ist M.
(i) Also ist Y eher A (oder B).

M ist das Argument, die Begründung, der Mittelterminus (+M = für These oder Antithese, –M = gegen These oder Antithese). In einem vorliegenden Fall stellt sich die Abwägungsfrage:

Ist Management (Y) eher rational (A) oder eher emotional (B) orientiert?

Prinzipiensatz:
(a) Alle Dispositionsaufgaben (M) bedürfen emotionaler Orientierung (B).

Faktensatz:
(i) Im vorliegenden Fall (Y) handelt es sich um eine Dispositionsaufgabe (M).

Schlußsatz:
(i) Also ist das aktuelle Management (Y) eher emotional orientiert (B).

174

Derartige Überlegungen müssen zunächst in sich schlüssig sein. Im Syllogismus sind Schlüsse die Folgerungen aus vorausgesetzten Aussagen. Der Schluß ist die logische Form des Beweises. Die Regel lautet: Ist der Schlußsatz richtig konstruiert (das heißt der Schluß logisch richtig, und sind die Vordersätze wahr), so ist er auch wahr im Sinne erkannter Realitätsdichte.

Forderungen an die Denkfähigkeit des Managers:
1. Geeignet definieren können, um Begriffe zu entfalten
2. Verfügbarkeit geprüfter Seins- und Soll-Prinzipien
3. Erkenntnis durch Prüfung der Wahrnehmung
4. Folgerichtige Anwendung der Prinzipien
5. Kritische Prüfung der Aktualität der Prinzipien

c) Gabeln, Fahnen und Arborisieren

Wie bereits beschrieben, gehört es nicht zum kommunikativen Alltagsverhalten, die Tragfähigkeit der Argumente, Gedanken, Erkenntnisse und Thesen zu prüfen. Das gilt bedauerlicherweise dann besonders, wenn der Gesprächsgegenstand erheblich ist und die Parteien in starkem Maße ihrer Gewißheit ausgeliefert sind. Zu beachten ist dies zum Beispiel bei sich widersprechenden Vorurteilen.

Diese Prüfungsverfahren und Erkenntnisbegründungen finden ihre Anwendung nicht nur auf eigenes Denken bezogen, sondern sind auch im Dialog zur Analyse der gehörten Aussagen hilfreich. Leider interessieren sich Menschen aus zwei Ursachen nicht ausreichend für die Gründe anderer: Sind andere der gleichen Meinung, ist eine nähere Prüfung der Gründe nicht nötig, da sie lediglich bestätigen, was als richtig angenommen wird. Sind andere gegenteiliger Meinung, ist eine nähere Beschäftigung mit den Gründen lästig, da sie sowieso nicht stimmen können. So kommt es nicht selten zu kontraproduktivem Austausch von Behauptungen.

Eine Diskussion auf der Ebene der Schlußsätze zu führen, ist natürlich nicht sinnvoll. Will ein Manager die Sätze begründen, die er spricht, oder gehörte Sätze prüfen, muß er die Prinzipien und Fakten über die Tragfähigkeit der Gründe als realitätsdicht ausmachen. Eine wesentliche Hilfe dabei ist das Denken in Bedingungen. Die Bedingung qualifiziert das Verhältnis zwischen Grund und Meinung. In einem Gespräch werden folgende Sätze gesagt:

»In der jetzigen Personalsituation können wir uns weitere Freistellungen nicht erlauben. Die Arbeitssituation ist aufgrund der saisonalen Situation angespannt und der Krankenstand ist überdurchschnittlich hoch. Vielleicht ist ein vorübergehender Ausgleich durch Teilzeitkräfte möglich, aber ich glaube, daß die Anlernzeit sich nicht rechnen wird. Auch müßten wir die Qualitätskontrolle verstärken. Am besten ist es, wir verlängern offiziell die Lieferzeiten, um Kosten zu sparen und das Qualitätsimage zu halten.«

Eine Analyse läßt erkennen:
Problem: Sollen Mitarbeiter freigestellt werden?

Argumentation:

Meinung	Grund
nein	saisonale Arbeitsspitzen
nein	hoher Krankenstand

Problem: Sollen wir auf Teilzeitkräfte zurückgreifen?

Argumentation:

Meinung	Grund
nein	zu lange Anlernzeit
nein	Erhöhung der Qualitätskontrolle

Lösung: Offizielle Verlängerung der Lieferzeiten

Argumentation:

Meinung	Grund
ja	Kostenersparnis
ja	Qualitätsimage erhalten

Hier ist es leicht, die Schlüsse und Gründe zu analysieren und gegebenenfalls die Prinzipien zu ermitteln. Der Einfachheit halber bestehen die oben genannten Meinungen aus den Elementarqualifikatoren ja und nein. Ist die Argumentation so unvollständig, daß nur Schlußsätze formuliert werden mit dem Charakter einer Behauptung, müssen die Gründe abgefragt werden. Es ist sinnlos, Meinung gegen Meinung zu stellen; es ist sinnlos, Meinung gegen Gründe zu stellen; es ist sinnlos, Gründe gegen Meinung zu stellen – es ist nur sinnvoll, Gründe gegen Gründe zu stellen. Behauptungen als Identitätsaussagen mit Wahrheitsanspruch ohne Gründe sind zum Beispiel:

176

- Ein derartiger Mißerfolg hat personale Konsequenzen ...
- Die Öffentlichkeit kann hierbei nicht übergangen werden ...
- Damit ist in der Praxis nichts anzufangen ...
- Wer die Treue bricht, ist für eine Partnerschaft ungeeignet ...
- Verantwortliche Manager müssen denken können ...
- Die Kostensituation zwingt zu dringenden Entscheidungen ...
- Im Großraumbüro ist konzentriertes Arbeiten unmöglich ...

Diesen Beispielen ist gemeinsam, daß es sich um solche Identitätsaussagen handelt. Ihre rationale Qualität ist kaum gegeben, da es sich offensichtlich entweder um dogmatische Thesen oder um einfache Fehlschlüsse über Fakten handelt, deren stillschweigende Voraussetzungen vielleicht noch nicht einmal dem Sprecher selbst bekannt sind. Wenn Identifikationsaussagen Endgültigkeiten in der Form von Behauptungen mit Gültigkeitsanspruch sind, so sind Korrelationsaussagen der Hinweis auf die Verhältnismäßigkeit eines Argumentes. Die Vorläufigkeit einer Erkenntnis ist hier genauso gemeint wie die grundsätzliche Unvollständigkeit der stützenden Informationen.

Identitätsaussagen:
- Es gibt nur eine Entscheidung.
- Das glaubt kein Mensch.

Korrelationsaussagen:
- Nach vorliegenden Informationen liegt eine Lösung nahe.
- Wahrscheinlich reichen die Gründe zur Überzeugung nicht aus.

Ob ein Grund für eine Ansicht, Erkenntnis, Meinung tragfähig oder ausreichend ist, läßt sich über die dialektische Technik des Gabelns erfahren.
Gabeln beschreibt das Umformieren von Identitätsaussagen in Korrelationsaussagen mit dem Ziel der Anschlußfähigkeit aller thematisierenden Sätze. Ein Satz ist genau dann anschlußfähig, wenn er in einem Problemlösungsverfahren mit jeder anderen Aussage nach semantischen und syntaktischen Regeln verknüpft werden kann. Auch und gerade mit Gegenthesen und deren Begründungen. Eine direkte Widerlegung ist nicht anschlußfähig, da sie zum Überleben den Verzicht auf die Gegenthese benötigt. Aus einer Identitätsaussage wird eine Korrelationsaussage, indem aus der Begründung eine

177

Bedingung gemacht wird. Auf diese Weise läßt sich die Qualität der Begründung prüfen. Graphisch wird unterschieden zwischen Stamm und Ästen. Der Stamm ergibt sich aus dem Problem, die Äste sind Bejahungen und Verneinungen je nach Gründen oder Bedingungen.

Beispiel Identitätsaussage: Wer andere beeinflußt, übt Macht aus.

Korrelation über eine Gabel: Unter der Bedingung, daß beeinflußt wird, wird auch Macht ausgeübt.

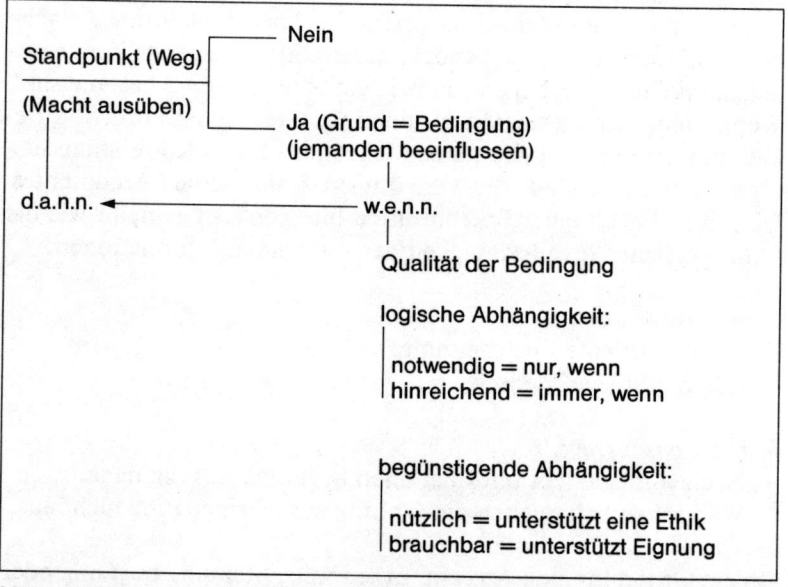

Notwendige und hinreichende Bedingungen

Die Tragfähigkeit einer Aussage kann über die Prüfung der Qualität der Bedingungen ermittelt werden. Dabei zu unterscheiden sind: *Notwendige Bedingungen,* die zwangsläufig gegeben sein müssen, damit ein Ereignis stattfinden kann. Ein Rückschluß vom Ereignis auf die Bedingung ist möglich, nicht umgekehrt. Ein häufig gehörtes Beispiel hierfür ist: Wenn Klaus und Inge miteinander schlafen, zeugen sie ein Kind. Zum gedanklichen Nachvollzug und zur Veranschaulichung weitere Exempel:

178

Beispiel 1: Wenn Menschen aneinander interessiert sind, verlieben sie sich. Sicher begründet das Interesse aneinander allein noch kein Verliebtsein. Andererseits ist kaum ein Verliebtsein denkbar, ohne gegenseitiges Interesse aneinander.

Beispiel 2: Wenn Mitarbeiter miteinander kommunizieren, erzeugen sie Phantombilder im Unternehmen. Die Kommunikation von Mitarbeitern hat nicht zwingend das Phantombild zur Folge, hängt dieses doch auch vom Thema ab. Phantombilder im Unternehmen jedoch können nur über die Kommunikation zustande kommen, da individuelle Spekulation zunächst keine kollektive Wirkung hat.

Hinreichende Bedingungen, die zwangsläufig das Ereignis zur Folge haben. Das Ereignis selber impliziert nicht schlüssig das Vorhandensein der Bedingung. Das Schulbeispiel heißt: Wenn es regnet, wird die Straße naß. Zur weiteren Verdeutlichung zusätzliche Exempel:

Beispiel 1: Wenn Menschen glücklich verliebt sind, interessieren sie sich für keinen anderen Partner. Wir können davon ausgehen, daß das Desinteresse an einem anderen Partner vielerlei Gründe haben kann, jedoch ist es sicher gegeben, wenn ein glückliches Verliebtsein aktuell ist.

Beispiel 2: Phantombilder stören den Betriebsfrieden. Auch hier ist eine Störung des Betriebsfriedens über verschiedene Ursachen denkbar. Phantombilder bilden grundsätzlich eine Störung, da mit realitätsabgelösten Einschätzungen von Menschen gelebt werden muß.

Schon aus diesen Beispielen läßt sich erkennen, daß die Komplexität nahezu jeder Problematik kaum durch die eine oder andere Begründung gelöst werden kann. Eine systematische Zusammenstellung möglichst vieler Bedingungen, unter denen Erkenntnisse gelten, sichert Realitätsdichte. Eine Untersuchung des Beispiels in Abb. 85 wird ergeben, daß die Qualität dieser Bedingung *notwendig* ist, denn ein Einfluß auf andere alleine bedeutet noch keine Machtausübung. Hinzu kommen noch Bedingungen wie: Einfluß in Verbindung mit Zwängen oder besondere Gewaltverhältnisse. Das Auflisten aller Bedingungen, unter denen eine Aussage gilt, nennt man Fahne.

Aussage: Rationaler Konsens begünstigt realitätsdichte Entscheidungen.

Fahne: dann, wenn
- im Horizont der Biophilie zu entscheiden ist
- Keine Disposition gefährdet ist
- Systemschaden vermieden wird
- Die Lösung realisierbar ist
- Die Beteiligten dem Verfahren zustimmen.

Der nächste Schritt ist die Prüfung der Bedingungen der Fahne an der konkreten Problemsituation. Es wird festgestellt, ob die Bedingungen bereits erfüllt sind oder mit vertretbarem Aufwand erfüllbar gemacht werden können.

Obwohl die Unterscheidung zwischen notwendigen und hinreichenden Bedingungen die Qualität von Erkenntnis und damit Entscheidung erheblich verbessern kann, wird im Gesprächsalltag zuwenig Gebrauch davon gemacht. Vielmehr bezeichnen Meinungsvertreter ihre Gründe bewußt oder unbewußt als hinreichend und damit zwingend. Die Praxis zeigt, daß *hinreichende* Bedingungen für einen Lösungsgedanken seltener zu finden sind. Vielmehr sind es eine unbestimmte Anzahl *notwendiger* Bedingungen, die der Komplexität der meisten Probleme gerecht werden. Somit ist ein Ziel jeder Problemlösung die Generierung einer möglichst umfangreichen Liste der Bedingungen.

Das führt dazu, daß ein weitgehend vollzähliger Katalog von notwendigen Bedingungen in seiner Gesamtheit als hinreichend betrachtet werden kann. Die auf diese Weise ermittelten und geprüften Bedingungen können miteinander verknüpft werden. Wir sprechen dann von Entscheidungsbäumen. Das Verfahren nennt man in der dialektischen Diskurstechnik Arborisierung.

Arborisierung ist die Technik der Hierarchisierung generierter Bedingungsketten (-netze), indem alle Bedingungen nach semantischen Regeln miteinander verknüpft werden. Es entsteht ein Entscheidungsbaum, der für konkrete Anlässe genutzt werden kann. Dieser Entscheidungsbaum ist im Ergebnis rationaler Konsens durch gemeinsamen Erkenntnisfortschritt. Die vollständige Anleitung ist dem Buch von Rupert Lay »Kommunikation für Manager« zu entnehmen.

Die beispielhafte und vereinfachte Ablauffolge einer Problemlösung:

1. Formulierung des Problems:
   Ist systematisches Diskurstraining für die oberste Führungsebene wünschenswert?

2. Einstellungen und Gründe zu der Frage im Lösungsteam:
   - Nein, bei vorliegendem Wissensstand ist es nicht nötig.
   - Ja, wegen der Zeitersparnis in Konfliktsituationen.
   - Nein, es besteht keine Motivation.
   - Ja, die Entscheidungsqualität wird besser.
   - Nein, die Terminsituation läßt es nicht zu.
   - Ja, Weiterentwicklung hat Vorbildcharakter.
   - Nein, es kann nicht vorbereitet werden.
   - Ja, die Gesprächsatmosphäre wird konstruktiver.
   - Nein, dies erfordert zu hohen Lernaufwand.

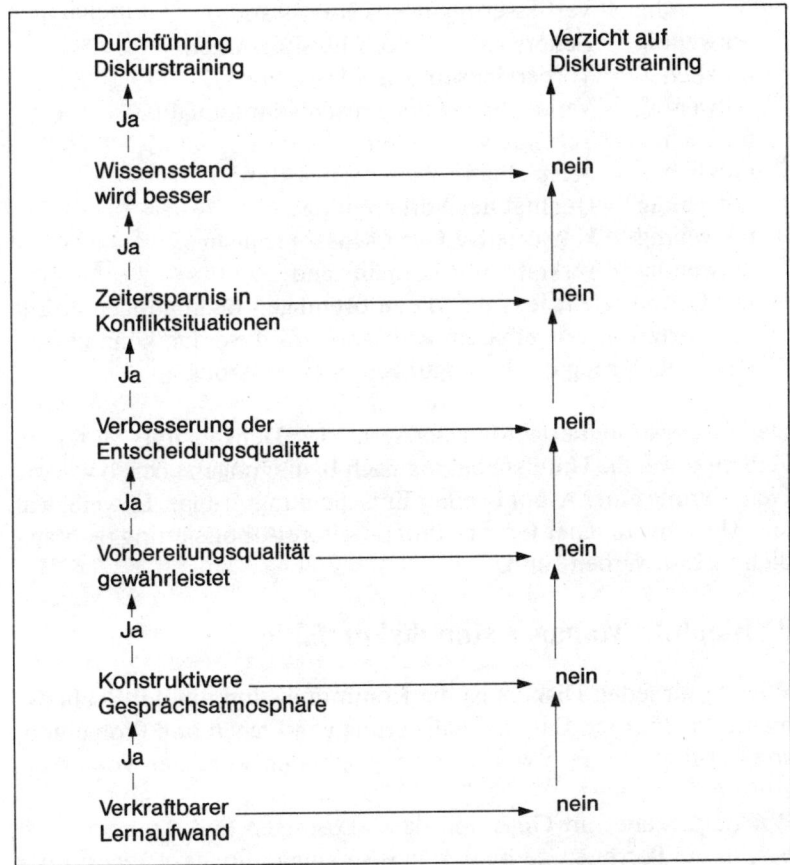

Hierarchisierung der Bedingungen in einer Arbor

3. Erstellen einer Fahne: Diskurstraining ist durchzuführen, wenn
   - der Wissensstand verbessert werden kann.
   - Zeitersparnis in Konfliktsituationen erfolgt
   - Motivation gegeben ist
   - Entscheidungsqualität verbessert wird
   - Termine nicht dagegenstehen
   - Weiterentwicklung beispielhaft ist
   - Vorbereitung sorgfältig erfolgt
   - Die Gesprächsatmosphäre konstruktiver wird
   - Der Lernaufwand nicht zu hoch ist
4. Prüfen der Gründe auf Bedingungsqualität:
   notwendig = Verbesserung des Wissensstandes
   notwendig = Zeitersparnis in Konfliktsituationen
   nützlich = Vorhandensein von Motivation
   notwendig = Verbesserung der Entscheidungsqualität
   nützlich = Termine vorhanden
   nützlich = beispielhafte Weiterentwicklung
   notwendig = Qualität der Vorbereitung
   notwendig = konstruktive Gesprächsatmosphäre
   notwendig = verkraftbarer Lernaufwand
5. Die Gruppe stellt fest, daß die notwendigen Bedingungen erfüllt sind, bzw. mit vertretbarem Aufwand erfüllt werden können.
6. Hierarchisierung der Bedingungen in einer Arbor.

Der lösungsorientierte Manager lernt das Denken und Hören in Gabeln sowie die Unterscheidung nach Bedingungen ebenso wie die Generierung einer Arbor in einer Entscheidungsgruppe. Er weiß, daß jeder Dissens in einer Gruppe durch weitere Arborisierung realitätsdicht gelöst werden kann.

d) Biophile Manager sind diskursfähig

Wichtig für jeden Diskurs ist die Kommunikation um der Realitätsdichte willen. Eine Entpersonalisierung von Fragen und Problemen, von Lösungen und Antworten ist eine seiner notwendigen Voraussetzungen.
Wir neigen aber im Gegenteil dazu, Lösungen und Antworten an bestimmte Personen zu binden und so eine optimale Antwort oder Lösung unmöglich zu machen, da sie Menschen das Gesicht verlie-

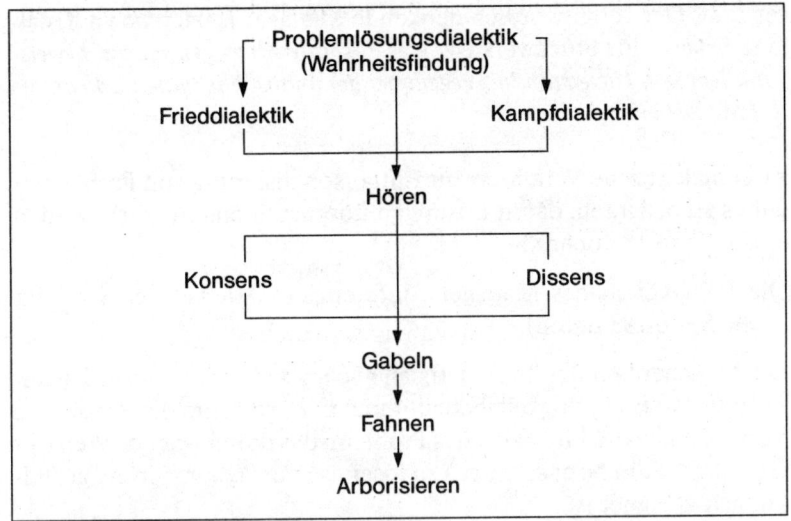

Arten der Dialektik

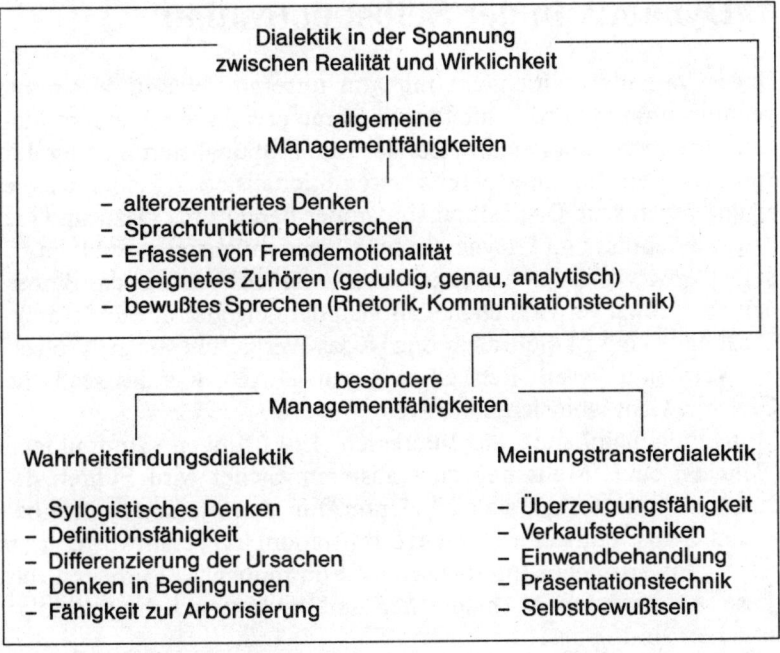

Managementfähigkeiten

183

ren läßt. Der verantwortlich denkende Manager ist sich bewußt, daß jede Erkenntnis Stückwerk ist. *Wer absolute Aussagen macht, beweist vor allem sein Unverständnis gegenüber der unabschließbaren Erkenntnis des Menschen.*

Zwei dialektische Verfahren zur Entpersonalisierung von Problemen gilt es zu beachten, damit Lösungen überhaupt erst möglich werden (siehe Seite 183 oben).

Die Fähigkeiten des Managers differenzieren sich dabei wie folgt (siehe Seite 183 unten).

Ein Manager benutzt im Bedarfsfall geeignete Methoden zur Falsifizierung von Endgültigkeitsbehauptungen. Er weiß um die Regeln der Konsensdialektik und daß jedes Problem, das durch Nachdenken (im Gegensatz zum Nachschauen) zu lösen ist, zur Arborisierung grundsätzlich geeignet ist.

4. Dynamik in der Selbstmotivation

Unser Verhalten wird nicht nur von unserem Wissen bestimmt. Techniken und Instrumente funktionieren perfekt nur in entemotionalisierten sozialen Feldern. Bei der Entemotionalisierung oder der konstruktiven Nutzung bereits entemotionalisierter Felder ist die eigene psychische Disposition von großer Bedeutung. Dazu sind die Erfolgserlebnisse im Umgang mit der eigenen Person wesentlich.
Selbstverwirklichung bezeichnet ein Planen und Wirken: das Bemühen, sich so zu verwirklichen, daß man dem eigenen Idealbild möglichst nahe kommt. Selbstachtung ist das Wertgefühl von sich selbst: das Vermeidungsverhalten, allem auszuweichen, was das seelische Gleichgewicht labilisieren könnte.
Motivieren beinhaltet, die Interessen, Erwartungen, Stimmungen (Policies) eines Menschen zu realisieren. Sicher wird Führen dadurch nicht einfacher, aber effizienter. Für den Manager selbst bedeutet Selbstmotivation, so lange mit rationaler Verantwortung an seinen Erwartungen, Interessen und Stimmungen zu arbeiten, bis diese seinem Potential entsprechen und die Verwirklichungserfolge gesichert sind.
Wir alle erfahren uns in Erwartungen, Gefühlen, Begehren – soge-

nannten Strebungen –, die unsere Interessen und unsere Wahrnehmung steuern. Zu besonders starken Strebungen gehören Besitzstreben und Geltungsstreben. Nicht wenige Menschen machen bei den Erfüllungsversuchen dieser Strebungen *Negativerfahrungen*. Sie sind nicht so toll, wie sie sich wünschen zu wirken. Sie besitzen auch nach Jahren weniger, als sie zur eigenen Aufwertung brauchen. Sie erfahren dieses wesentlich im Vergleich zu anderen. Über Fremdbilddaten erleben sie Mißerfolge. Diese führen zu Konflikten.

Die Selbstbestrafung über Minderwertigkeitsgefühle oder die Kompensation über arrogante Überheblichkeit führt zu dem Bedürfnis, die Strebungen verstärkt zu realisieren. So werden viele Menschen soziale Geltung durch mehr Besitz oder soziale Attraktivität durch mehr Partnerschaften zu erreichen versuchen. Wir können den Versuch, Strebungen gegen realitätsdichtes Feedback zu befriedigen, getrost als nekrophil bezeichnen. Ist doch ein Leben außerhalb des eigenen, tatsächlichen Potentials als Leben aus zweiter Hand zu bezeichnen. *Wer auf Dauer nicht sein kann, was er anderen vorspielen will, endet im Niemandsland zwischen Normalität und Neurose.*

Der Konflikt, zu erkennen, daß eine Strebung nicht realisierbar ist, kann natürlich auch durch bewußte Korrektur der Strebungen gelöst werden. Das heißt in der Praxis konsequente Änderung der Interessen und Bedürfnisse. Biophile Persönlichkeiten werden Feedback gegen Strebungen zur Korrektur nach kritischer Prüfung zur Korrektur der Antriebskräfte nutzen. Gerade Manager erkennen, daß die Kraft, Wünsche zu erfüllen und die Energie, Notwendiges zu tun, nicht die gleiche Quelle haben müssen. Sie erwerben die Fähigkeit, das Nützliche dem Angenehmen vorzuziehen.

Auch das häufig gehörte Argument: »Ich bin halt so!« ist keine ernstzunehmende Rechtfertigung. In eine Lebensanschauung werden wir nicht hineingeboren, wir entscheiden uns dafür. Diese Entscheidung kann nur einer realistischen Selbsteinschätzung entspringen. Daß sie getroffen wurde, erkennt man an einem Menschen mit positiver Grundeinstellung, der nicht ständig zwischen Minderwertigkeitsgefühlen und Überheblichkeit hin und her pendelt.

Ein Manager sorgt für Erfolgserlebnisse in der Persönlichkeitsentwicklung, indem er seine Policies - Erwartungen und Interessen – ständig feedbacksicher abgleicht und gegebenenfalls korrigiert. Er weiß, daß Voraussetzung für echte Persönlichkeitsausstrahlung eine durchdachte Verinnerlichung von Feedback ist.

a) Schuldgefühle durch Fehler

Nicht wenige Menschen definieren sich anderen und sich selbst gegenüber über ihr Zuverlässigkeitsimage. Das Über-Ich hat unter anderem die Minimalanforderung der Einhaltung von Zusagen. Dazu gehören auch gedankliche Impulse, deren Realisierung das seelische Gleichgewicht stabilisiert.

Intuitive Absichten, Hoffnungen, Ideen erzeugen Erwartungshaltungen, die sich nicht verlieren. Bei Nichteintreffen reagiert das Über-Ich nicht selten mit Schuldgefühlen. Schuldgefühle sind hier zu verstehen als das Erleben bestrafungswürdiger Minderwertigkeit. Wenn es derart leichter Impulse bedarf, das »schlechte Gewissen« zu aktivieren, so reagiert es heftiger bei tatsächlichen Mißerfolgen. Das Scheitern bei festen Zielen nach konkreter Zielarbeit bedingt Versagenserfahrung. Vor den unerbittlichen Ansprüchen eines tyrannischen Über-Ichs entstehen Schuldgefühle. Sie sind nicht selten das Ergebnis der fatalen Bindung zwischen Fehler und Schuld. Bei rationaler Betrachtung haben Fehler mit Schuld wenig zu tun. Der denkende Manager übersetzt Fehler mit fehlender Orientierungshilfe. Das hat die beschriebenen Konsequenzen, Situationsbereinigung und Verhinderung in der Zukunft zur Folge.

Solange Fehler jedoch als Nachweis der Unzulänglichkeit erlebt werden, bedeuten sie Einschränkung im biophilen Leben. Jede Einschränkung der persönlichen Freiheit, ohne daß sie einem höheren Zweck dient, ist ein Rückschritt. Nicht wenige Menschen engen ihr Leben oftmals durch kaum hinterfragte Verhaltensweisen ein. Schuldgefühle bei Fehlern begründen diese Abhängigkeit.

Zur sozialen Entlastung ist das schlechte Gewissen bei Fehlern nicht sonderlich geeignet. Hier gilt: Ein schlechtes Gewissen nutzt nur mir selber.

Der führende Manager weiß, daß Menschen, die sich abhängig machen, ihre Freiheit reduzieren, ihr psychisches Leben verkürzen. Dem wirkt er entgegen. Er trennt in gedanklicher Arbeit die Bindung zwischen Fehler und Schuld und zieht daraus die Handlungskonsequenzen.

b) Die Endgültigkeit des Versäumten

Es gibt gute Gründe anzunehmen, daß sich der Mensch in einem Dauerkonflikt zwischen dem befindet, was er wirklich will, und dem, wonach er streben soll. Da Pflichterfüllung weniger auf die Psyche wirkt als Pflichtverletzung, konditionieren die Fehler stärker. Dazu kommt, daß die Psyche versucht, mit einem Minimum an Destabilisierungen auszukommen, um das seelische Gleichgewicht als emotionale Entlastung zu erleben. Die Gefahr liegt in der Rechtfertigung des scheinbar Zwangsläufigen:

— Es konnte gar nicht anders kommen.
— Wer weiß, wozu es gut war.
— Eigentlich war es nicht gewollt.
— Es hätte auch viel geschadet.

Die furchtbarste Reaktion ist sicher die nicht mehr an konkrete Auslöser gebundene endgültige Niedergeschlagenheit: die *Depression* als die Erkenntnis, daß das eigene Leben unheimlich bedeutungslos ist.

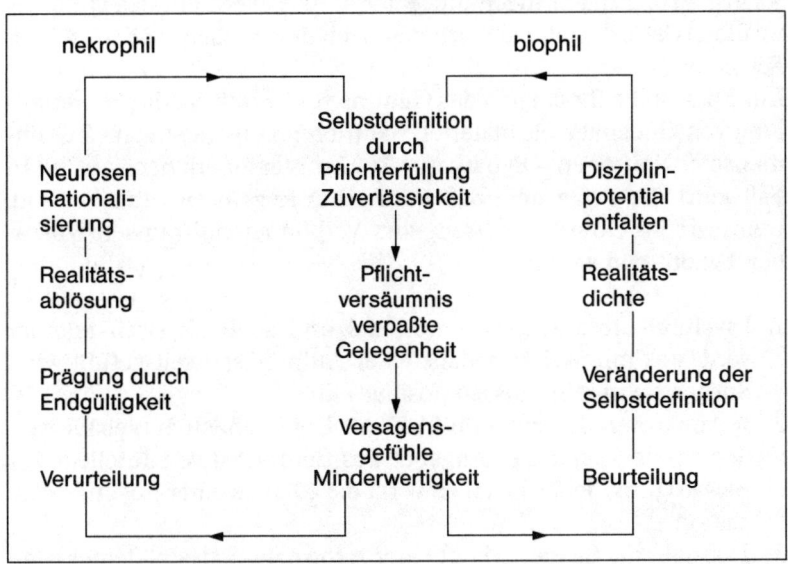

Regelkreis Selbstdefinition

187

Die Selbst- bzw. Fremdverurteilung führt dazu, daß die intellektuelle Spekulation auf künftige Mißerfolge als emotionale Erfahrung verarbeitet wird. *Die Sorge bestimmt die Grundstimmung.* Nicht selten sind Sorgen ein schlauer Trick der Psyche, um von Aktivitäten abzuhalten. Es ist ja auch viel leichter – wenn auch weniger befriedigend –, sich mit Sorgen abzuplagen, als aktiv und engagiert zu leben.

Der verantwortlich denkende Manager versucht, das Gefühl von Endgültigkeiten bei Versäumnissen weder bei sich noch bei anderen zu verstärken. Vor allem achtet er darauf, keine endgültigen Aussagen über Menschen zu machen.

c) Am Anfang war die Idee

Die Frage, wie viele der umsetzbaren Ideen, Geistesblitze und Erkenntnisse im Leben tatsächlich realisiert werden, ergibt eine niedrigprozentige Antwort. Die Umsetzung von Gedanken ist der Anzahl der produzierten weit unterlegen. Fehlende Antriebsschwäche ist auch darin begründet, daß die Umwelt bereits verwirklicht, was man selber erst in Angriff zu nehmen plant.

Alles, was im menschlichen Leben durch Aktivität Wirklichkeit wird, wächst aus geistigen Ideen und Bildern. Die Werkstatt des Unterbewußten (Oscar Schellbach) arbeitet nach dem Gesetz: *Bewußtsein ist Schöpfung.*

Ein Blick in die Biochemie des Gehirns verführt dazu, die Wiederholung von Gedanken als materiell wahrnehmbare Prägung im Zusammenspiel Neuronen – Synapsen – Transmitter zu erleben. Auf jeden Fall lehrt die Erfahrung, daß bestimmte Regeln einzuhalten sind, wenn wir das Unterbewußtsein zum Verbündeten für unsere Vorhaben bekommen wollen.

1. Psychisch, intellektuell, emotional und auch physisch relevant wird, was mit aktiver gedanklicher Aufmerksamkeit gefüllt wird. Suggestivformeln müssen positiv sein.
2. Je konkreter Gedanken, Bilder und Erwartungen aufgebaut werden, desto höher das Angebot aus dem kreativen Intellekt zur Bewältigung. Jedes Detail bewirkt die Chance einer Lösungsassoziation.
3. Je größer die Suggestivkraft einer Information, desto kleiner kann der Informationsgehalt sein. Die Psyche will spüren, nicht denken.

4. Konzentration ist nicht mit Anspannung zu verwechseln. Die freie Generierung der Gedanken in der Großhirnrinde soll im Bereich der passiven Aktivität erfolgen.

Ohne eine lebensbegleitende konkrete Organisation der Ideensammlung und Ideenumsetzung ist intellektuelle Entfaltung erheblich eingeschränkt. Geeignet sind immer noch Ideen-Notizkarten oder eine entsprechende Laptop-Datei.

Jede Art von Bewußtsein erzielt Wirkung, aufbauende und abbauende. Der Manager sollte in der Führung seiner Mitarbeiter bedenken, daß jeder Verhaltensänderung eine Veränderung des Denkens vorausgehen muß. Diese erfolgt entweder durch rationale Argumentation oder durch emotionale Erfahrung. Der Mensch ist wesentlich, was er denkt.

d) Motivation durch folgerichtiges Denken

Menschen entwickeln sich nicht linear. Wichtig ist, daß das nächste Tal höher liegt als das letzte. Das ist zu erreichen, wenn die dialektischen Hausaufgaben gemacht sind: Werte und Normen sollen nach eigenem Verständnis definiert und dispositiv gehandhabt werden. Die Arbeit an der Antwort auf Fragen nach der eigenen Situation und deren Umfeld ist dabei unerläßlich:

— Was bedeutet für mich »mehr« erreichen?
— Welches sind die tatsächlichen Meßgrößen meines Lebens?
— Gehöre ich zur Situation, in der ich lebe?
— Welche Verpflichtung habe ich gegenüber meiner Erfahrung?
— Wann ist mein Leben geglückt?
— Werden Menschen im Umgang mit mir größer?
— Was kann eine Familie mehr sein, als ein Stück gemeinsamen Weges?

Darüber hinaus ist zur Motivation in der Selbstverwirklichung erforderlich:

1. Ausbildung des Gewissens und ständiger Versuch, danach zu leben.
2. Nicht gegen das Gewissen handeln und niemanden zwingen, gegen sein Gewissen zu handeln.

3. Erkennen und Realisieren des eigenen Potentials. Anlagen entdecken und fördern.
4. Das eigene Selbst leben. Fremdbestimmung nur bewußt zulassen. Kein Leben aus zweiter Hand führen.
5. Erkennen und Realisieren der ich-realen Möglichkeiten in verschiedenen Situationen.

Dazu gehört die Erkenntnis, daß es für viele Dinge keine Lösung gibt, denn wir sind eingebettet in die eigene Erfahrung und sollten versöhnt sein mit den primären Bezugspersonen der Kindheit und »ja« sagen im Sinne: Das ist mein Leben.

Die Arbeit an der eigenen Persönlichkeit ist auch eine rationale Arbeit. Die Motivation ist der Indikator für das Bemühen um Realitätsdichte. Die Prinzipien des Charakters bilden die rational verantwortbaren handlungsleitenden Werte. Realitätsdicht sind Prinzipien, die berücksichtigen, daß Interesse die Wahrnehmung steuert, daß Handlungen die Freiheit beenden, daß emotionale Entlastung die Fremdbestimmung fördert und daß Vorurteile Erfahrungen verhindern.
Der verantwortungsvolle Manager entwickelt eine spielerische Freude am Umgang mit Folgen aus den Persönlichkeitswerten. Er genießt die Möglichkeit, charakterliche Veränderungen durch folgerichtiges Denken zu bewirken. Er weiß, daß seine Selbstverwirklichung biophil ist, wenn seine Prinzipien biophil organisiert sind und er nicht dagegen handelt.

5. Bewältigungskreativität statt Rechtfertigungsdenken

Das eigene intellektuelle Potential wird von nicht wenigen Menschen durchaus als ausbaufähig erlebt. Befragungen ergeben einen Katalog von Wünschen nach mehr Kreativität, mehr Originalität, mehr Flexibilität, mehr geistige Geschmeidigkeit, mehr Ideenreichtum, mehr Spontaneität, mehr Intelligenz, mehr Findigkeit, mehr Einsicht, mehr Erkenntnisse, mehr Sensibilität.
Betrachtet man bei denselben Menschen das Verhalten in ihrer privaten Welt und in ihrem Arbeitsfeld, so entdeckt man, daß sie von den genannten Eigenschaften bereits ein hohes Maß besitzen. Viele Ma-

nager zeigen als Ehepartner und als Führungskraft eine überdurch-
schnittliche Kreativität, ein erstaunliches Ideenaufkommen und eine –
zum Teil explosive – Originalität, vorzugsweise dann, wenn sie eine
bestimmte Situation (Konfrontation) als soziale, intellektuelle, emotionale oder psychische Belastung erleben. Als intellektuelle Leistung wird ein innerer oder äußerer Dialog zu der Frage produziert:

– wieso etwas nicht möglich ist
– wieviel Versuche in dieser Richtung bereits vergeblich waren
– warum etwas nicht geht
– wieso es keinen Sinn hat
– welche Schwierigkeiten mit der Realisierung verbunden wären
– welche Nachteile die Sache überhaupt hätte
– was nicht berücksichtigt wurde
– wieso etwas nicht stimmt
– weshalb Aufwand und Ertrag nicht in Relation stehen
– wieviel andere bereits scheiterten
– weshalb es personal oder systemisch ungeeignet ist
– wer sonst noch dagegen sein wird
– was man erst einmal alles dazu braucht oder wissen muß

Viele sind geübt im Einsatz des Verstandes zur Rechtfertigung von
Passivität. *Negatives Denken liegt nahe, weil es den Menschen schützt
vor Neuem, Fremdem.* Archaisch sind die Reaktionen Angriff, Flucht
oder Passivität bei außergewöhnlichen Belastungen oder Konflikten.
Den meisten ist die Erfahrung gemeinsam, daß der Weg des geringsten
Widerstandes teuer bezahlt werden muß, weil man die Fähigkeit verliert, in Spannung zu leben. Die politische Forderung der 50er Jahre:
»Nur keine Experimente!« war emotional konsensfähig. Grundsätzlich ist zu unterscheiden zwischen Verhinderungsdenken und Bewältigungsdenken; denn Leben ist auch der ständige Versuch, innere und
äußere Widerstände zu überwinden. Im Management gilt das Gesetz,
daß in einen Freiraum immer der Gegner eindringt! Das ist in der
Regel nicht der Leistungsstärkere, der Bessere, sondern derjenige, der
sich in einer gebotenen Situation als der *Passende* anbietet.
Das ist nur möglich, wenn der Verstand grundsätzlich auf »Bewältigung« eingestellt ist. Mitarbeiter brauchen zur Orientierung eine
Persönlichkeit, die in hohem Maße Zuversicht ausstrahlt, weil sie die
Regel der »Bewältigungsintelligenz« verinnerlicht hat. Die Vorbildlichkeit des Managers ist hier in besonderer Weise angesprochen.

a) Belastungen erhöhen Erfolgserfahrungen

Wenn unter »Denken« die Fähigkeit, mit Wissen entwickelnd umzu-
gehen verstanden wird, und »Intelligenz« den situationsbezogenen
Umgang mit diesen Entwicklungen meint, sind zwei Arten dieser
Bewältigung bei uns Menschen feststellbar:

1. Destruktives Denken (Passivität)
Der Nachweis des Verstandes wird durch kreativen Kritizismus zum
Schutz der Orientierungssicherheiten erbracht. Mit faszinierender
Energie, ungeahnter Kreativität und explosivem Ideenaufkommen
wird erläutert,

— warum etwas keinen Zweck hat
— weshalb ein Versuch keinen Erfahrungswert bringen kann
— daß Belastungskonfrontation Nachteile bringt
— weshalb nur Bewährtes Zukunftsbewältigung garantiert

2. Konstruktives Denken (Aktivität)
Anpassung an wechselnde Bedingungen ohne Selbstaufgabe ist konstruktiv. Evolutionäre Fähigkeiten lassen selbst in kritischen Situationen erkennen,

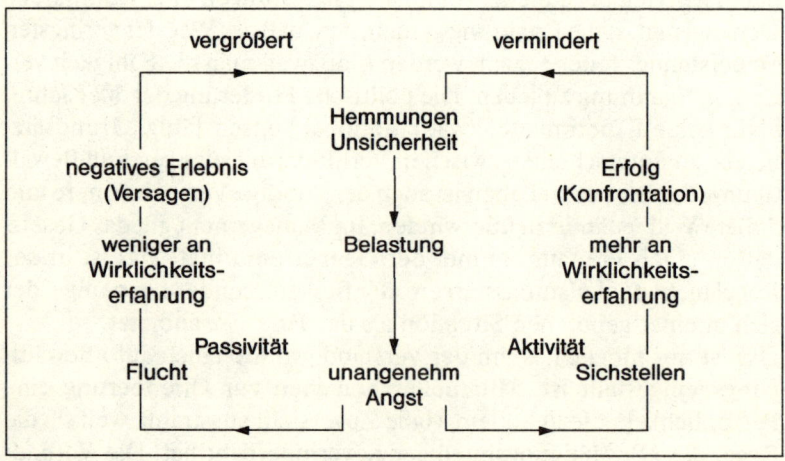

Regelkreis Hemmungen und Belastung

192

- was Dinge Positives bringen
- wo der unmittelbare Erfahrungswert liegt
- welche Lücke jetzt genutzt werden kann
- welche Sicherheit in der Zukunftsgestaltung liegt

Die Persönlichkeit eines Menschen hängt wesentlich durch seine Reaktionen auf Belastungen ab. Aktivität bzw. Passivität bestimmen die Hemmungsstärke.

Viele Belastungen sind situative Forderungen an Denken und Handeln, mit denen ein Manager nicht selbstverständlich routiniert und sicher umgehen kann. Damit gerät Streß in den subjektiven Bereich. Streß ist jede Art von Belastung, die als solche erlebt wird. Nicht die Situation selbst, sondern deren Verarbeitung begründet eine Negativspannung. Für unnötig viele Menschen ist die linke Seite des »Teufelskreises« lebensbestimmend. Negatives Denken begünstigt ihn jedesmal verstärkend.

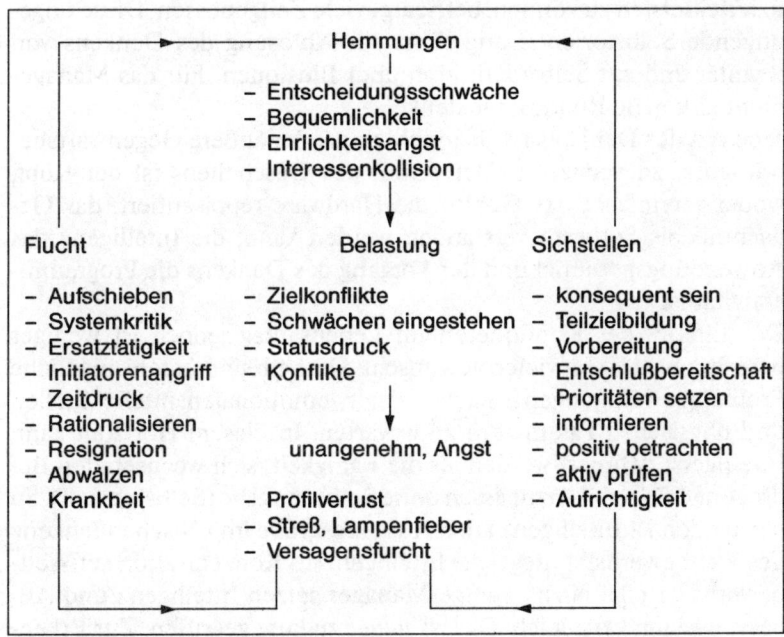

Regelkreis der Belastungsflucht

Der positiv denkende und verantwortlich handelnde Manager fördert bei sich selbst und in seiner Umgebung das Bewältigungsdenken. Er ist grundsätzlich an Erklärungen, warum etwas nicht geht, weniger interessiert als an Lösungskreativität.

b) Über die Erkennbarkeit der Intelligenz

Denken ist ein Vorgang, der grundsätzlich gegenwartsbezogen betrachtet werden soll. Zwar kann man *über* Vergangenheit und Zukunft nachdenken, jedoch vollzieht sich dies im Jetzt. Das Denken mißt sich also an seiner Aktualität.

»Hic Rhodos, hic salta!« sagten in der Antike die Menschen in Kreta zu einem Mann, der behauptete, auf Rhodos phänomenale Spring- und Tanzkünste gezeigt zu haben. Des Prahlens leid, wollten die Hörer etwas sehen und riefen also: »Hier ist Rhodos, hier springe!« Genauso unergiebig ist es, in der Gegenwart Respekt erzielen zu wollen, indem mit vergangenen Leistungen oder zukünftigen geprahlt wird. Die lustvolle Illusion, außerhalb gegebener Anlässe besonders Qualifiziertes leisten zu können, befriedigt viele Zeitgenossen. Diese ungenügende Selbstorientierung führt zur Ablösung des Denkens von Realität und zur Selbstdefinition über Illusionen. Für das Management gilt: »Hic Rhodos, hic denke!«

Jede Art des Denkens ist als innere und/oder äußere Gegenwartsbewältigung zu verstehen. Der Raum des Geschehens ist der Kopf, wobei vereinfacht das Gehirn die Hardware repräsentiert, das Gedächtnis als Software verstanden werden kann, die Intelligenz das Anwendungspotential und der Vorgang des Denkens die Programmaktivität ist.

Der Einsatz des Kopfinneren im Lebensalltag jedoch ist weniger berechenbar als von vielen gewünscht. Deshalb sind unterschiedliche Problembewältigungen je nach sozialen, emotionalen, intellektuellen und physischen Parametern zu erwarten. In diesem Horizont kann Intelligenz definiert werden als die Fähigkeit, sich wechselnden Bedingungen biophil anzupassen ohne Selbstaufgabe (Selbstverlust). So verstanden ist Intelligenz auch Ausgangsgröße im »Nischendenken« des Wettbewerbs, strategische Intelligenz als Konzentration auf Wettbewerbsvorteile. Nicht wenige Manager setzen Intelligenz und Anpassungsfähigkeit gleich. Das ist sicher zu kurz gegriffen. Zur Erkennung der Intelligenz dienen die Indikatoren:

1. Wesentliches von Unwesentlichem unterscheiden können
2. ständiges Bemühen um Realitätsdichte
3. Angefangenes beenden
4. Fähigkeit, Dinge so zu sehen, wie sie sind
5. Erkennen von Regelmäßigkeiten
6. Fähigkeit, Aufmerksamkeit zu bündeln
7. Produktion biophiler Lösungen
8. Einsicht in den Zusammenhang von Ursache und Wirkung eines Geschehnisablaufes

Der verantwortlich denkende Manager definiert Intelligenz als Kapazität des Beurteilens, Begreifens, Überlegens – und als Fähigkeit, diese Kapazität mit konstruktiven Zwecken und Zielen in Verbindung zu bringen. Diese Orientierung dient ihm zur Förderung von sich und anderen. Er ist in der Lage, Intelligenz zu beschreiben und entsprechende Zielbildungen zur positiven Veränderung vorzunehmen.

c) Arbeitseinstellung und Arbeitsverhalten

Die Arbeitseinstellung eines Mitarbeiters ergibt sich aus den Interessen und Erwartungen, die im Zusammenhang seiner Beziehung zum Unternehmen entwickelt werden und auf die das Management einwirken kann. Unter Arbeitsverhalten sollen diejenigen Interaktionen verstanden werden, die der jeweiligen Zielerreichung dienlich sind. Es gibt gute Gründe anzunehmen, daß das konkrete Arbeitsverhalten von der Arbeitseinstellung wesentlich bestimmt wird. Daraus resultiert zum Beispiel, daß die meisten Mitarbeiter einen natürlichen Sperrmechanismus haben gegenüber Arbeiten und Tätigkeiten, deren Zweck sie nicht erkennen können. Es ist zu unterscheiden zwischen einer langfristig in der Unternehmensphilosophie angelegten Mitarbeitermotivation und einer kurzfristig aus akutem Anlaß durch geeignete Zielbildung erreichten Motivierung. Erfahrung, Interesse und Erwartung sind in jedem Fall die Voraussetzungen für Aufmerksamkeit und Konzentration.
Habituelle Mitarbeitermotivation ist langfristig angelegt in der Unternehmensphilosophie. Das gewohnte und vertraute Einstehen für Arbeitsplatz und Arbeitsqualität ergibt sich aus dem Zusammenspiel der Unternehmenswerte und der persönlichen Grundeinstellung zu Arbeit und Mensch. *Aktuelle* Mitarbeitermotivation orientiert sich an

den wechselnden Interessen und Erwartungen der Menschen. Hier sind die kurzfristigen Zielsetzungen auf Motivationsverstärkung oder Motivationsirritation zu untersuchen. Eine begründete habituelle Motivation übersteht in der Regel mehrere aktuelle Demotivationen. Für die aktuelle Konzentration gilt die Formel: *Erfahrung + Interesse + Erwartung = Aufmerksamkeit*. Aufmerksamkeit steuert die Wahrnehmung. Ein Einfluß auf Mitarbeiter sollte unter diesen Überlegungen erfolgen.

Der Einfluß des Managers richtet sich auf die Verstärkung beziehungsweise Veränderung des Wertdenkens der Mitarbeiter. Einstellungsänderungen sind nur über Gespräche möglich, die solche Einstellungen thematisieren. Jeder Versuch, durch schriftliche Anweisungen, die auf die Qualität der Arbeitseinstellung bezogen sind, Wirkungen zu erzielen, ist zum Scheitern verurteilt. Sie verkleinern lediglich den Platz für endgültige Ablagen. Die Begründung findet sich in den Gesetzen der Vermittlung von sozialer Kompetenz:

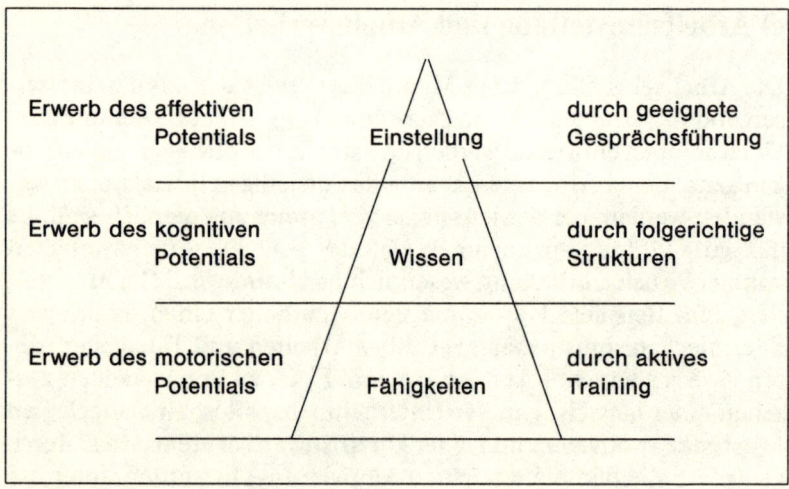

Erwerb menschlichen Potentials

Der verantwortlich führende Manager bemüht sich um die soziale Kompetenz, die Einstellung seiner Mitarbeiter konstruktiv beeinflussen zu können. Unterstützt sieht er sich dabei von einer rational verantworteten Unternehmensphilosophie.

196

d) Regelkreis des positiven Denkens

Nicht wenige Manager stellen dar, daß sie ihre Fehler kennen. Vielleicht liegt darin das Problem. Sie sollten ihre Stärken kennen. Die erfolgreiche Selbstbehandlung setzt starke Zuversicht in das eigene Können voraus. Dieser Leistungswille ist abhängig vom Wissen um eigene Stärken. Wer sich nichts zutraut, kann deshalb nichts leisten. Die Vorstellung, daß das Leben ein Punkt auf einer trichterförmigen Spirale sei, die sich nach oben in den Horizont biophiler Persönlichkeitsentfaltung erweitert und nach unten wie Abflußwasser in einen dunklen Schlund verschwindet, führt zu der Frage: Was muß getan werden, damit es nach unten geht? Richtig: nichts!

Die Beispiele dafür, daß Leben Aktivität gegen den Strom ist, sind ausreichend. Für den Manager in seiner Ausstrahlung und Verantwortung bedeutet das, die jeweilige emotionale Besetzung einer Erfahrung zu steuern. Jede beliebige Information (Sachverhalt, Person, Gedanke) hat naturgemäß zwei Seiten – also auch eine positive. Diese kann mit rationaler Disziplin auch grundsätzlich zuerst gesehen werden.

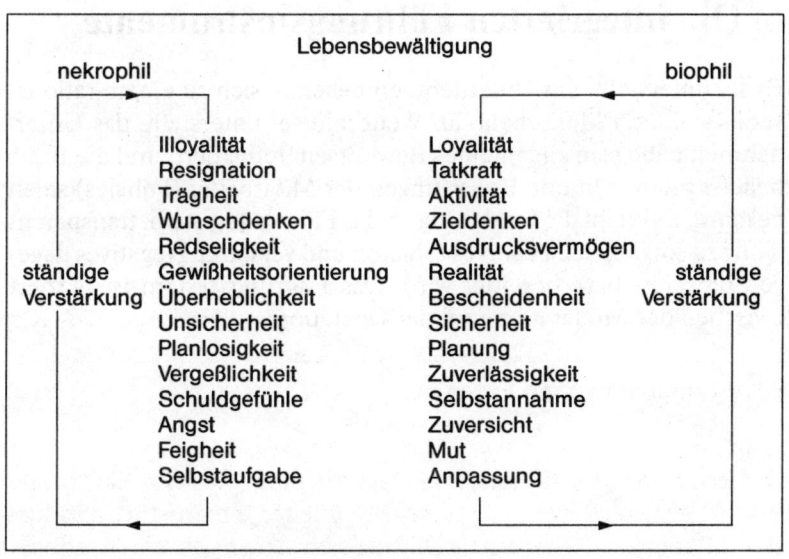

Nekrophile und biophile Verstärkung

Beispiele:
— aus Enttäuschung wird Befreiung von Täuschung
— aus Fehlern werden Orientierungshilfen
— aus Antipathien werden Projektionshinweise
— aus Konflikten wird Realitätsdichte,
— aus Angst wird Chance zum Mut.

Es besteht grundsätzlich die Möglichkeit zur verantworteten Wahl zwischen einem nekrophilen und einem biophilen Kreislauf der Lebensbewältigung (siehe Abbildung auf Seite 197).

Der denkende Manager weiß, daß es oft nicht nötig ist, der Umwelt die eigene Einstellung durch Worte mitzuteilen. Die Menschen »erspüren« diese auch so. Er setzt auf die Werte: gesundes Vertrauen, Weltoffenheit und die Fähigkeit, sich zu freuen. *Er denkt am Morgen nach und ist am Abend nachdenklich.* Er ist gegen negatives Denken, weil darin die Ablehnung von Spontaneität begründet ist. Seine soziale Kompetenz ist so groß, daß er sich sehr selten über einen anderen Menschen ärgert.

6. Die integrierten Führungsinstrumente

Es sei unterstellt, ein Unternehmen bekenne sich zu einem rational verantworteten Menschenbild. Weiterhin sei unterstellt, das Unternehmen habe sein allgemeines Bewußtsein reflektiert, und die Basic beliefs, Interessen und Erwartungen der Mitarbeiter (Policies) seien bekannt. Es bleibt die Forderung an das Führungssystem, transparent dafür zu sorgen, daß Positives erhalten und verstärkt, Negatives dagegen blockiert bzw. beseitigt wird. Das Führungssystem ist plaziert zwischen der Moderation und der Operation:

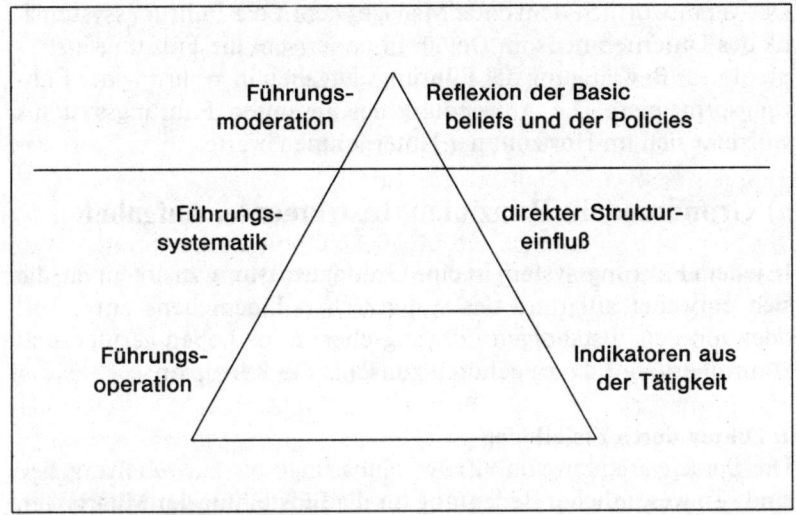

Einfluß im Führungssystem

Ein Führungssystem regelt, d. h. verstärkt, blockiert oder ändert Strukturen vieler Art:

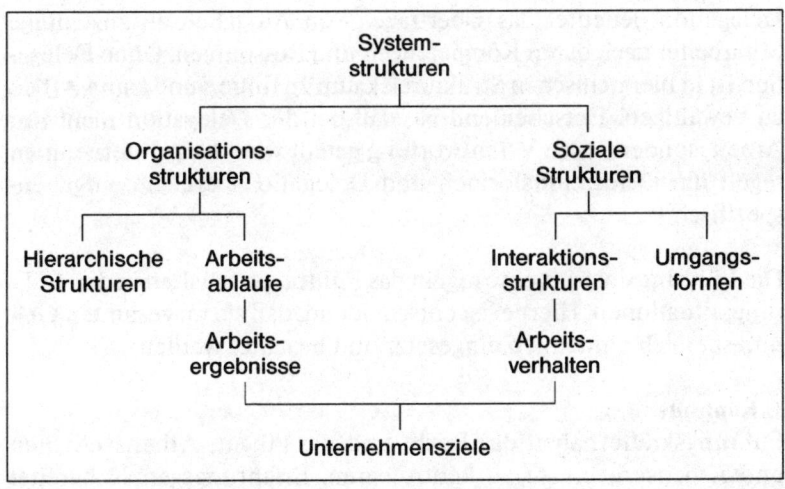

Strukturen im System

Der verantwortlich denkende Manager kennt die Führungssystematik des Unternehmens im Detail. Er beherrscht die Führungsinstrumente zur Bewältigung der Führungsaufgaben in Wahrung der Führungsprinzipien. Die Anwendung des gesamten Führungssystems vollzieht sich im Horizont der Unternehmenswerte.

a) Grundmodell: Prinzipien, Instrumente, Aufgaben

In jedem Führungssystem ist eine Grundausrüstung zu erkennen, die sich entweder aufgrund des systemischen Eigenlebens entwickelt oder von den zuständigen Führungsebenen ins Leben gerufen und kontrolliert wird. Dazu gehören zunächst die Prinzipien:

1. Führen durch Zielbildung
Die Sprachvarianten von »Zielvereinbarung« bis zur »Zielvorgabe« sind von wesentlicher Bedeutung für die Einstellung der Mitarbeiter. In zu vielen Unternehmen wird ihnen zum Beispiel durch den Begriff »Zielvereinbarung« vorgegaukelt, die Zielbildung geschehe grundsätzlich im Kollektiv. Das ist im betrieblichen Alltag nicht haltbar. Somit ist der Begriff »Zielbildung« redlicher, wenn tatsächlich Grundregeln der Zielbildung allgemeingültig installiert wurden.

2. Führen durch Delegation
Delegation bedeutet das Übertragen von Aufgaben an zuständige Mitarbeiter nach deren Kompetenzen und Ressourcen. Ohne Delegation ist in hierarchischen Strukturen kaum zu führen und kaum Arbeit zu bewältigen. Entscheidend ist, daß bei der Delegation nicht nur Arbeit, sondern auch Verantwortung geteilt wird. Das Unternehmen regelt die Delegationsformen und Delegationsbereiche aufgabenspezifisch.

Die Führungsinstrumente regeln das Führungsverhalten in den Führungssituationen. Hierbei ist entscheidend, daß sie im gesamten Geltungsbereich einheitlich eingesetzt und beachtet werden:

1. Kontrolle
Führungskräfte haben das Recht und die Pflicht, Arbeitsverhalten und Arbeitsergebnisse zu kontrollieren. Erfahrungsgemäß bereitet die Verhaltenskontrolle die größeren Probleme.

2. Anerkennung und Kritik
Die Konditionierungen im Unternehmen sind Verstärkung und Blokkade. In beiden Fällen muß die Art des Einflusses auf das Arbeitsverhalten (Interaktionen) konstruktiv sein.

3. Mitarbeitergespräche
Der soziale Kontakt mit dem Mitarbeiter außerhalb funktionaler Anlässe ist Führungspflicht. Der Mitarbeiter ist keine »Arbeitseinheit«, sondern ein Mensch.

4. Mitarbeiterbeurteilung
Die Orientierungssicherheit motivierter Mitarbeiter ist wesentlich davon abhängig, ob sie ihre Standortbestimmung innerhalb der Unternehmenserwartung nachvollziehen können.

5. Mitarbeiterförderung
Personalentwicklung ist ein wichtiges Motivationsinstrument. Wenn der Mitarbeiter erkennt, daß nicht nur die finanziellen Erwartungen erfüllt werden, sondern auch die der eigenen Entfaltung, erhöht sich seine Motivation. Mitarbeiterentwicklung ist integriert in das Beurteilungssystem. Es hat keinen Sinn, Inhalte anzuerkennen und zu kritisieren, wenn sie von der Bildungspolitik des Hauses nicht gefördert werden.
Der mit den Führungsinstrumenten vertraute Manager orientiert sich bei seinem Führungshandeln an den Führungsinstrumenten. Er muß die Führungsinstrumente im Unternehmenssinne beherrschen und anwenden. *Er muß motivieren, informieren, delegieren, Ziele bilden, kritisieren, kontrollieren, beurteilen, koordinieren, kommunizieren, sanktionieren, bewerten und beschreiben.*

b) Die ständig kontrollierte Integration

Jedes Unternehmen definiert sich über Werte. Die Frage ist, ob die Werte definiert sind. Die Hoffnung auf den emotionalen Konsens, daß andere begreifen, was nicht erklärt werden kann, führt zu oft zu falschen Erwartungen. Die Definition der Firmenwerte ist die vornehmste Führungsaufgabe. In vielen Unternehmen herrscht noch nicht einmal ein einheitliches Grundverständnis, was denn Führung eigentlich sei.

Beispiel des Wandels:

	Führung	Verkauf
1960	Funktionale Autorität Motivation durch Lob Funktion als Vorbild	»Wer fragt, der führt« Prinzip »König Kunde« Produktentscheidung
1990	Personale Autorität Sachverstärkung Interaktionsreichtum	Beratung ohne Dominanz Lösungsorientierung Personenentscheidung

Tabelle Wandel der Interaktionseignung

Erst aus der geeigneten Definition lassen sich die beabsichtigten Handlungskonsequenzen erkennen. Diese bilden die Orientierungsgrundlage hinsichtlich der anvisierten Ziele. Teilschritte und Endziele werden kontrolliert. Die Kontrolle folgt auf die Definition. Es ist nicht sinnvoll, immer wieder neue Werte aufzustellen. Die Werte bleiben, die aktuelle Definition muß der Situation gerecht werden.

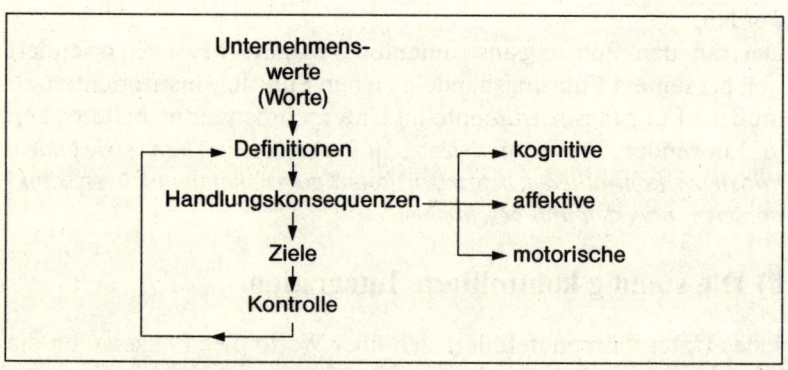

Werte und Konsequenzen

Ein Unternehmen muß über einen Mechanismus verfügen, der eine Positionsbestimmung der Mitarbeiter im Rahmen der Firmenwerte nachvollziehbar erklären kann. Alle Beurteilungssysteme bestehen aus Kriterien. Entscheidend ist, welche Indikatoren (beobachtbaren Profildaten) dem System einheitlich zugrunde liegen. Wenn die Indikatoren der Kriterien in Beurteilungssystemen den Handlungskonsequenzen der Wertdefinitionen entsprechen, ist ein entscheidender Schritt getan.

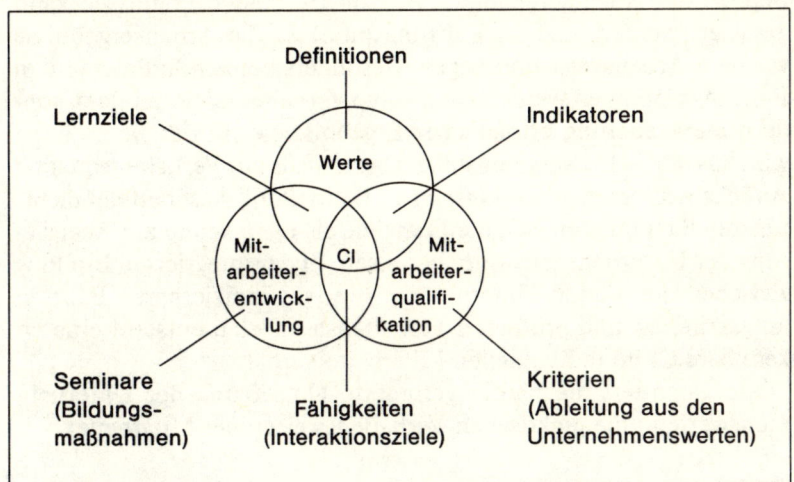

Voraussetzungen zur Corporate Identity

Die Mitarbeiterentwicklung realisiert die Unternehmenswerte. Damit ergeht an sie die Forderung, Lernziele der Bildungsmaßnahmen mit den Handlungskonsequenzen aus den Wertdefinitionen in Einklang zu bringen.

Speziell im Bereich der sozialen Kompetenz werden die Bildungsziele selten kontrolliert. Der Wert vieler Seminare ist deswegen im Unterhaltungsbereich zu suchen, weil die *kognitiven* Lernziele – Welches Wissen wurde vermittelt –, die *affektiven* Lernziele – Welches Wollen wurde vermittelt – und die *motorischen* Lernziele – Welches Können wurde vermittelt – weder vor der Schulung bekannt waren, noch nach der Schulung von den Führungskräften stärker beachtet werden.

Gleichzeitig sind die Indikatoren des Beurteilungssystems die Vorgabe für die Lernziele der Bildungsmaßnahmen und müssen dort berücksichtigt werden. In der Praxis ist häufig anzutreffen: Der Wert eines Mitarbeiters richtet sich zu ca. 80 Prozent nach seiner *Arbeitsleistung*. Leistung bestimmt Einschätzung. Das Beurteilungssystem des gleichen Unternehmens weist zahlenmäßig zu 80 Prozent Kriterien im Bereich des *Arbeitsverhaltens* aus, zu 20 Prozent Kriterien im Bereich der Arbeitsergebnisse. Aus diesen beiden Prämissen kann gefolgert werden, daß im Führungsinteresse die Arbeitsergebnisse vor dem Arbeitsverhalten liegen. Besonders bei konditionierendem Führungsverhalten werden dann keine Verhaltensziele gebildet, sondern die Steuerung erfolgt über Ergebnisziele. In der Beurteilung wird aus der Arbeitsergebnisbilanz bestenfalls auf Verhaltensqualität zurückgeschlossen. Eine *transparente* Beurteilung dieser erfolgt nicht. Letztendlich müssen sich die Lernziele als Fähigkeiten zur Realisierung der Unternehmenswerte beweisen. In der integrierten Bindung zwischen definierten Unternehmenswerten, indizierbaren Beurteilungskriterien und prüfbaren Verhaltenslernzielen entsteht eine erkennbare CI im individuellen Mitarbeiterverhalten.
Diese garantiert die häufig geforderte Umsetzung der Unternehmenswerte in die praktischen Verhaltensweisen der Mitarbeiter.

Forderungen:
1. Ermitteln der Unternehmenswerte
2. Geeignetes Definieren der Unternehmenswerte
3. Verhaltensziele erstellen
4. Vorhandene Beurteilungskriterien mit Indikatoren versehen
5. Lernzielkataloge innerhalb der Bildungsmaßnahmen erstellen
6. Ausrichtung der Führungsinstrumente auf Integration.

Der CI-bewußte Manager erstellt die Führungssystematik zur Stützung der Unternehmenskultur. Dazu gehören alle Maßnahmen, die das Leben der Unternehmenswerte fördern. Er beachtet, daß die Integration auch bei Änderungen gewahrt bleibt. In der obersten Führungsebene arbeitet er aktiv an der Moderation des Führungssystems, in nachgeordneten Hierarchieebenen beobachtet er kritisch die Anwendung.

c) Konditionierungen sichern Leitbildtreue

Die entscheidende Aufgabe der Führung ist, dafür zu sorgen, daß sich Menschen im Unternehmenssinne verhalten. Dazu müssen ungeeignete und unerwünschte Ergebnisse und Verhaltensweisen minimiert und geeignete maximiert werden. In der Praxis geschieht dies über die Führungsinstrumente. Die Haltung des Menschen läßt sich in der Führung (Erziehung) auf zwei Arten beeinflussen:

1. Blockade:
Es wird dafür gesorgt, daß ein Mensch etwas nicht mehr kann, obwohl er noch will. Das Mittel der Blockade ist die Androhung oder der Vollzug der Strafe. Unterscheide psychische Strafen (Verminderung der Selbstachtung) und soziale Strafen (Entzug der sozialen Geborgenheit), üblich auch materieller Verzichtszwang (Geldstrafe). Blockiertes Verhalten wird in der Regel nicht verlernt, sondern unterdrückt.

2. Verstärkung:
Es wird dafür gesorgt, daß ein Mensch nicht mehr will, obwohl er noch kann. Als Mittel sind zu unterscheiden das Lob und die Anerkennung. Lob ist als Interaktionsform meist die subjektiv positive Austeilung sozialer Zuwendung. Die Vermittlung des durch Leistung berechtigten Anspruchs auf Geborgenheit. Anerkennung bezeichnet Sprachformen, welche die Eignung eines beobachteten Verhaltens oder Handelns beschreibt, ohne persönliches Wohlgefallen zu zeigen. Letztere Sprachform ist in der Führung ungewohnter und wird als kühl empfunden. Verstärkt werden ausschließlich gewünschte Effekte. Bei Abweichungen geschieht nichts. Eine Übersicht zeigt die folgende Seite.

Der Manager erwirbt den sozialen Reichtum über die Interaktionsvielfalt auch im Konditionierungsbereich. Er ist in der Lage, Mitarbeiterverhalten zum Gegenstand von Anerkennung und Kritik zu machen, ohne persönliche Gefühle zum Maßstab zu machen. Seine Führungskompetenz beweist er in der Differenzierung seiner Rückkoppelungsarten, seine Performanz in der Anwendung und Ausführung.

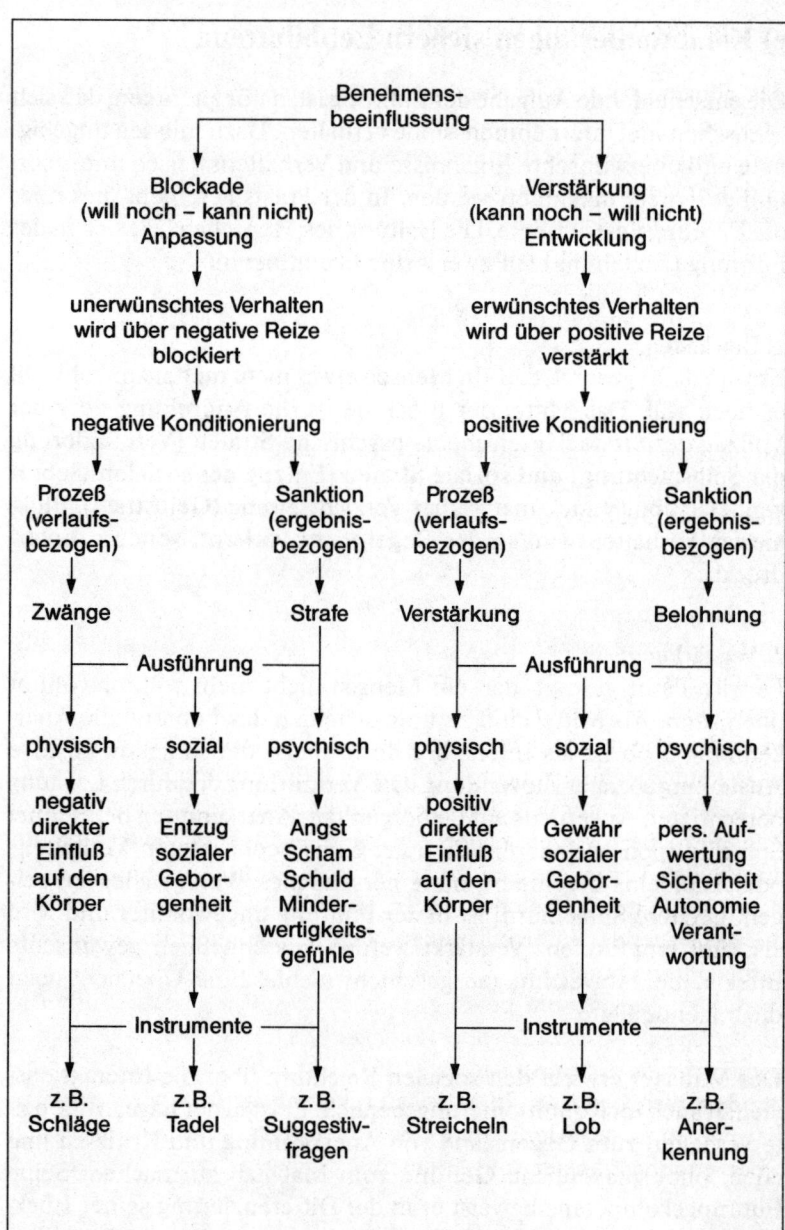

Konditionierungen in der Führung

206

d) Die Moderation der Führungssysteme

Das Führungssystem ist ständig zu aktualisieren. Es ändern sich:

— das allgemeine Verständnis in der Wortdeutung der Werte
— das Erwartungsfeld junger Mitarbeiter, begründet im Einfluß des Wertewandels auf die Ausbildung
— das Verhalten dem Kunden gegenüber, begründet in der Wettbewerbsorientierung
— das Menschenbild, begründet im systemischen Leben
— die Bildungsangebote, begründet in notwendiger Weiterentwicklung

Auf diese Signale muß ein Führungssystem reagieren können. Da es sich überwiegend um Maßnahmen handelt, welche die Unternehmenswerte tangieren, ist der Einsatz rationaler Konsenstechniken (Frieddialektik) vorbestimmt. In diesen Gestaltungsbereichen über emotionalen Konsens zu entscheiden, irritiert unnötig die Nachvollziehbarkeit in unteren Ebenen. Der Moderationstechniken sind viele, unter Führungsmoderation sei hier die rationale Konsenstechnik verstanden.
Insbesondere die Absprache der Beobachtungsindikatoren für die Mitarbeiterbeurteilung ist dabei von ausschlaggebender Bedeutung. Es ist keine Orientierung möglich, wenn die Interaktionsqualität über die Köpfe einzelner »Größen« festgestellt wird, die wenig rationalen Zugang zu ihren Werten haben. Sie kommen aus einer Zeit, in der mit direktivem Vorgehen und entsprechender Einschüchterung noch Kundenerfolge zu erreichen waren. Das spricht nicht gegen die Verdienste tragender Führungssäulen, aber die Zeit bestimmt auch die Erfolgsinteraktionen.
In diesem Bewußtsein befähigt sich die Unternehmensleitung der *Strategien entpersonalisierender Problemlösungen.* Sie beherrschen den gemeinsamen Erkenntnisfortschritt über vorbereitete konsensfähige Gesprächsbeiträge. In rationaler Verantwortung wird erkannt: Bei Fragen in der Moderation des Führungssystems schließen sich Überzeugungstransfer und Problemlösung gegenseitig weitgehend aus.

Kapitel 5
Die Kompetenz und die Performanz

1. Unternehmensphilosophie und Personalpolitik

Philosophie (griech. Philosophia) bedeutet im griechischen Sprachgebrauch »Liebe zur Weisheit« oder »Streben nach Weisheit«. Der Wortbestandteil »sophia« bezeichnet ursprünglich allgemein ein Können oder angewandtes Wissen und wird erst allmählich auf »theoretisches Wissen« eingeschränkt.

Philosophie in der Bedeutung »Liebe zur Weisheit« ist eine Tugend. Viele Unternehmensphilosophien künden jedoch weniger die Freundschaft von der Liebe zur Weisheit, bestenfalls von der zum Gelde. Und trotzdem scheint gerade in dieser Zeit die Firmenphilosophie eine Heilsbotschaft zu sein. Unvollkommen fühlen sich diejenigen Unternehmen, denen sie fehlt, oft hilflos die anderen, die sie besitzen.

Die Frage nach der Unternehmensphilosophie an den Manager beantwortet dieser in nicht wenigen Konzernen mit: »Augenblick mal, die habe ich letzten Herbst noch irgendwo gesehen – im übrigen steht genau das drin, was Sie in jeder anderen so ähnlich lesen können.«

Das ist sicher nicht der Sinn einer schriftlich formulierten Unternehmensorientierung. Besonders dann nicht, wenn von einer Philosophie Aussagen erwartet werden über:

— Unternehmensziele und Absichten
— Einstellung zum Kunden
— Verhältnis Umwelt und Produkte
— Klarheit in den Wettbewerbsvorteilen
— Stellung in der Gesellschaft
— Wertstellung des Mitarbeiters
— Führungsdenken und Führungssystem
— Profildaten für Fach- und Sozialkompetenz
— Werte des Unternehmens

- Aussagen zur Bildungspolitik
- zukünftige Entwicklung (Vision)
- Kommunikationsstil im Hause
- Imageförderung und Public Relations
- Aussagen zur Corporate Identity

Damit ist die Orientierung gewährleistet, die dem Manager Kraft und Ziel in der Erfüllung seiner unternehmensspezifischen Aufgaben sichert. Die Unternehmensphilosophie prägt Marktposition und Ziele, Mitarbeiter und Führung, Ressourcen und Partner sowie Entwicklung und Zukunft. Die jeweils aktuelle Unternehmenssituation ist durch kaum etwas anderes determiniert als durch Qualität und Quantität des Personals. Die Konzentration in der Personalpolitik findet im Bereich gegenwärtiger und zukünftiger Kompetenz (Voraussetzungen) und Performanz (aktuelle Leistung) statt.

Es sollte bedacht werden, daß eine »Firmenphilosophie« auch unformuliert vorhanden sein kann. Sie wird von den Elementen und Strukturen, dem Sein und den Interaktionen bestimmt. Es besteht keine Hoffnung, die Firmenphilosophie per *Dekret* neu installieren zu können. Wer dieses in der Branche der Unternehmensberatungen verspricht, ist entweder sehr naiv oder bestenfalls geldgierig. Die sorgfältige Betrachtung der vorhandenen Strukturen und vorsichtige Korrekturen erfüllen eher den Zweck als paukenartige »Balloneuphorien«.

a) Die Qualität des allgemeinen Bewußtseins

Karl Marx beschreibt das allgemeine Bewußtsein als die theoretische Gestalt dessen, wovon das reale Gemeinwesen die lebendige Gestalt ist. In Anlehnung daran wollen wir das allgemeine Bewußtsein in einem Unternehmen verstehen als die Summe bewußter und unbewußter Orientierungen der Menschen in einem sozialen System. Die Übersicht befindet sich auf der folgenden Seite.

Es sei darauf hingewiesen, daß mit der Existenz des allgemeinen Bewußtseins weder eine ethische Norm noch eine Bezugsgröße wie zum Beispiel »Vernunft« oder »Rationalität« gegeben ist. Die systemische Verantwortung in der Gestaltung des allgemeinen Bewußtseins schließt menschliche Bezugsgrößen weitgehend aus. Das allge-

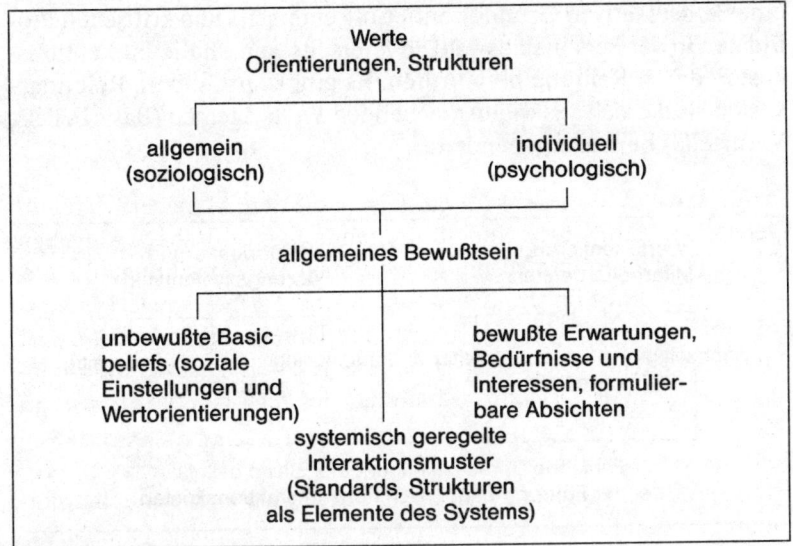

Werte und allgemeines Bewußtsein

meine Bewußtsein kann unterschiedliche zeitliche Gesamttendenzen haben:

1. Bewußtsein orientiert sich nachzeitig (konservatives Denken). Es besteht die Tendenz der Verweigerung des Rechts auf Wandel: deutlicher Kritikverzicht bei bestehenden Strukturen.
2. Bewußtsein orientiert sich gleichzeitig (konfliktorientiertes Denken). Die gegenwärtige Realitätskenntnis hat einen hohen Aktualitäts- und damit Konfliktbezug: Wissen um die Vorläufigkeit jeder Erkenntnis.
3. Bewußtsein orientiert sich vorzeitig (spekulatives Denken): Die Vorbereitung auf die Bewältigung des zukünftigen Geschehens bestimmt durch Einsatz von Ressourcen.

Die zeitliche Qualität ist zu relativieren, da je nach Subsystem (zum Beispiel Abteilung oder Team) innerhalb eines Unternehmens unterschiedliche, sogar widersprüchliche Ausrichtungen vorgegeben sein können. Jedoch ist die Gesamtbilanz der Strömungen speziell für Großkonzerne sehr typisch. Eine Inkongruenz zum Beispiel zwischen einer konservativen Grundorientierung einerseits und kritischen Profildaten in der Personalauswahl andererseits, kann hohe Interaktionskosten durch Reibung hervorrufen. Es gibt kaum höhere Reibungskosten als die sich aus widersprechenden Wertsystemen (Basic beliefs, Vorurteile) heraus ergebenden:

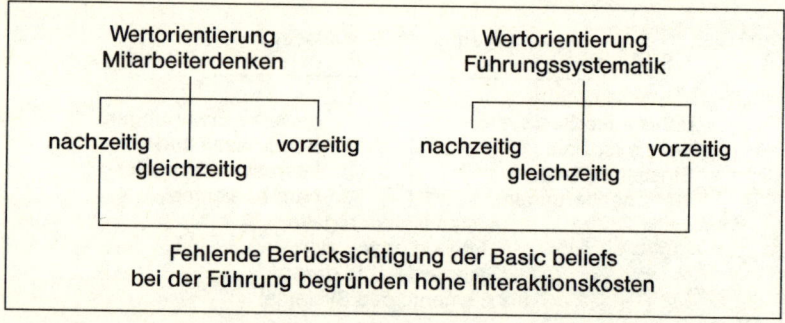

Diskrepranz zeitlicher Wertorientierungen der Basic beliefs

Die Idealbindung wäre beiderseitige Gegenwartsausrichtung, beiderseitige *Konfliktbereitschaft in der Realitätsbegegnung*. Aber wenige Menschen leben in Gleichzeitigkeit, und wenige halten die Spannung des Widerspruchs durch. Das ständige Aushalten von Widersprüchen ist gegen den emotional entlastenden Traum, ein Sein herzustellen ohne Widersprüche unter Bezugnahme auf frühere oder zukünftige Paradiessysteme.

Der konfliktbereite Manager orientiert seine Führungsaufgabe gegenwartsbewältigend. Er beeinflußt die Führungsmoderation im Bewußtsein der Notwendigkeit von Konflikten.

b) Die Wirkung der Werte auf die Interaktion

Die konkrete Auswirkung allen Denkens ist die Tat. Der Rückschluß auf die Orientierung bei Menschen und Systemen erfolgt über die Interaktion, die Wechselbeziehung zwischen Kommunizierenden. Wenn ein geeigneter Ressourceneinsatz zum Erfolg führen soll, dann werden Absicht und Ziel den Weg bestimmen und die Werkzeuge definieren. Die Wertorientierung im System bestimmt die Systemstrukturen und damit die Interaktionen. Interaktionen also sind die Werkzeuge auf dem Weg zum Ertrag:

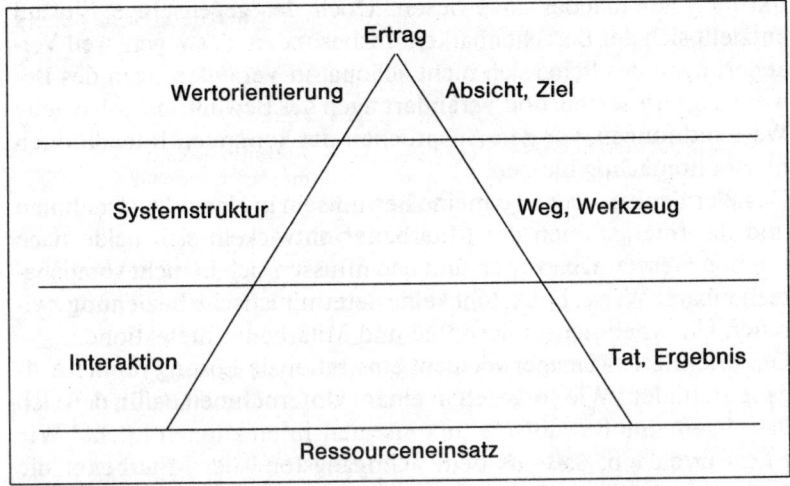

Ertrag und Ressourcen

Nun richtet sich in einem Unternehmen die Wertorientierung sinnvollerweise auf Ertrag. Damit wird der Grundforderung entsprochen: Umsetzung der Absichten mit den gegebenen Ressourcen in erwartete Ergebnisse. Dazu ist die dialektische Beziehung in einem sozialen System zwischen Philosophie und Verhalten zu erfassen. Die meisten hoffen, daß mit dem emotionalen Konsens der Mitarbeiter mit den Unternehmenswerten die Arbeit getan ist. Dagegen spricht viel praktische Erfahrung:

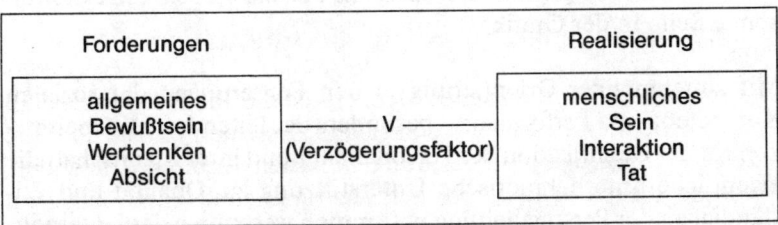

Forderungen und Realisierung

Wir müssen uns damit abfinden: Menschliches »Sein« und menschliches (allgemeines) »Bewußtsein« bilden eine stets problematische dialektische Einheit. Beide Pole beeinflussen sich und sind in ihrer Existenz aufeinander angewiesen. Doch der gegenseitige Einfluß entzieht sich der Berechenbarkeit. Insbesondere deswegen, weil Veränderungen des Seins sich nicht adäquat in Veränderungen des Bewußtseins umsetzen, und Veränderungen des Bewußtseins, also neue Werteordnungen, vor den Ansprüchen der konkreten Interaktionen meist ohnmächtig bleiben.

Das Wertdenken oder allgemeine Bewußtsein in einem Unternehmen und die Interaktionen der Mitarbeiter entwickeln sich beide nach eigenen Gesetzmäßigkeiten und beeinflussen sich in nicht vorausberechenbarer Weise. Es besteht keine deterministische Beziehung zwischen Unternehmensphilosophie und Mitarbeiterinteraktionen.

Der orientierte Manager versucht eine rationale Lösung für die Aufgabe zu finden: Wie sorge ich in einem Unternehmen dafür, daß sich das allgemeine Bewußtsein in konkreten Interaktionen bricht? Wie ist zu erreichen, daß aus dem »Umgangston« der Mitarbeiter die positive Identifikation mit den Unternehmenswerten erkennbar ist? Der denkende Manager erkennt, daß damit in erster Linie die Aufgaben für den Bereich der Personalpolitik gestellt sind.

c) Interaktionsbeeinflussung im Unternehmen

Weil Formulierung und Dekretierung einer Unternehmensphilosophie zu keinem vorhersehbaren Einfluß auf die praktizierten Interaktionen in einem sozialen System führen können, sind die Aufgaben der Personalpolitik im einzelnen zu betrachten. Unterstellt ist, daß die Hauptaufgabe der Personalpolitik die praktische Umsetzung des zugänglichen Teils des allgemeinen Bewußtseins bzw. der allgemeinen Werteordnungen ist. Den Einfluß auf die Arbeit zeigt die folgende Seite in der Grafik.

Mit zunehmender Orientierung in den Forderungen der sozialen Kompetenz und Performanz – besonders der leitenden Mitarbeiter – kommt der Qualifikation der Personalleiter und ihrer Mannschaft die eigentliche unternehmerische Unterstützung zu. Qualität und Zuständigkeit der Personalleitung bestimmen wesentlich das Unternehmensgeschick.

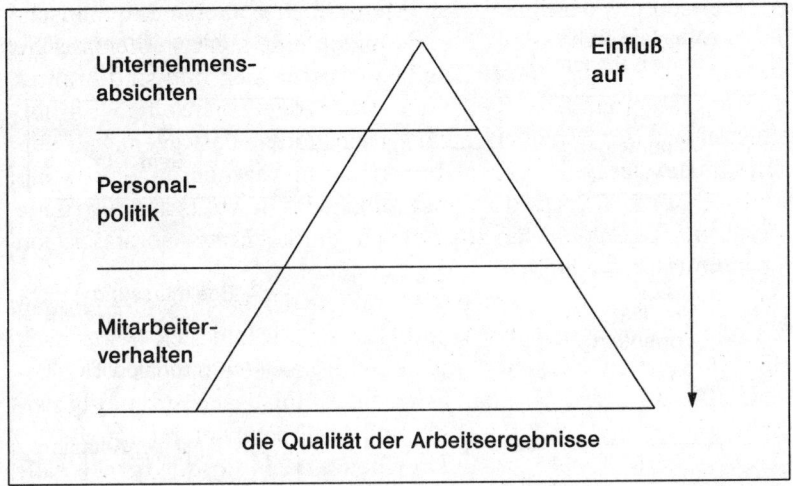

Einfluß auf die Arbeit

In der wichtigen Frage, wie denn nun eine reflektierte und geprüfte Unternehmensphilosophie in die Praxis umgesetzt werden kann, sind neue Wege nötig. Längst ist erkannt, daß Hochglanzbroschüren bestenfalls nach außen glänzen. Der zuständige Bereich für die Veränderung der Interaktionen von Mitarbeitern bleibt die Personalpolitik. Es ergibt sich eine bestimmte Abhängigkeit der Personalaufgaben und die Notwendigkeit, über bestimmte soziale Qualitäten zu verfügen. Die folgende Seite zeigt den Gesamtzusammenhang.

1. In allen sozialen Systemen herrscht ein sich wandelndes Wertdenken – das allgemeine Bewußtsein. Es ist die Summe der gültigen Moralitäten und der Normen. Es ist das Deutungssystem des Seins und gleichzeitig seine Orientierung.
2. Die Grundausrichtung läßt sich differenzieren in ein:
   a) *konservatives* Bewußtsein, bei dem das Bestreben auf die Konservierung gerichtet ist. Die Nachzeitigkeit bestimmt das Denken, der Traum von verlorenen Paradiesen. Die Verherrlichung der Vergangenheitswerte ist in aggressiven Interaktionsmustern geschützt.
   b) *kritisches* Bewußtsein, bei dem das Bestreben auf Zukunftsbewältigung gerichtet ist. Die Vorzeitigkeit bestimmt das

215

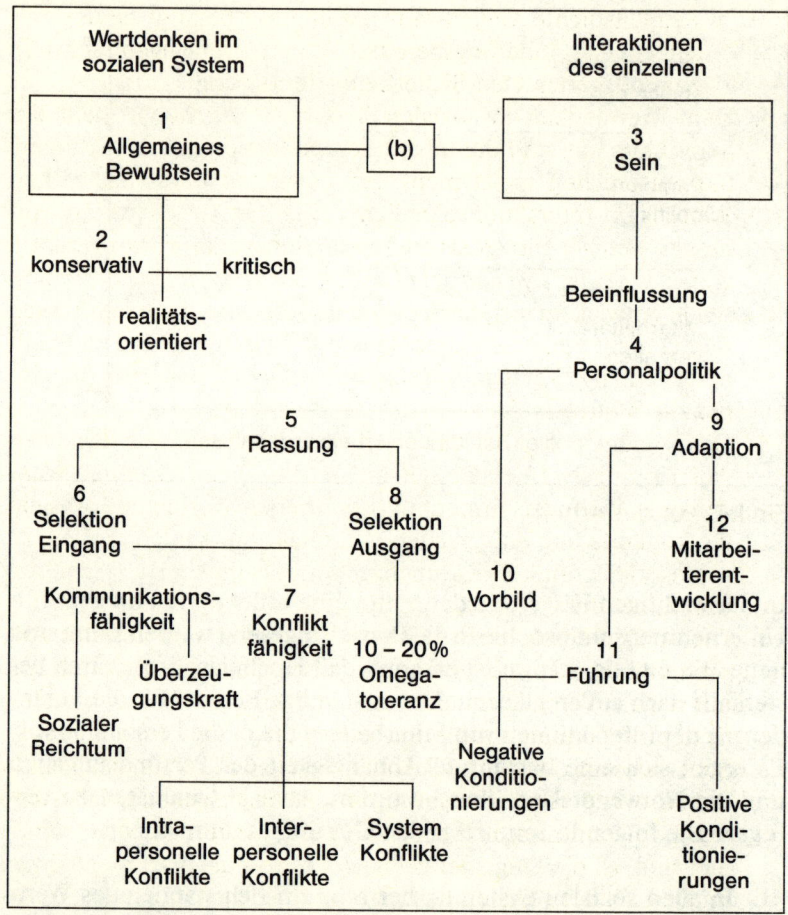

Personalpolitik

Denken. Die Sicherheitsstrebung, durch noch nicht Einge-
troffenes nicht bedroht zu sein, führt zu starkem Vorberei-
tungsaufwand. Bestehendes wird auf seine zukünftige Verwendung hin wahrgenommen.

c) *realitätsorientiertes* Bewußtsein, bei dem das Bestreben auf
optimale Gegenwartsbewältigung gerichtet ist. Die Gleichzeitigkeit bestimmt das Denken. Mit der ständigen Aktua-
litätsbewältigung ist die Konfliktorientierung vorgegeben.

Realitätsdichte Gegenwartsbewältigung bedingt häufig entsprechende Änderungsbereitschaft in der vergangenheits- und zukunftsgerichteten Sicherheitsorientierung.

3. Dem Wertdenken in sozialen Systemen gegenüber steht das Sein. Gemeint sind die tatsächlich praktizierten Interaktionen. Sie entsprechen meist nicht den bewußten und unbewußten Werten. Im Interaktionsparadigma sind die Absichtsverantwortungen weniger gefragt als die Interaktionsverantwortungen. *Allgemeines Bewußtsein und Sein haben keine determinierte Beziehung.* Beide entwickeln sich nach eigenen Gesetzen und beeinflussen sich in nicht vorhersehbarer Weise, da zwischen ihnen ein nicht berechenbarer Verzögerungsfaktor bleibt. Die Blackbox (b) wird nie zur Whitebox.

4. Die Personalpolitik ist das geeignete Instrument zur täglichen Ausrichtung der Interaktionen im Sinne des verantworteten Wertdenkens. Wenn aus firmenphilosophischen Werten und Absichten konkrete und entsprechende Interaktionen folgen sollen, ist die Personalpolitik als Kompetenz der Passung und der Adaption wahrzunehmen.

5. Die soziale Passung eines Menschen ergibt sich aus der Anschlußfähigkeit seiner habituellen Interaktionen. Paßt jemand mit seinem Verhalten zu den anderen Mitgliedern eines sozialen Systems? Können andere mit ihm oder er mit anderen etwas Sinnvolles anfangen? Die Passung setzt den Filter für die Qualifikation, die zur Einstellung nötig ist. Davon ausgehend, daß Sach- und Fachkenntnisse nicht entscheidend, sondern selbstverständlich sind, ist die Frage der geeigneten Profildaten immer stärker im Bereich der sozialen Kompetenz zu suchen.

6. Die Kommunikationsfähigkeit bestimmt in zunehmendem Maße die Seinsbeeinflussung im sozialen System. Der geeignete Fachmann ohne soziale Fähigkeiten erzeugt unter Umständen mehr Systemdemotivation als durch die funktionale Qualifikation ausgeglichen werden kann. Zu prüfen ist somit zunächst der soziale Reichtum. Die Menge der produzierbaren Interaktionen, die sozial unschädlich sind. Die Überzeugungskraft mißt sich in dem bewußten Einsatz der Wirkungsmittel einerseits wie der sprachstrategischen Disposition andererseits.

7. Entsprechend der Gleichzeitigkeitskomponente im Wertdenken ist die Konfliktfähigkeit von ausschlaggebender Bedeutung. In-

nerhalb der intrapersonellen Konfliktinstanzen (Bedürfnisse, Wahrnehmung, Über-Ich) wird hohe Kompromißfähigkeit erwartet. Die interpersonellen Konflikte aus unterschiedlicher Wahrnehmung sollen durch geeignete Interaktionen zu realitätsdichtem Umgang zwischen Menschen führen. Die Bewältigung systemischer Konflikte, in denen sich Systeminteresse und sittliche Forderungen widersprechen, ist gerade in Führungspositionen an der Tagesordnung.

8. Die Qualität eines sozialen Systems bestimmt sich nicht unwesentlich durch seine Omegatoleranz. Wie viele Interaktionsmuster, die nicht dem Wertdenken entsprechen, kann das System verkraften, ohne in der Substanz gefährdet zu sein? Ein Mittelpunkt definiert sich über die Peripherie. Faschistische Systeme entledigen sich zu ihrer eigenen Verkürzung ihrer Omegapositionen. Dienstleistungsunternehmen sollen 15 bis 20 Prozent, andere 10 bis 15 Prozent Omegapositionen verkraften können. Kundenorientierte Unternehmen sind zur sozialen Toleranz stärker verpflichtet.

9. Adaption ist der aktive Prozeß, die Interaktionen des Mitarbeiters im Unternehmenssinn zu verändern.

10. Vorbilder in der Interaktion und nicht in der Absicht, sogenannte starke Persönlichkeiten, sind in der Regel keine geeigneten Vorbilder im Sinne des Wortes, weil sie überwiegend Interaktionen inszenieren, die sie gegen sich nicht gelten lassen. Die Fähigkeit zur reversiblen Interaktion ist jeder Führungskraft mit Vorbildabsichten anzuraten.

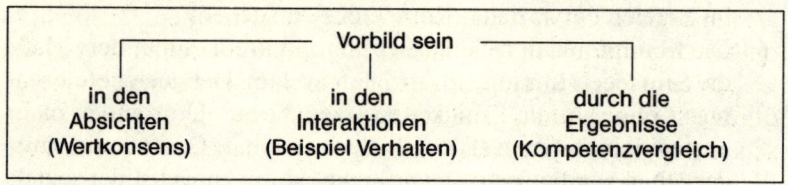

Unterschiedliche Vorbilder

11. Soziales Lernen erfolgt durch Trial and Error. Erfolgsinteraktionen verstärken sich, andere werden blockiert. Die Führungsinstrumente der Rückkoppelung sollen diesen Zweck zur Ausrich-

tung des gewünschten CI-Verhaltens erfüllen. Interaktionen sind in den Kritik- und Anerkennungsgesprächen, d. h. den negativen bzw. positiven Konditionierungen, häufig wichtiger als die zu verhandelnden Sachverhalte.

12. Eine auf die Mitarbeiterbeurteilung und das Wertdenken abgestimmte Mitarbeiterentwicklung ist die noch nötige Maßnahme zur Gestaltung des Seins im Sinne des allgemeinen Bewußtseins. Wichtig ist, daß die Verhaltenslernziele operational vorgegeben und geprüft werden.

Der verantwortlich denkende Manager trifft seine Führungsentscheidung im Bewußtsein dieser Abhängigkeiten. Er stabilisiert die Regeldynamik der Fluktuation über die Einstellungs-, Beurteilungs- und Entwicklungskriterien sowie deren Indikatoren.

d) Personalauswahl und Personalentwicklung

Beim Einstellungsgespräch ist es töricht, Menschen zu examinieren. Der Torheit letzter Schluß ist es, die eingesandten Daten abzufragen. Sicher ist es besser, die Klausel über Probezeit ernster zu nehmen und sogar im Bedarfsfall eher über andere Verwendungen nachzudenken. Voraussetzung ist die Fähigkeit, Menschen wertfrei (phantombildfrei) wahrzunehmen.

Der Münchner Assessment-Center-Kongreß 1987 brachte unter anderem das Ergebnis, daß die Qualität eines Auswahlverfahrens zur Personalbeschaffung wesentlich von der persönlichen Kompetenz des Anwenders bestimmt ist. Damit war die Hoffnung auf seelenlose funktionale Sicherheit in der Einschätzung der systemischen Verwendbarkeit eines Menschen wieder einmal gebrochen. Die traditionellen Orientierungen, beginnend mit graphologischen Gutachten bis hin zum Fitnesshoroskop aus den Geburtsdaten, konditionieren durch Phantombildung und werden höchstens zufällig dem Menschen als Person gerecht. Die unternehmensorientierte Personalpolitik bemüht sich um einen Wertegleichklang des Einstellungsverfahrens mit dem Beurteilungssystem, indem versucht wird, gleiche Indikatoren für beide Verfahren zu berücksichtigen. Die Unternehmenswerte geben vor, was außerhalb der fachlichen Eignung gefordert ist. Die Antwort auf die Fragen nach sozialem Wissen, Wollen und Können eines Bewerbers ist im eigenen Hause zu finden, nicht mit Hilfe eines fremden Wertsystems.

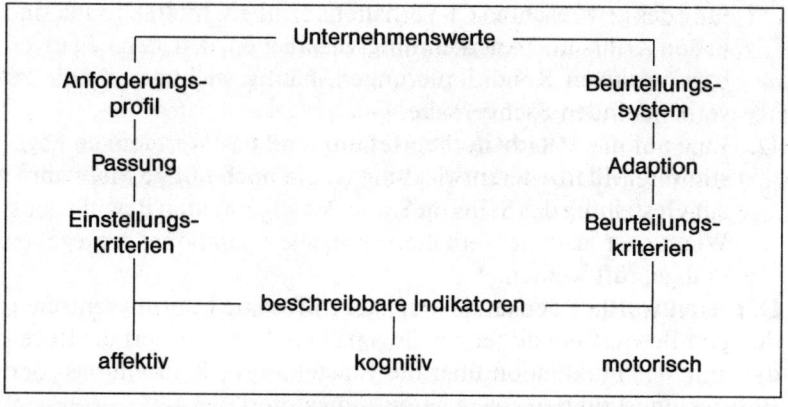

Unternehmenswerte und Indikatoren

Damit ist die Aufforderung formuliert, Bewerber und Mitarbeiter differenziert wahrzunehmen. Die gleichen Hilfen wie auch im Beurteilungssystem zur geeigneten Einschätzung von Arbeitsinteraktionen und Beziehungsinteraktionen sind auch im Einstellungsgespräch relevant. Sie sind Lernziele in allen Seminaren zur Förderung der sozialen Kompetenz.

In gleicher Weise ist eine Personaleinstellung (Zugehörigkeitsermittlung) kaum verantwortbar, wenn die Eignungsprüfung – speziell im entscheidenden Bereich der sozialen Passung – von Menschen vorgenommen wird, die nicht zum Unternehmen gehören. Die Beurteilungsfähigkeit der Führungskräfte ist das Potential des Unternehmens, auch die Personalauswahl geeignet vornehmen zu können.

Der Manager mit Führungsaufgaben bedenkt die Voraussetzungen für eine geeignete Personalauswahl und Personalentwicklung seitens der Personalverantwortlichen:

1. Kenntnis von Indikatoren zur Feststellung der Kommunikations- und Konfliktfähigkeit.
2. Personale Toleranz gegenüber Omegatendenzen.
3. Anwendungserfahrung mit den Konditionierungsarten des Führungssystems.
4. Beurteilungsfähigkeit im Sinne einer objektiven Standortbestimmung innerhalb des Anforderungsprofils.

5. Umgang mit Lernzielkatalogen und Einsatz von Entwicklungs-
konzepten, die mit Profilkriterien korrespondieren.

Der lebendige Aufbau einer Kriterienphilosophie bietet hohe Motivation nach innen. Die genaue Beschreibung der Unternehmensab-
sichten in Form beobachtbarer Ergebnisse und Verhaltensweisen
begründet Orientierungssicherheit.

2. Führungsbildung mit System

Den amerikanischen Performance-Bögen ist unter anderem zu entnehmen, daß Fachkenntnisse zunehmend nur sekundär interessieren. Es wird stärker davon ausgegangen, daß diese seitens des Unternehmens vermittelt werden können. Absolut gesehen ist das sicher
zu einseitig. Liest man weiter, erfährt man jedoch die klar formulierte
Forderung: *Wir brauchen Menschen mit hervorragender Allgemeinbil-
dung und einwandfreiem Charakter.* Charakter sei in diesem Sinne
verstanden als Zuverlässigkeit, Treue, Fähigkeit zur Solidarität, Ehr-
lichkeit. Unsere durchaus anschlußfähige Forderung ist die nach der
sozialen Kompetenz.

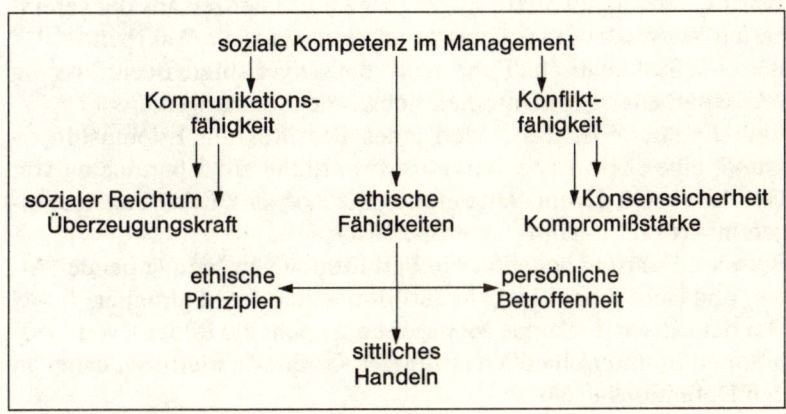

Soziale Kompetenz im Management

Innerhalb dieser Komponenten gestalten sich die Bildungsmaßnahmen zur Förderung der Führungskompetenz. Der verantwortlich

221

wirkende Manager erarbeitet eine Bildungspolitik, die im Wissen um die Bedeutung der sozialen Kompetenz, dem individuellen Potential des Mitarbeiters seinen Ausbau sichert.

a) Die Definition der Unternehmenswerte

Im Bewußtsein um das Wort-Leistungs-Prinzip ist die Erstellung einer tragfähigen Definition – speziell im Wertbereich der Unternehmensorientierung – der Nachweis der Lösungsfähigkeit bei Denkproblemen.

Für das sensible Feld der Wortbedeutungen im Kriterienbereich der Beurteilungssysteme wie auch aller Wertforderungen gilt sicher: Ein Manager braucht in besonderer Weise die Fähigkeit, sagen zu können, wovon er spricht. Definitionen bestimmen die Verwendung von Begriffen nach Inhalt und Umfang innerhalb eines Sprachspiels. Sie dienen dem einheitlichen Hintergrundverständnis in der Bedeutung der sozialen Qualität der Wahrheit im Interaktionsparadigma. Damit ist die Macht einer guten Definition begründet. Zunächst ist zwischen Definition und Erklärung zu unterscheiden:

Eine *Definition* ist die rationale Einigung auf den Gebrauch eines Wortes, der verantwortete Zugang zu Konsequenzen aus der vereinbarten Wortbedeutung. Konsens begründet soziale Wahrheit.

Beispiel: Systematische Führung ist die zielgerichtete Beeinflussung von Mitarbeitern, im Unternehmenssinne tätig zu werden.

Eine *Erklärung* ist das Füllen eines Begriffes mit Erlebnishintergrund, eine rhetorische Wirkungsvermittlung zur Übertragung von Gefühlswerten. Es entsteht emotionaler Konsens. Erklärungen erfolgen in Art und Inhalt gruppenspezifisch.

Beispiel: Führung bedeutet die Vermittlung von Freude bei der Arbeit und sieht ihren Erfolg in der Motivation der Mitarbeiter.

Der dialektisch denkende Manager beherrscht die Bildung von Definitionen in unterschiedlichen Bereichen. Er orientiert sich dabei an den Definitionsregeln:

1. Im Hauptsatz wird eine Obermenge erklärt und im Relativsatz die Untermenge beschreibend ausgegrenzt, indem der spezifische Inhalt positiv erläutert wird, d. h. eine Begriffsbestimmung nach Inhalt und Umfang geleistet wird.

Beispiel: Systemagenten sind Menschen (Obermenge), die zugunsten einer Funktion auf personales Leben verzichten (ausgegrenzte Untermenge).

2. Wegen der Gefahr der selektiven und projektiven Wahrnehmung darf weder ein Bild, noch ein Gleichnis oder ein Beispiel verwendet werden.

3. Eine Definition ist ein Prozeß und kein Ergebnis. Ergebnisdefinitionen lassen die Voraussetzungen für die Ergebnisse außer acht und bieten damit keine Handlungskonsequenzen, die Erfolg berechenbar machen.
   Beispiel: Einen charakterlich einwandfreien Mitarbeiter erkennt man an seinem Verhalten (Ergebnis).
   Charakterlich einwandfrei bedeutet die zuverlässige Ausrichtung des Handelns an Sittlichkeit (Prozeß).

4. Wichtig ist die Orientierung an der Umgangssprache, der Sprache der Zielgruppe.

5. Es darf kein Zirkel entstehen. Das zu Definierende darf in der Definition nicht mehr vorkommen – auch nicht synonym.
   Beispiel Zirkel: Unter Teamarbeit versteht man das ergebnisorientierte Zusammenwirken in einer Gruppe.

6. Eine Definition muß kurz und prägnant sein und darf keinen durch Unsicherheit begründeten Wortaufwand bedeuten.

7. Das Gütekriterium ist Eignung, nicht Richtigkeit bzw. Wahrheit oder Vollständigkeit. Definitionen sind weder wahr noch falsch – bestenfalls geeignet. Geeignet sind sie, wenn sie den Gegenstandsbereich optimal, d. h. mit höchstem Wirkungswert, aufschlüsseln.

8. Es muß auf Implikation von Wertungen oder moralischen Appellen verzichtet werden.

9. Erkennbare Handlungskonsequenzen, kognitive, affektive und motorische Ziele sollen ableitbar sein.

Der verantwortlich denkende Manager beherrscht und erzeugt Definitionen für seinen Führungs- und Lebensbereich zur eigenen und fremden Orientierung. Er erarbeitet besonders die Wertdefinitionen des Unternehmens aus der Führungssystematik und erstellt die Kataloge der Handlungskonsequenzen.

b) Das Recht auf Standortbestimmung

Der Prozeß der Selbstfindung durch tragfähige Definitionen erfordert einen hohen intellektuellen Aufwand. Die Forderungen nach Feststellung der Eignung in einem System dagegen können leichter erfüllt werden; vorausgesetzt, die im System verantwortlichen Führungskräfte haben einen rationalen Zugang zu den Feststellungsverfahren. Ein Bewertungskriterium bei Beurteilung oder Einstellung wird auf einer Skala differenziert. »X« kennzeichnet die Position einer Qualifikationsbegründung durch Beispiele. Bei der Position »Y« erfolgt diese durch Indikatoren.

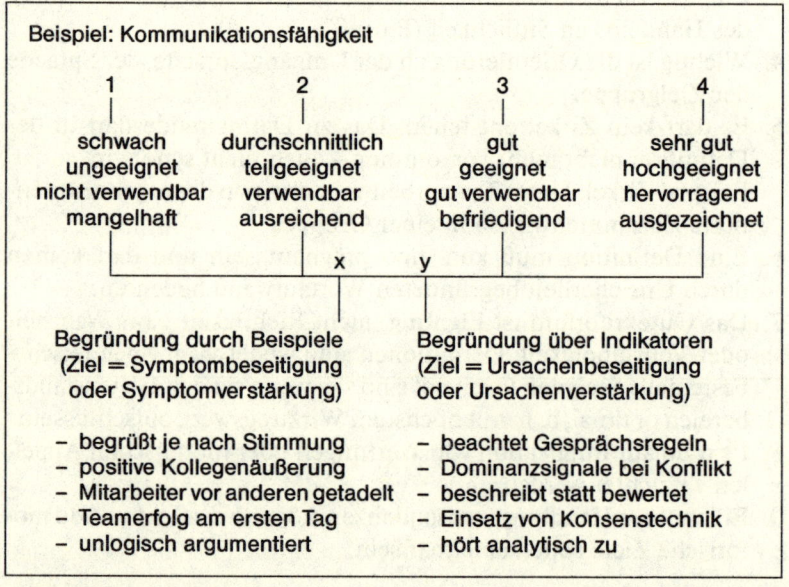

Soziale Kompetenz

Der wesentliche Unterschied zwischen Symptom- und Ursachenbeseitigung besteht darin, daß die Orientierung über Beispiele für einen Einfluß auf eventuelle Verhaltensänderungen nicht geeignet ist. *Die mögliche Summe lernbarer Beispiele geeigneten Verhaltens übersteigt jede Gedächtniskunst.*

224

Entscheidend ist die Erkenntnis der über Indikatoren erwerbbaren Fähigkeit und deren Feststellung.

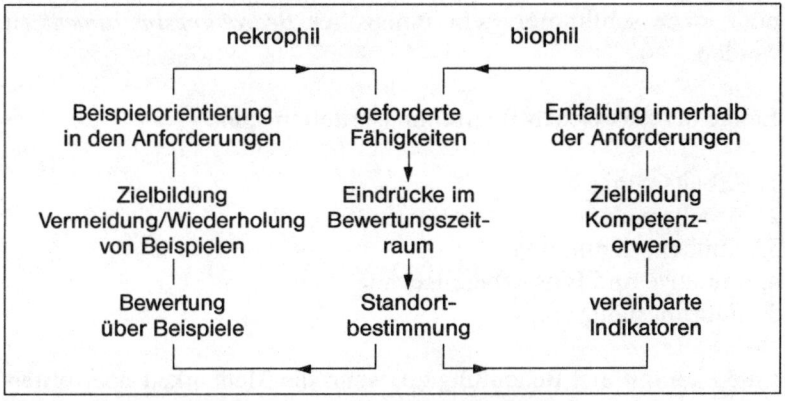

Regelkreis Fähigkeiten und Standortbestimmung

Der personalverantwortliche Manager verwechselt Beurteilung nicht mit Geschmacksabfrage. Er begründet seine Wertungen bei der Standortbestimmung der Mitarbeiter mit abgesprochenen Indikatoren. Er konditioniert nicht über Vermeidungs- bzw. Einhaltungsbeispiele. Er hat die Beurteilungskriterien in der Bewertungsskala entsprechend definiert und ausgearbeitet.

c) Einheitliche Akzeptanz der Beurteilungskriterien

Unter der Voraussetzung, daß die Maßeinteilung eines Beurteilungskriteriums verantwortet zu begründen ist, ergibt sich eine Konzentration auf wenige, aber inhaltlich durchdachte Kriterien. Unternehmen mit mehr als 10 Kriterien, die in sich auch noch bis zu fünffach aufgegliedert sind, müssen im Führungssystem die Antwort auf zwei Fragen vorgesehen haben:

1. Haben die Führungskräfte genügend Zeit, sich in hoher Aufmerksamkeit den einzelnen Kriterien zu widmen?
2. Ist jedem im Hause die Messung der Kriterien nachvollziehbar bekannt?

225

Wird nur eine der Fragen mit »Nein« beantwortet, gerät das Führungsinstrument »Mitarbeiterbeurteilung« in den Verdacht, Rechtfertigung emotionaler Vorurteile, sinnloser bürokratischer Aufwand oder, noch schlimmer, geheimnisvolles *Bedrohungsinstrument* zu werden.

Einige der klassischen Beurteilungskriterien sind:

1. Arbeitsmenge
2. Arbeitsqualität
3. Kundenorientierung
4. Initiative und Einsatzbereitschaft
5. Führungsfähigkeit

Ihnen kommt erst Bedeutung zu, wenn die Meßbarkeit über unternehmensspezifische Indikatoren in Konsensprozessen mit dem Mitarbeiterstab vereinbart wurde. Je nach Unternehmenstyp ergeben sich für gleiche Kriterien völlig andere Definitionen und Indikatoren.

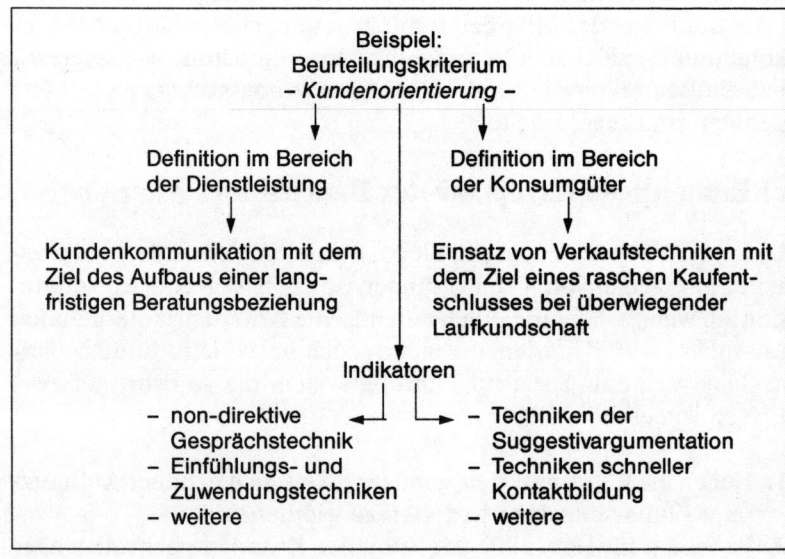

Indikatoren zur Kundenorientierung

Der orientierte Manager vereinbart die Bewertungskriterien in kommunikativ geeigneten Gesprächen. Von wesentlicher Hilfe ist ihm die rationale Durchdringung der Voraussetzungen von erwarteten Fähigkeiten. Er weiß zum Beispiel, daß alle Techniken im Trainingsfeld der sozialen Kompetenz durch klare Lernziele erworben werden, die zur Indikatorenbestimmung geeignet sind.

d) Die Aufgaben der Bildungspolitik

Die Bildungspolitik hat zunächst die Aufgabe, einem Mitarbeiter die Fähigkeiten vermitteln zu können, die in einer für ihn und für das Unternehmen wichtigen Position erforderlich sind.

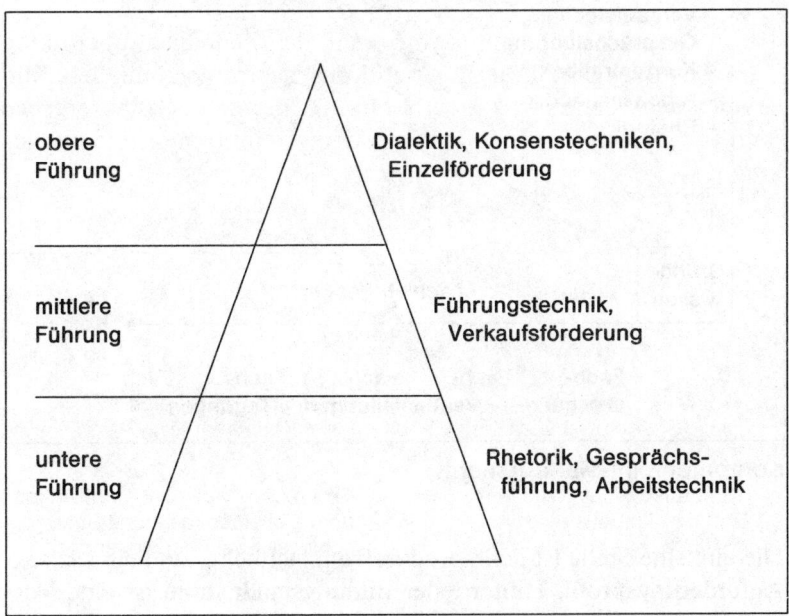

Führung und Fähigkeiten

Darüber hinaus sichert sie einen organisierten Aufstieg für karrierebewußte Mitarbeiter durch Bildungsangebote. Die Bildungsangebote finden statt in den Bereichen:

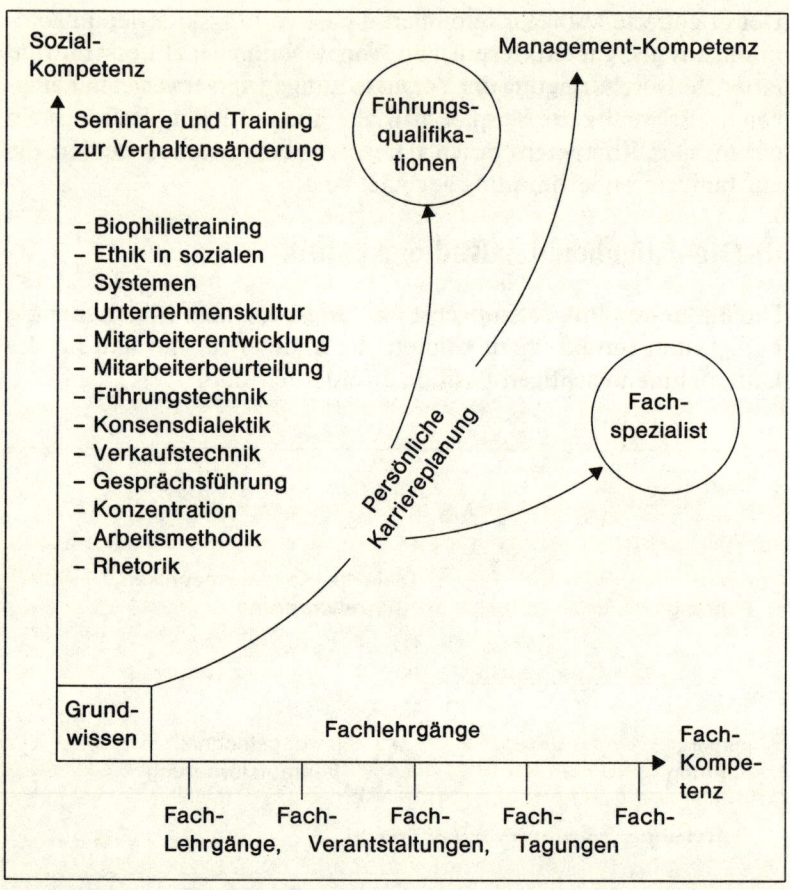

Sozial-Kompetenz

Seminare und Training
zur Verhaltensänderung

– Biophilietraining
– Ethik in sozialen
  Systemen
– Unternehmenskultur
– Mitarbeiterentwicklung
– Mitarbeiterbeurteilung
– Führungstechnik
– Konsensdialektik
– Verkaufstechnik
– Gesprächsführung
– Konzentration
– Arbeitsmethodik
– Rhetorik

Management-Kompetenz

Führungs-
qualifika-
tionen

Fach-
spezialist

Persönliche
Karriereplanung

Grund-
wissen

Fachlehrgänge

Fach-
Kompe-
tenz

Fach-   Fach-   Fach-   Fach-   Fach-
Lehrgänge,   Verantstaltungen,   Tagungen

Kompetenz im Management

Die einzelne Stelle ist definiert durch ein fachliches und ein soziales
Anforderungsprofil. Hinter jeder Bildungsmaßnahme ist eine Vor-
und Nachbereitung zu sehen. Diese berücksichtigt folgende Positionen:

1. Das Anforderungsprofil der Stelle zeigt innerhalb der Kriterien
   deren gewünschte Ausprägung auf. Damit ist eine durchschnittli-
   che Normalleistung definiert, die unabhängig von einer Person die
   sozial und fachlich geforderte Kompetenz/Performanz vorschreibt.

2. Die Fähigkeiten des Mitarbeiters werden hinsichtlich der erbrachten Leistung und des gezeigten Verhaltens erkannt und im Falle der Abweichung unter die Normalanforderung besonders betrachtet. Dabei ist zwischen habituellen und aktuellen Defiziten zu unterscheiden; zwischen prinzipiellem und situativ bedingtem Versagen.
3. Zu analysieren ist – gegebenenfalls im Gespräch mit dem Mitarbeiter –, um welche Kompetenzmängel es sich handelt. Lagen die Gründe im Bereich fehlenden Wissens, im Bereich fehlenden Wollens oder im Bereich fehlenden Könnens? Hat er die Informationen nicht parat gehabt, fehlte die Motivation oder gab es Probleme beim konkreten Agieren?
4. Die Führungskraft kann entweder im Förderungsgespräch die Defizite durch Wissensvermittlung, motivierende Überzeugung oder praktische Übungen selbst beseitigen oder die Instrumente der Mitarbeiterentwicklung in Anspruch nehmen.
5. Vor der Durchführung einer Bildungsmaßnahme ist ein Gespräch zu führen, welches die Erwartungen und Lernziele zum Gegenstand hat. Der Mitarbeiter wird von der Führungskraft auf die zu erwerbenden Fähigkeiten im besonderen hingewiesen. Von Bedeutung dabei ist, daß die konkreten Interaktionsziele besprochen werden.
6. Nach der Bildungsmaßnahme empfiehlt sich unverzüglich ein Zielbildungsgespräch über die beabsichtigten Umsetzungen und die Kontroll- bzw. Beobachtungspunkte. Auf diese Weise wird der betreffende Seminarinhalt auf die aktuelle Situation bezogen, und der Mitarbeiter konzentriert sich auf die ursprünglichen Defizite.
7. Die Kontrolle vollzieht sich im Kreislauf der Führungsinstrumente – Zielbildung – Teilzielkontrolle – Anerkennung/Kritik – Zielbildung. Die Beurteilung ist die Bilanz der erfolgten Konditionierungen nach den Kontrollen.

Nur bei klar formulierten und allgemein bekannten Lernzielen in Bildungsmaßnahmen können die erworbenen Fähigkeiten in der Beurteilungssystematik entsprechend berücksichtigt werden. Der zuständige Manager sichert die Investition der Bildungsmaßnahmen durch strenge Integration in das Führungssystem. Er bedenkt die Notwendigkeit der Verstärkung neu erworbener Fähigkeiten und der Blockade ungeeigneter bisheriger Interaktionen des Mitarbeiters.

3. Die Ethikfähigkeit des Managers

Die Aufgabe der Ethik ist es, Regeln zu entwickeln, die bei Einhaltung von der Mehrheit der Menschen in einem sozialen System, das Leben des einzelnen Menschen wie auch das der inneren und äußeren Umwelt des Systems biophil entfalten. In einem Unternehmen gelten diese Regeln zwischen dem Pol *der Interessen des Systems und dem der personalen Bedürfnisse*. Das Aufstellen dieser Regeln soll nach dem Biophilieprinzip erfolgen. Im Falle einer Güterabwägung wird zugunsten der höheren Lebensentfaltung entschieden. Der ethikfähige Manager beherrscht zunächst das technische Instrumentarium:

1. Gedankliche Klarheit in der Selbstdefinition.
2. Bewußter Aufbau eines sittlichen Gewissens durch Übernahme rationaler Werte und Prinzipien.
3. Kenntnis der Handlungskonsequenzen aus den handlungsleitenden Werten.
4. Bedachtsamkeit in der täglichen Performanz verantworteten Handelns.

Dabei ist jeglicher Verzicht auf Endgültigkeiten selbstverständlich. Der Sinn des Lebens liegt wesentlich in der Bewegung. Diese Bewegung wird verhindert durch finale Aussagen, z. B.:

— das Schicksal eines Unternehmens
— die Unzerstörbarkeit bestimmter Werte
— der Schwur lebenslänglicher Treue
— das Versprechen künftiger Fehlerfreiheit
— der endgültige Verzicht auf bestimmte Bedürfnisse
— die Erkenntnis unveränderlicher Charaktereigenschaften
— die Feststellung einer Mitarbeiterperformance

Wer glaubt, über sich oder andere Menschen bzw. Systeme endgültige Aussagen machen zu können, der muß im Ernstfall auch bereit sein, seinen Untergang in Kauf zu nehmen. Die Selbstdefinition über Endgültigkeiten ist in beträchtlichem Maße nekrophil.
Der verantwortlich denkende Manager gestaltet seine Persönlichkeit

auch durch das Bedenken ethischer Prinzipien. Er weiß, daß Ethik sich durch Setzung begründet und setzt deswegen als Grundforderung des Biophiliepostulats die Erhaltung und Entfaltung des Lebens. *Ein soziales System ist genau dann realitätsdicht organisiert, wenn es geeignet ist, personales Leben zu entfalten (Lay).* In diesem Zusammenhang ist Ethik zu verstehen als das Vermögen, die Frage nach der Richtigkeit des eigenen Tuns oder Lassens und insbesondere nach dessen Folgen zu beantworten.

a) Betroffenheit setzt Prinzipien voraus

Wir sind von etwas betroffen, wenn wir etwas als für uns erheblich erleben. Dieses Erleben der Erheblichkeit hängt zunächst mit der emotionalen Situation ab, in der wir uns befinden. Werden spürbare Bedürfnisse befriedigt oder enttäuscht, reagiert die Hypophyse. Wir sind betroffen und reagieren. Betroffenheit aus Bedürfnissen erfahren wir häufig.

Wenn Menschen sich nicht über Lust und Unlust organisieren, sondern über rational ethische Größen in der Form von Prinzipien, ist das Gefühl keine zuverlässige Hilfe. Die Existenz ethischer Prinzipien bedingt nicht zwingend die Labilisierung des seelischen Gleichgewichtes bei Verstößen. Leider bedingt bei Prinzipien und Betroffenheit das eine das andere nicht.

Bekannt ist das Bequemlichkeitsgefühl, aus dem heraus die Betroffenheit mit der Entfernung des Problems wächst, weil solche Situationen weniger Handeln einfordern. Nachbarschaftliches Lebensunheil ist weniger bemerkenswert, weil unangenehmer als Naturkatastrophen in entfernten Kontinenten. Das spielt sich täglich im Horizont der Werte ab. Diese Werte lauten: Fairneß, Toleranz, Menschlichkeit, Hilfsbereitschaft, Vertrauen, Gerechtigkeit.

Natürlich haben wir das Gefühl emotionaler Betroffenheit, wenn wir Ungerechtigkeit erfahren. Es sei denn, sie geschieht in unserem Interesse. Genugtuung ist zwar auch eine Art von Betroffenheit, jedoch nicht derart, daß sie Handeln gegen den Anlaß fordert. Die »gerechte« Distanz gegenüber dem Drogenabhängigen, die Schadenfreude, wenn der stets flirtende Kollege an die Falsche geraten ist, das zerbeulte Auto des tyrannischen Vorgesetzten sind einige Beispiele für die Problematik zwischen Bedürfnis und Prinzip.

Auf Betroffenheit durch verletzte rationale Prinzipien können wir nicht in gleicher Weise verläßlich warten wie auf das schlechte Gewissen bei Übertretung der Über-Ich-Imperative. Diese Betroffenheit muß vom Erwachsenen mühsam gelernt werden. Ethik setzt den Umgang mit Prinzipien voraus. In der Geschichte sind zwei verschiedene Ethiken ausführlich bearbeitet worden: die Ethik des Kapitals und die Ethik der Arbeit. Unserem Einblick geht es um eine dritte Größe, der *Ethik des Managements.*

Die Ethik des Managements soll sichern, daß Entscheidungen und Handlungen nicht die Rechte verletzen, die mit der Natur des Menschen untrennbar verbunden sein können. Voraussetzung dafür ist Erkenntnis und Betroffenheit bei entsprechenden Verstößen. Zur sozialen Kompetenz gehören nach wie vor die Kommunikationsfähigkeit, die Konfliktfähigkeit und die sittliche Fähigkeit. Sittlichkeit setzt voraus, daß eigene Gewissenswerte gebildet und übernommen wurden und damit Handlungskonsequenzen gezogen werden können.

Der Manager mit Führungsaufgaben fördert eigene und fremde Autonomie. Er trainiert sich in der ethischen Betroffenheit, wenn seine eigene Individualität und die der Mitarbeiter unnötig hinter den Systeminteressen zurücksteht.

b) Emotionale Entlastung oder rationale Verantwortung

Die emotionale Entlastung als psychische Größe der Stabilisierung seelischen Gleichgewichts gibt sich mit dem Vorhandensein ethischer, moralischer oder sittlicher Werte zufrieden. Es beruhigt, die Größen in sich zu wissen, die einen anständigen Menschen ausmachen. In der Praxis ist es damit nicht getan. Entscheidend sind die konsequenten Interaktionen, welche die Werte in konkreten Situationen realisieren.

Immer wieder kommt es im privaten und beruflichen Alltag zu sozialen Problemen:

— die Enttäuschung über einen Mitarbeiter
— die Meinungsverschiedenheit zwischen Kontrahenten
— das Mißverständnis mit dem Vorgesetzten
— die Vorurteile im Bekanntenkreis
— das »Nein« des Kunden

— die Demotivation des Mitarbeiters
— die ungerechtfertigte Kritik
— die Schuldzuweisung durch den Partner
— die begründete Angst vor Isolation

In all diesen Situationen wollen wir im berechtigten Bewußtsein um die ethische Qualität unserer Werte unsere Absichten verfolgen. Wir merken dann, daß wir auf die Qualität unserer Interaktionen mehr angewiesen sind als auf die Berechtigung unserer sittlichen Erwartungen und Interessen. Mit Konsequenzen einstehen müssen wir für unsere Handlungen, weniger für unsere Absichten. Interaktionsverantwortung kommt vor Absichtsverantwortung. Das Gegenteil von gut ist gutgemeint.
Besonders unser Sozialverhalten entspricht nicht immer eigenen Vorgaben. Ein nachstehendes Beispiel soll das verdeutlichen.

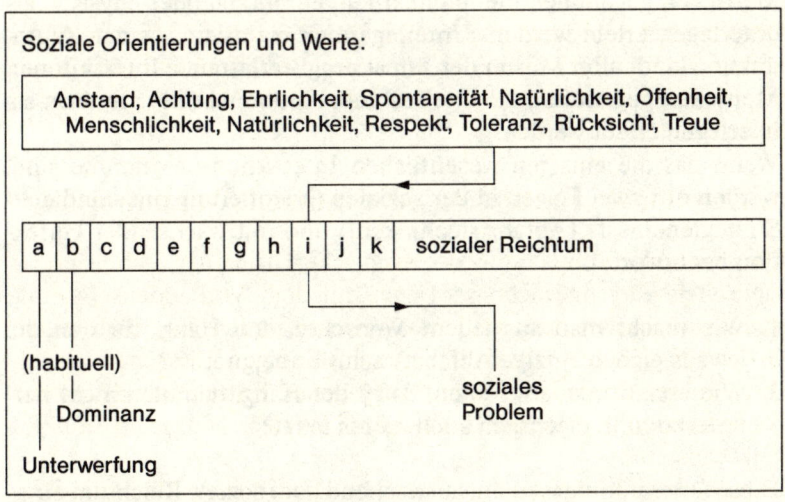

Verantwortung in der Interaktion

Wenn es zum Beispiel darum geht, in einem Skigebiet mit ausreichenden Geländevariationen die gesamten Möglichkeiten zu genießen, sind einige unterschiedliche Abfahrtstechniken erforderlich:

(a) für vereiste Buckelpiste
(b) für Steilhänge
(c) für Tiefschnee
(d) für Bruchharst
(e) für Après-Ski

Erst wenn diese alle beherrscht werden, kann man sich getrost jedem Hang überlassen. Die Intuition wird automatisch auf die erlernten Programme umschalten. Wenn aber nur eine oder zwei Techniken beherrscht werden, wird jeder Geländewechsel zur Sturzgefahr, so gut die Absicht auch sein mag. Dieses Bild kann auf unser soziales Gelände übertragen werden.

Was die *habituellen Interaktionsmuster* anbetrifft, sind die meisten Menschen ausgerüstet mit Dominanz oder Unterlegenheit. Dominanz resultiert aus der Reproduktion der Interaktionsmuster erziehungsberechtigter Gestalten der Kindheit: entlastende Interaktionen Menschen gegenüber, die intellektuell, emotional oder physisch als unterlegen erlebt werden. Unterlegenheit resultiert aus der Reproduktion kindhafter Muster der Anpassung: entlastende Interaktionen Menschen gegenüber, die intellektuell, emotional oder physisch als überlegen erlebt werden.

Wenn das die einzigen wesentlichen Interaktionsprogramme sind, werden nur zwei Fragen in der sozialen Orientierung mit ständigem Strategieneinsatz (Abfahrtstechniken!) und mit wachsender Perfektion beantwortet:

1. Wie macht man aus jedem Menschen den Hang, für den die jeweils eigene einzige Abfahrtstechnik geeignet ist?
2. Wie erklärt man am besten, daß jeder Hang, den man nicht herunterkommt, eigentlich auch nichts taugt?

Diese Orientierung ist nicht ausreichend. Der soziale Reichtum eines Menschen ist die Summe seiner möglichen Interaktionen, die er in unterschiedlichen Situationen unterschiedlichen Menschen gegenüber sozial unschädlich machen kann.

Da die Kommunikationsfähigkeit eines sozialen Systems mit der äußeren Umwelt stark korreliert mit dem interaktionellen Reichtum, der im System selber praktiziert wird, ist ein Bestimmungsfaktor für Akquisitionserfolge gegeben. Diesen Reichtum zu entfalten, ist ständige Aufgabenstellung bei der Arbeit an der Persönlichkeit des Managers. Er besitzt eine Alternative zum emotional entlastenden Spontanverhalten. Er bemüht sich um die Fähigkeit, jeweils verantwortbar interagieren zu können.

c) Die Redlichkeit in der Erkenntnis

Redlich ist der, der sagen kann, worüber er handelt, sagte Aristoteles (384–323 v. Chr.). Wir wollen Redlichkeit als eine verantwortete Verbindung zwischen Interaktion und ihrer Auslösung verstehen. Nun ist die Auslösung sehr selten ein klares oder eindeutiges Prinzip. Häufiger ist sie das Ergebnis einer Güterabwägung. Es gibt gute Gründe anzunehmen, daß sittliches, moralisches und teilweise auch funktionales Handeln aufgrund einer Güterabwägung zwischen Interessenverwirklichung und Unlustvermeidung geschieht.

Realisieren von Interessen	Vermeidung von Unlust
Karriere machen	Angst vor Versagen
Egoistisch sein	Soziale Ungeborgenheit
Besitz erwerben	Abhängigkeit
Wissenserwerb	Intellektuelle Arbeit
Sexualität genießen	Verlust der Erotik
Macht ausüben	Verantwortung
Regeln brechen	Ungehorsam
Konsumsolidarität	Selbstverlust

Interessen und Unlust

In der dialektischen Betrachtung ergibt sich die Voraussetzung von Prinzipien, ohne die eine verantwortete Güterabwägung nicht vorgenommen werden kann (Beispiel nächste Seite).

Redlichkeit ist die verantwortete Kompromißbildung anhand biophiler Prinzipien. Unsere Erkenntnisse, soweit handlungsauslösend, bewähren sich über Konflikte an der Realität. Als Ergebnis eines Konflikts gegebenenfalls Erkenntnis zu ändern, bedeutet für den Manager, redlich in seinen Erkenntnissen zu sein. Der Mensch ist auch wert, was ihm sein Wort wert ist.

235

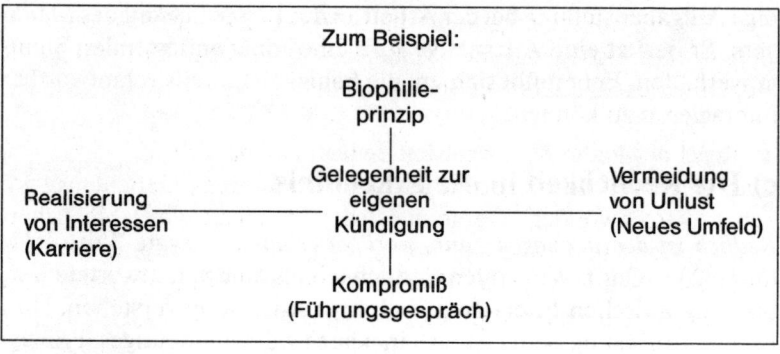

Zum Beispiel:

Biophilie-
prinzip

| Realisierung von Interessen (Karriere) | Gelegenheit zur eigenen Kündigung | Vermeidung von Unlust (Neues Umfeld) |

Kompromiß
(Führungsgespräch)

Güterabwägung

d) Das Biophiliepostulat als Orientierung

Das Biophiliepostulat meint ein Vermehren des Lebens, da wo es möglich ist. Gemeint ist folgerichtig eine Bilanz, denn vieles, was auch »lebt« hat das Ziel, zu töten, die Höherwertigkeit in der Nahrungskette zum Beispiel. Nach Rupert Lay soll der Manager so handeln, daß er das personale (soziale, emotionale, musische, sittliche, religiöse) Leben in sich und anderen eher mehrt und entfaltet denn mindert oder verkürzt. Eine unendliche Steigerung dessen ist allerdings nicht möglich. Biophilie schließt die Orientierung an Grenzen ein. Alles Unveränderliche bestimmt diese Grenzen. Nur das Erkennen von diesen ist oft ein Ergebnis jahrelanger Kämpfe und Konflikte. Derjenige, der nicht aufgibt, wird bald erfüllt feststellen: Die eigenen Grenzen sind weiter als die Bequemlichkeit hoffen läßt. Mit der Erkenntnis der eigenen Möglichkeiten geht Hand in Hand die Nutzungsverpflichtung. Ein praktischer Ansatz für den Manager, Leben zu entfalten, ist seine soziale Mitwelt. Das Selbst anderer Menschen ist ähnlich kontakthungrig wie das eigene. Unsere elementare Forderung an die Persönlichkeit ist nicht nur die positive Beantwortung der Fragen: »*Wird ein Mensch durch den Umgang mit mir größer? Entfaltet er in der Kommunikation mit mir sein soziales, intellektuelles, emotionales Leben?*« Wichtig ist auch die Frage: »Erreicht er in dieser Entfaltung die Stärke, sich von mir zu lösen und damit auch mir in eigener Entfaltung zu helfen?«
Für den Manager bedeutet dies die Förderung sozialer Systeme vom

236

Typ »Kommunikationsgemeinschaft«, in denen die Interaktionen vor den Strukturen liegen. Eine »Maßeinheit« hierfür erfährt er über die Regeln eines Schülers von Sokrates, Plato:

1. Regel des Plato: Alterozentriert denken und handeln
Das Gegenteil von Egozentriertheit ist aus dem Gebrauchswortschatz verschwunden. Gemeint ist die Fähigkeit eines Menschen, andere Menschen außerhalb seiner persönlichen Erwartungen und Interessen wahrzunehmen. Voraussetzung sind Erfolge in der Übung des »wertfreien Wahrnehmens«.

2. Regel des Plato: Kommunikationsfunktion der Sprache beachten
Menschen kommunizieren, um sich darzustellen, sich sozialer Kontakte zu vergewissern, Informationen auszutauschen und über Appelle zu steuern. Biophile Kommunikation konzentriert sich auf den *gemeinten* Anteil, nicht auf den *gehörten*.

3. Regel des Plato: Erkennen eigener Einfühlungsgrenzen
Die Sensibilisierung für Fremdorientierungen bestimmt nicht selten den Grad der Phantombildung. Die Fähigkeit, andere Menschen in ihren Erwartungen und Interessen zu erleben, ist wesentlich an das eigene Erfahrungspotential gebunden. In je mehr Ansprüchen an die Welt wir Realitätsbegegnungen hatten, je größer ist die Möglichkeit, die Orientierung anderer zu erfahren.
Der verantwortlich denkende Manager wirkt biophil in seinem sozialen Umfeld. Er fördert Leben zum Beispiel dadurch, daß seine Interaktionen nur im unumgänglichen Fall aus Information und Appell bestehen. Er fördert die Entfaltung anderer durch Zuwendung, nicht durch Bewertung.

4. Orientierung in Lernzielen und Verhaltenskontrollen

Die Organisation der Beurteilungskriterien in dem jeweiligen Beurteilungssystem eines Unternehmens begründet wesentlich das Führungsverhalten. Insbesondere ist damit festgeschrieben, in welchem Verhältnis der Wert eines Mitarbeiters zur Bewertung seiner Arbeitsleistung gesehen wird.

In den bekannten Beurteilungssystemen betragen die Kriterien, die auf Quantität und Qualität der Arbeitsergebnisse bezogen sind, 20 bis 30 Prozent. Die Kriterien, die auf das Arbeitsverhalten, auf Initiative oder Kommunikation bezogen sind, machen im Beurteilungssystem 70 bis 80 Prozent aus. Folgerichtig müßte sich die Führung stärker auf das Arbeitsverhalten konzentrieren. Das betrifft speziell den Einsatz der *konditionierenden Führungsinstrumente*. Beschränkt sich der Einsatz der Kontrollen überwiegend auf die Arbeitsergebnisse beziehungsweise deren Teilziele, wird durch Führungsverhalten nicht gefördert. Verstärkungen und Veränderungen sind dann rein funktional ergebnisbezogen. Richtig ist, bei jeder Kontrolle auch das jeweilige Arbeitsverhalten zum jeweiligen Gesprächsgegenstand (Zielbildung, Lob, Anerkennung, Kritik) zu machen.

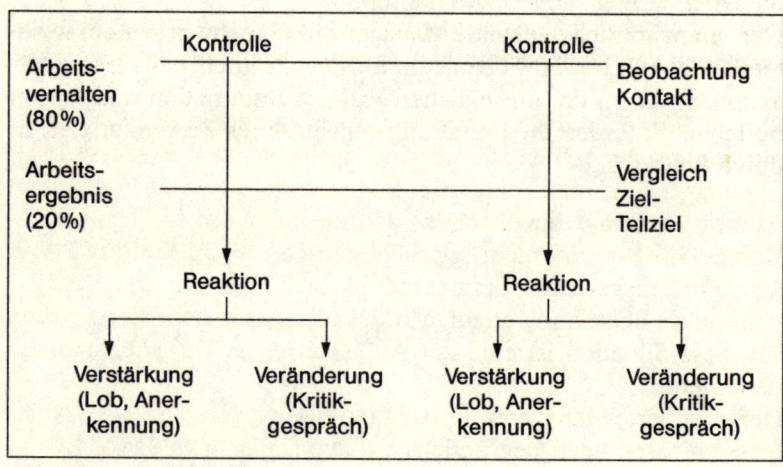

Kontrolle in der Führung

Für den Fall, daß die Umstände die Teilzielerreichung zugelassen hätten, dieses aber durch nichtgeeignetes Verhalten unerreicht blieb, ergeben sich die eventuellen Förderungs- und Lernziele aus der Verhaltenskontrolle.

Die Summe der Reaktionen in einem Zielzeitraum (Beurteilungszeitraum) bildet die Grundlage für die Beurteilung des Mitarbeiters. Eine Beurteilung ohne die Ergebnisse der im Beurteilungszeitraum regelmäßig angewandten Führungsinstrumente Anerkennung, Kritik, Mitarbeitergespräche und Mitarbeiterförderung ist nicht möglich.

Für den verantwortlich vorgehenden Manager ist grundsätzlich wichtig, keine Teilzielkontrolle von Arbeitsergebnissen zu machen, ohne gleichzeitig das Arbeitsverhalten anzusprechen. Verhaltensbeobachtung und Verhaltensansprache sind die Voraussetzung für gezielte Förderungsentscheidungen.

Der denkende Manager ist sich der Schwierigkeit bewußt, Verhalten zu beschreiben. Auf der anderen Seite weiß er, daß spätestens im Beurteilungsgespräch ein Nachweis verlangt wird. Er bemüht sich um sprachlich faßbare Indikatoren und vereinbart sie mit dem Mitarbeiter in gleicher Weise wie die Definitionen der Kriterien.

a) Kompetenzerwerb über Lernziele

Im menschlichen Verhaltensbereich können drei Zielkategorien unterschieden werden. Sie orientieren sich folgerichtig an den Größen, von denen Verhalten beeinflußt wird (siehe Abbildung auf Seite 240).

Wollen, Wissen und Können beeinflussen verändernd die Wahrnehmung eines Menschen. Somit sind die personalen Prozesse nach Bildungsmaßnahmen von großer Bedeutung. Bei jedem Verhaltenstraining ist darauf hinzuweisen, daß die partnerschaftliche »Back-Home«-Situation oft nicht unproblematisch ist. Üblicherweise wird der verhaltensgeschulte Seminarheimkehrer über sein »Herrschaftswissen« als Bedrohung erlebt. Mit der gewissenhaften Vorbereitung auf diese Situation ist eine der Aufgaben eines Verhaltenstrainers beschrieben.

Der orientierte Manager weiß, daß die Wirkungslosigkeit von Verhaltensseminaren auch begründet ist durch fehlendes »Back Up« im Unternehmen. Die Lernziele sind weder allgemein bekannt, noch

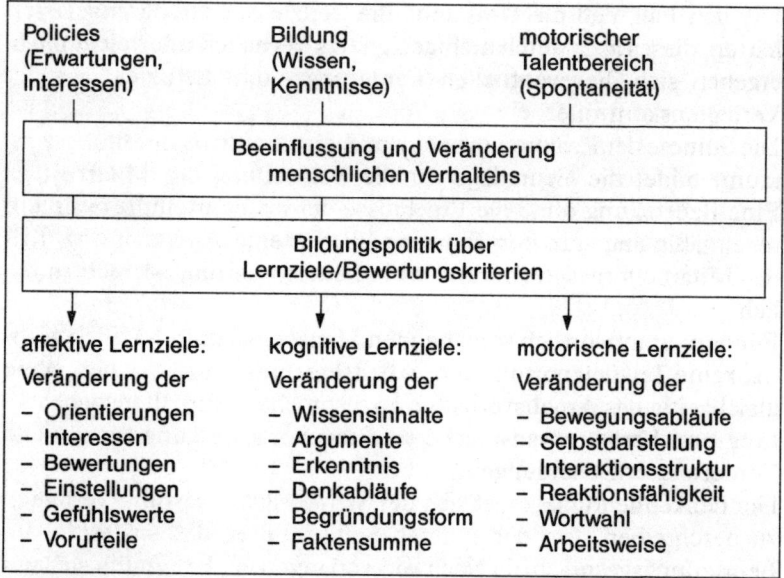

Policies (Erwartungen, Interessen)	Bildung (Wissen, Kenntnisse)	motorischer Talentbereich (Spontaneität)

Beeinflussung und Veränderung menschlichen Verhaltens

Bildungspolitik über Lernziele/Bewertungskriterien

affektive Lernziele: Veränderung der	kognitive Lernziele: Veränderung der	motorische Lernziele: Veränderung der
– Orientierungen	– Wissensinhalte	– Bewegungsabläufe
– Interessen	– Argumente	– Selbstdarstellung
– Bewertungen	– Erkenntnis	– Interaktionsstruktur
– Einstellungen	– Denkabläufe	– Reaktionsfähigkeit
– Gefühlswerte	– Begründungsform	– Wortwahl
– Vorurteile	– Faktensumme	– Arbeitsweise

Einfluß auf das Verhalten

wird deren Erreichung und Umsetzung durch die Führungsinstrumente verstärkt.

Ein weiterer Effekt von Verhaltensseminaren, der deren Wirkung abmindert, ist die Irritation der sozialen Umwelt. Neues Verhalten wird häufig als Störung der Berechenbarkeit erlebt. Der Lernerfolg reduziert sich durch den Motivationsverlust als Reaktion auf soziale Distanz.

Der verantwortlich denkende Manager rechtfertigt den Bildungsetat durch *Folgemaßnahmen* nach Seminaren. Er verhindert negative Konditionierungen bei Bemühungen, neues Wissen anzuwenden. Er verstärkt über Kontrollen und Anerkennungen speziell im Verhaltensbereich und bereitet die Gespräche vor und nach Bildungsmaßnahmen sorgfältig vor.

b) Die Zielkategorien für das Arbeitsverhalten

Führen und Lehren haben eines gemeinsam: Es wird versucht, das Verhalten eines Menschen zu verändern. Voraussetzung dafür ist klare Zielbildung. Eine Zielbildung ist formal geeignet, wenn sie

240

Informationen enthält über den Sinn eines Ziels, über dessen Qualität und Erreichbarkeit, die damit verknüpften Termine sowie über Kontroll- und Korrekturmöglichkeiten der Teilschritte.

Die Qualität des Arbeitsverhaltens mißt sich nicht an der Kompetenz eines Mitarbeiters, sondern an seiner *Performanz*. Kompetenz (Voraussetzung für eine Leistung) ist das meßbare und abfragbare Potential. Performanz ist die Realisierung des Potentials in einer konkreten psychischen oder sozialen Situation. Die Performanz ist außerhalb eines echten Einsatzes nicht erkennbar bzw. meßbar. Es ist grundsätzlich nicht möglich, in bestimmter Weise vorauszusagen, wie sich ein Mensch mit vorhandener Kompetenz in einer konkreten Belastungssituation verhalten wird. Die Wahrscheinlichkeit geeigneter Situationsbewältigung ist bei vorhandener Kompetenz bestenfalls größer. Die Performanz beweist sich also über geeignete und ungeeignete Interaktionen in der aktuellen Situation ohne das Wissen um prüfende Beobachtung:

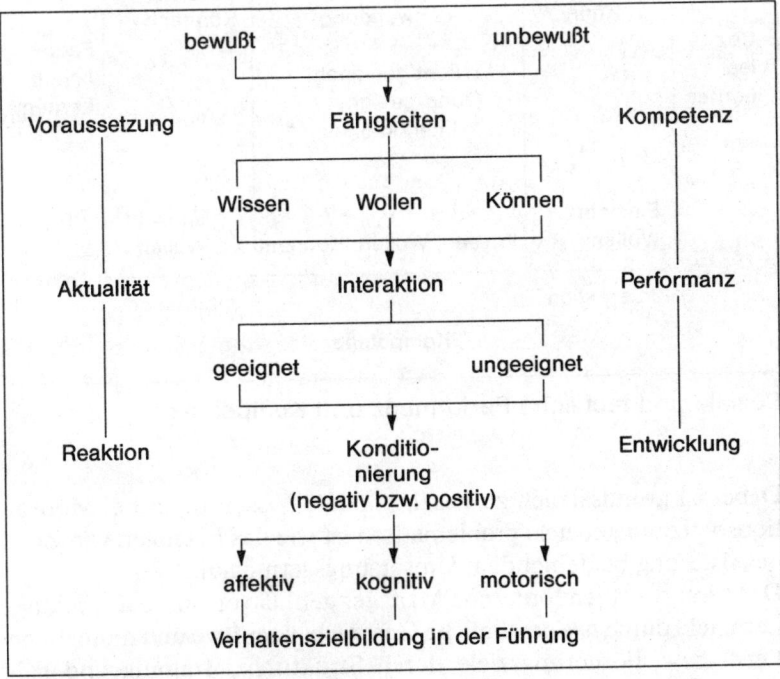

Zielbildung in der Interaktion

241

In Wahrnehmung seiner Förderungsaufgaben wird der führende Manager im Arbeitsalltag die Performanz seiner Mitarbeiter ständig beobachten. Erkennt er, daß das aktuelle Arbeitsverhalten eines Mitarbeiters zu einer Zielerreichung ungeeignet ist, hat der Führende zu analysieren, ob *affektive, kognitive* oder *motorische* Defizite vorliegen: Hat der Mitarbeiter etwas nicht gewollt, etwas nicht gewußt oder etwas nicht gekonnt.

Aus dieser Analyse folgen gezielte Maßnahmen in der Kompetenzbildung über Verhaltenszielbildung, Förderungsgespräche oder entsprechende Bildungsmaßnahmen. Erst durch sorgfältige Beobachtung der Performanz ergibt sich die Möglichkeit, diese durch Kompetenzerweiterung zu verbessern:

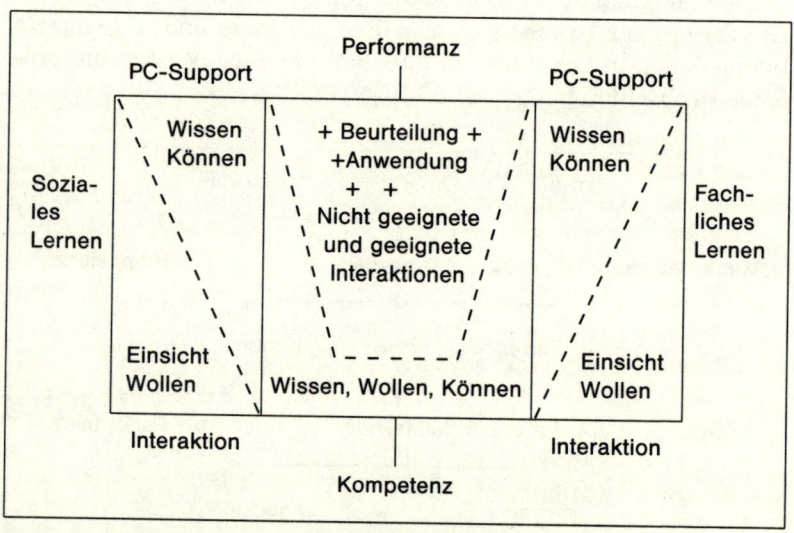

Soziale und fachliche Performanz und Kompetenz

Dabei ist grundsätzlich zu beachten, daß Wissensinput bei Motivationsdefiziten genauso problematisch ist wie das Erzeugen von Zielbegeisterung bei fehlendem Umsetzungsvermögen.

Der verantwortlich fördernde Manager geht davon aus, daß affektive Lernziele durch das persönliche Gespräch, kognitive und motorische Lern- bzw. Förderungsziele durch Strukturen, Training und PC-Technik wesentlich besser erreicht werden als durch Trial and Error.

242

Der konstruktive Einfluß auf das Mitarbeiterverhalten ist stärker möglich als er genutzt wird. In der Zusammenarbeit mit künftigen Mitarbeitern bedeutet das: Für die Kompetenzerfassung ist das Einstellungsverfahren zuständig, für die Performanz die Probezeit. Die Erwartungen an ein Einstellungsverfahren, künftige Performanz erfassen zu können, sind grundsätzlich zu hoch. Ein weitverbreiteter Fehler besteht darin, daß sich Manager auf die Ergebnisse *laborähnlicher Einstellungstests* verlassen und den Bewerber anstellen, und die Probezeit wird mit konzentrierten Ausbildungsprogrammen gefüllt. Anschließend werden nach Ablauf der Probezeit erstmalig praktische Arbeitsergebnisse und das Arbeitsverhalten berücksichtigt. Nicht selten ist es dann für einfache Korrekturen zu spät.

c) Kritikgespräche bei Verhaltensdefiziten

Erfahrungsgemäß sind Kritikgespräche über ungeeignetes Verhalten ebenso notwendig wie selten. Zumindest scheitert in der Praxis die Effizienz an der fehlenden Fähigkeit, über Verhalten anders als unter Zuhilfenahme von Beispielen zu reden. Es fehlt an Sprachvermögen, die abstrakte Meßbarkeit darzustellen. Dieses ist wichtig, um vor jedem Kritikgespräch prüfen zu können, ob folgende Voraussetzungen vorliegen: eine vereinbarte Soll-Linie, eine nachvollziehbare und beschreibbare Abweichung sowie ein bekannter Maßstab.
Als Struktur für eine Vorbereitung ist hilfreich:

1. Kontakt   (Anfangskontakt)
2. Anlaß   (kritikwürdiger Sachverhalt)
3. Reaktion   (Mitarbeiter hören)
4. Wertung   (gemeinsam geklärter Tatbestand)
5. Zielbildung   (künftiges Verhalten vereinbaren)
6. Verstärkung   (grundsätzliche Wertschätzung)

Zu 1: Ein Anfangskontakt wird hergestellt. Die Gestaltung einer konstruktiven Atmosphäre schon in der Stimmungsprägungsphase ist von sprachlichem Handeln abhängig.
Anmerkungen:
1. Die ersten fünf Sätze enthalten keine »Ich«-Aussage
2. Kein Lob, Vermeidung von Unehrlichkeitseindrücken und Verhinderung negativer Konditionierungen

3. Vermeidung von Negativaussagen:
   ... leider sehen wir uns zu selten ...
   ... es ging nicht früher ...
   ... Ich will Ihnen keine Vorschriften machen ...
   ... fühlen Sie sich nicht verletzt, angegriffen ...
4. Keine Phrasen und Floskeln
5. Wenn Small-Talk, dann geeignete Überleitung

Zu 2: Der kritikwürdige Tatbestand muß angemessen dargestellt werden.
Anmerkungen:
1. Beschreiben statt Bewerten
2. Pauschalierungen sind Verletzungssignale
3. Keine nonverbalen Verurteilungen

Zu 3: Der führende Manager muß den Mitarbeiter zu Wort kommen lassen.
Anmerkungen:
1. Hinhören statt Verhören
2. Non-direktive Techniken
3. Alterozentrierter Sprachanteil
4. Keine Dominanzfragen
5. Keine Lösungen
6. Keine Rechtfertigung des Wertsystems

Zu 4: Der geklärte Sachverhalt wird gemeinsam bewertet.
Anmerkungen:
1. Ungeklärte Tatbestände nicht berücksichtigen
2. Gründe und Bewertungen trennen
3. Wertung gemeinsam vornehmen

Zu 5: Künftiges Verhalten wird vereinbart.
Anmerkungen:
1. Stufen der Zielbildung beachten
2. Teilzielschritte durch Kontrollen überprüfen
3. Sanktionen und Folgen berücksichtigen

Zu 6: Eine grundsätzliche Wertschätzung wird ausgesprochen.
Anmerkungen:
1. Lob und Anerkennung unterscheiden
2. Zielbildung positiv konditionieren
3. Schlußkontakt bewußt gestalten
4. Person und Sache trennen

Diese Punkte sind zur Vorbereitung eines Kritikgespräches 5 bis 10 Minuten zu erinnern und aktuell inhaltlich zu füllen. Diese Sensibilisierung sichert eine flexible Handhabung von Eventualitäten. Der verantwortlich führende Manager wird ein Kritikgespräch nur selten praktisch derart stark strukturieren. Ihm geht es darum, für entscheidende geeignete Interaktionen vorbereitet zu sein.

d) Zielbildung und Betriebsklima

Zielbildung heißt, zukünftige Zustände und die damit verbundene Erwartungshaltung darzustellen. In dem Begriff Betriebsklima sind die interaktionsbeeinflussenden Interessen, Stimmungen und Erwartungen in einem sozialen System vom Typ »Unternehmen« zusammengefaßt. Die Verbindung zwischen Zielbildung und Erwartungshaltung ist evident, der Bereich der Spekulation bei unklarer Vorsatzbildung kann zu Enttäuschung, zu Frustration (frustra = vergeblich) führen. Es wird unterschieden zwischen:

Verlaufsfrustration
Dinge entwickeln sich permanent und schleichend gegen die Erwartungshaltung. Diese wird gegenüber dem Arbeitsplatz oder dem Partner täglich neu aufgebaut und täglich enttäuscht.

Zielfrustration
Durch ein unerwartetes plötzliches Ereignis wird die Erwartungshaltung zerstört und die bislang realistisch scheinende Zielerreichung ist unmöglich geworden. Je sorgfältiger der Mensch sich vorbereitet, desto wirkungsvoller trifft ihn der Zufall. Die jeweilige Stärke der Frustration ist von zwei Faktoren abhängig:

1. Energie (Mit welcher Intensität wird das Ziel angesteuert?)
2. Zeit (Wie lange wird bereits daran gearbeitet?)

Zur Auflockerung sei ein Beispiel gestattet: Ein Mann hat den ganzen Abend gegenüber einem geschlechtlichen Gegenpol, mit herrlich ästhetischer Molekularstruktur und 55 Kilo Biomasse – optimal verteilt – seine bedürfniszentrierten Interaktionen mit dem Ziel des Angebotes großflächigen Hautkontaktes eingesetzt. Bis drei Minuten nach Mitternacht hat er Charme, Champagner und kluge Gedanken investiert, und jetzt schaut ihn die Dame an, gähnt und sagt mit einem Blick auf die Uhr: »Bleiben Sie noch einen Augenblick, mein Mann kommt auch gleich!« Leichte Zielfrustration ist in diesem Fall nicht zu vermeiden.

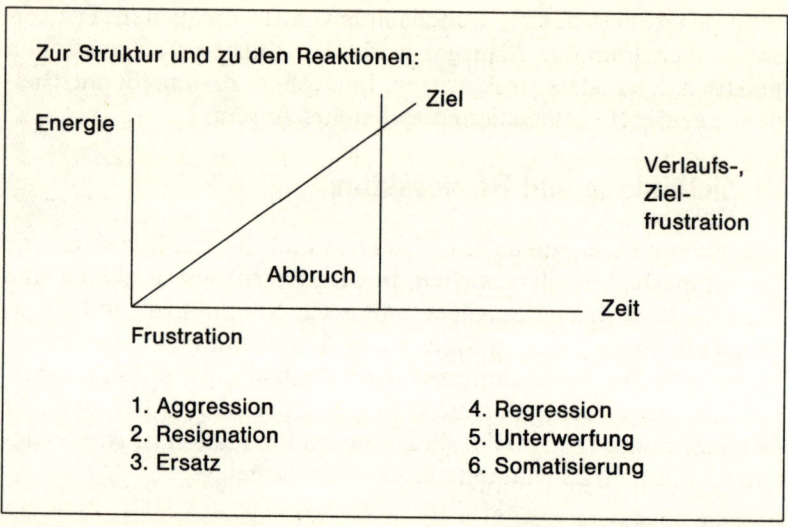

Zur Struktur und zu den Reaktionen:

Energie

Ziel

Verlaufs-,
Ziel-
frustration

Abbruch

Zeit

Frustration

1. Aggression   4. Regression
2. Resignation   5. Unterwerfung
3. Ersatz   6. Somatisierung

Frustration mit Reaktionen

Auf Frustration wird innerhalb eines sozialen Systems verschieden reagiert:

1. *Aggression* ist das aktive Handeln gegen das Objekt. In emotionaler Entlastung wird die Situation sozioaggressiv (Zuwendungsentzug, Beschimpfungen, Haß) oder autoaggressiv (Depressionen, Selbstmitleid) beantwortet. Zum Beispiel: »Dieser Laden weiß gar nicht, was er an mir hat.«

2. *Resignation* ist das Versiegen der Motivationskräfte. Mit der Selbstaufgabe trotz gestaltbarer Umstände wird Mißerfolg als Schicksal akzeptiert. Zum Beispiel: »Es hat ja doch keinen Zweck, man kann sagen, was man will.«

3. *Ersatz* wird in der Flucht in die Fleißarbeit gesucht. Die Befriedigung in sinnloser, jedoch arbeitsintensiver Tätigkeit wird zur Daseinsberechtigung. Das wochenlange Vergleichen von Durchschriften mit dem Original bzw. das wilde Verfassen statistischer Zeichnungen können als Beispiel genannt werden.

4. *Regression* ist das Zurückschreiten in die infantilen Interaktionen mit kindlichen bzw. kindhaften Reaktionen (Schmollen, Albernheit, Weinen). Zum Beispiel deutet themenzentrierter Humor auf

psychische Spannungszustände hin. Lachen befreit Gefangenes. Bestimmte Witzarten im Unternehmen richten sich gegen den Frustrationsgrund.

5. *Unterwerfung* bezeichnet den Kadavergehorsam. Es wird alles gemacht, was gesagt wird, ohne Reflexion über Würde oder Zweckmäßigkeit. »Ich putze auch mit der Zahnbürste den Hof, an welcher Ecke soll ich beginnen.« Im Gegensatz zur Resignation wird bis zur Selbstaufgabe gearbeitet.

6. *Somatisierung* heißt, daß sich die Frustration verkörperlicht (soma = Körper). Psychosomatische Störungen, Alkohol und Drogen spielen eine wichtige Rolle.

Je nach individuellem Rahmen wird der einzelne mit einer der sechs Möglichkeiten reagieren. Wenn die Frustration erhalten bleibt und keine rationale Verarbeitung stattfindet, ist es wahrscheinlich, daß die anderen fünf Alternativen probiert werden. Letztendlich kehrt der Mensch in eine zurück und zementiert diese.

Alle Frustration hat ihre Ursache in unrealistischen Erwartungshaltungen, die aus ungeeigneter Zielbildung erfolgen. Die sechs Reaktionen auf Frustration zeigen die Distanz zum System. Damit sind die Indikatoren der »inneren Kündigung« in Ursache und Wirkung beschrieben.

Unter »innerer Kündigung« ist die Verweigerung der Anerkennung des allgemeinen Bewußtseins zu verstehen. Der Mitarbeiter zieht sich innerlich zurück aus dem System, welches ihm bei seinen Entfaltungsansprüchen unerträgliche Vergeblichkeitserfahrung entgegensetzt. Folglich verstärkt sich sein Hang zu Handlungen, die äußere Sanktionen vermeiden. Er befreit sich von inneren Zwängen, die früher Identifikation bedeuteten. Sein Denken konzentriert sich auf Vermeidung dessen, was jeweils gegen ihn verhängt werden kann.

Der Manager mit Führungsaufgaben setzt dagegen ein detailliertes, einheitliches und vereinbartes Hintergrundverständnis über:

— Unternehmenswerte

— Menschen- und Führungsbild

— Beurteilungsverfahren

— Zukunftsbewältigung

— Zielgründe

Er durchdenkt rational die Voraussetzungen für Erfolgserlebnisse durch Zielerreichung.

5. Die Messung der sozialen Kompetenz

Kompetenz begünstigt die Performanz. Je mehr ein Mensch weiß und will und kann, desto größer die Wahrscheinlichkeit, in einer konkreten Situation auch geeignet zu reagieren. Nun erleben wir täglich Menschen mit hervorragender Performanz, die sich ihres Wissens, Könnens, Wollens nur schemenhaft bewußt sind. Exzellente Verkäufer und auch Führungskräfte definieren sich über berechtigten Erfolg, ohne rational verantwortet zu den Voraussetzungen Stellung nehmen zu können. Sie haben nie ein Seminar besucht, sind nicht in die Lehre eines pädagogisch qualifizierten Meisters gegangen und haben trotzdem das Glück, stabile Erfolgsserien zeigen zu können.

Nicht selten beginnt ihr Problem, wenn sie anderen Menschen den Erwerb ihrer Fähigkeiten zu ermöglichen haben. Dann sind sie gezwungen zu begründen, zu strukturieren, außerhalb konkreter Situationen zu zeigen, wie Erfolg zustande kommt. Anderenfalls ist der Manager angewiesen auf unkritische Nachahmer, deren Performanz begrenzt sein muß. Es ist also erforderlich, der Praxis die Theorie zuzuführen und umgekehrt. Auch ist es nekrophil, die Dreieinigkeit Wissen – Leistung – Wirkung ehrgeizig für das eigene Leben zu pachten und sich darüber zu definieren, anderen vordergründig überlegen zu sein. Dieser relative Ehrgeiz macht es unmöglich, andere zu fördern.

Will ich erreichen, daß andere Menschen im Umgang mit mir größer werden, bin ich auch zur Entfaltung meiner sozialen Intelligenz verpflichtet.

Das Ziel ist die erfolgreiche Vermittlung eigener Fähigkeiten, die in rationaler Verantwortung als biophil, als konstruktiv erkannt wurden. Das Modell dazu orientiert sich an den Fragestellungen nach der Kompetenz für eine bestimmte Performanz.

Was muß ein anderer Mensch wollen, wissen und können, um die Performanz für notwendige Erfolge zu erreichen? Der verantwortlich fördernde Manager erweitert täglich seine Liste der Erkennungs- und Zielindikatoren, über welche speziell die soziale Kompetenz zu erfahren ist.

Er organisiert in seiner Umwelt Bildungsverfahren zur Kompetenzerweiterung und korrigiert bzw. verstärkt über die beobachtete Performanz.

a) Bildungszielkontrolle und Führungssystematik

Ausgehend von der wesentlichen Arbeit der Führung im Bereich der Verhaltensförderung gilt für die Zielbildung, Zielvermittlung und Zielvereinbarung: Wenn die Beziehung zwischen Menschen gestört ist, entstehen grundsätzlich Probleme auf der Informationsebene. Informationen werden verzerrt gesendet, empfangen und verarbeitet. Besonders ungünstig wirkt sich das auf Arbeits- und Verhaltensziele im Unternehmen aus.

1. Beziehungen begründen Informationsstand und -qualität in sozialen Systemen. So erfolgt bei gestörten Beziehungen eine destruktive Informationsinterpretation.
2. Information ist die Voraussetzung zur Zielbildung. Ohne die Anforderungen an formale Zielbildung sind Ziele lediglich Wünsche.
3. Zielbildung begründet Erwartung. Die Zielbeteiligten formulieren und bewerten bewußt und unbewußt den Zukunftszustand.
4. Erwartungen werden mit Ergebnissen konfrontiert. Realität entsteht aus diesem Vergleich der Teilschritte mit den Erwartungen.
5. Ergebnisse erzeugen Reaktionen. Die Zielbeteiligten empfinden den Soll-Ist-Vergleich in emotional entlastender Weise.

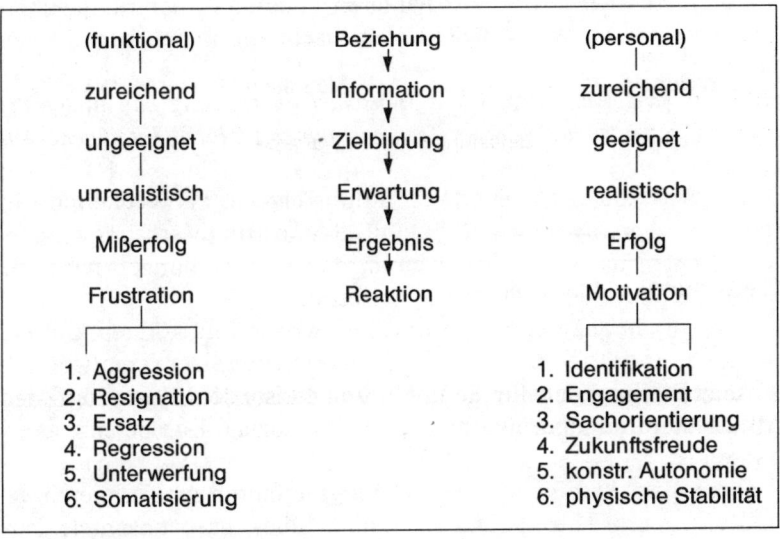

Information und Zielbildung

Bei funktionaler Beziehung werden im sozialen System die Informationen grundsätzlich unzureichend sein. Damit sind die formalen Voraussetzungen der Zielbildungen nur unzureichend abgedeckt. Die unrealistische Erwartungshaltung ist damit die Voraussetzung für den Mißerfolg. Dieser begründet Frustration und die Reaktionen darauf.

Bei personaler Beziehung sind die Informationen auch im spekulativen Bereich realitätsdichter. Die vorgenommene Zielbildung erfolgt auf geeigneter Informationsbasis und führt zu realistischer Erwartungshaltung. Diese wird eher zu Erfolgen führen, die wiederum Motivation begründen.

Der verantwortlich motivierende Manager beachtet den Zusammenhang von Information und Reaktion. Er unterstellt in seinem Führungssystem folgenden Ablauf:

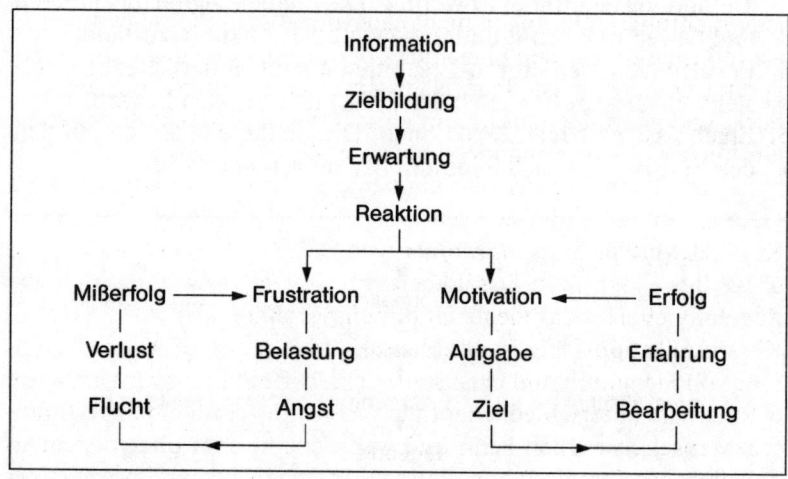

Zielbildung und Motivation

Er setzt Bildungsziele für die Entfaltung der sozialen Kompetenz der Mitarbeiter und kontrolliert sie.

b) Indikatoren für die Kommunikations- und Konfliktfähigkeit

Wer behauptet, er könne *objektiv* beurteilen, hat wahrscheinlich das Wort nicht verstanden. Jedoch können wir uns vor dem Horizont unseres Wissens rational konsensfähig in gemeinsamem Erkenntnisfortschritt einigen, was gültig sein soll. Diese Gültigkeit gilt es gegenüber dem Biophiliekriterium zu rechtfertigen.

Gelingt dem Manager dieses, hat er Frieden, er lebt in Einklang mit äußeren und inneren Zwängen, für die er sich entschieden hat. Er genießt den Geborgenheitswert und weiß um die Stärke seiner Autonomie im akuten Fall. Das Bild eines Fischschwarms macht dieses deutlich. In nicht zu differenzierender Harmonie bewegt sich die Einheit von vielen 1000 Tieren heteronom koordiniert mit Eleganz und Nahrungserfolg durch das Revier. Mit wechselnder Führung wird jede Richtungsänderung in nicht nachvollziehbarer Geschwindigkeit als Information auf den einzelnen übertragen, ohne daß eine Verzögerung bemerkbar ist. Jede Nahrungsnische wird gemeinsam entdeckt und geordnet genutzt. Im plötzlichen Falle der Gefahr erfolgt ein blitzartiges Auseinanderstieben, jeder kämpft oder flieht autonom, den Feind verwirrt die kraftvolle individuelle Vielfalt. Ist die Gefahr vorüber, bildet sich schnell der bewährte Konvoi. Im aktiven Konflikt wird die *Systemidentifikation* – nicht Introjektion – autonom unter Beweis gestellt. Das Leben wird kurzzeitig wichtiger als die Regeln: vielleicht das ideale Unternehmensbild.

Kommunikationsfähig ist ein Manager dann, wenn er in der Darstellung von Sicherheit und Unsicherheit nicht fremdbestimmt ist, wenn er innerhalb unterschiedlicher Interaktionsmuster für einen bestimmten Menschen wählen kann und wenn er mit dem überwiegenden Teil fremder Interaktionen sinnvoll umgehen kann. Ein affektiver Indikator könnte die Einsicht in die Notwendigkeit reversibler Interaktionsmuster sein, ein kognitiver Indikator ist die Anzahl beherrschter Argumentationsfiguren und Beweisstrukturen, und ein motorischer Indikator ist der bewußte Einsatz der Wirkungsmittel speziell bei Unsicherheit.

Konfliktfähig ist ein Manager dann, wenn er kooperativ und koordinativ im Team arbeiten kann, wenn er personale Würde realisiert, indem er sich und andere nie zum reinen Mittel macht und wenn er Konflikte akzeptiert und in der Lage ist, sie geeignet zu kritisieren.

Ein *affektiver* Indikator kann die Einsicht in die Notwendigkeit sein, in Konflikten auf Dominanz zu verzichten. Ein *kognitiver* Indikator ist zum Beispiel die Anzahl bestimmter Gesprächstechniken, und ein *motorischer* Indikator ist das bewußte Beschreiben (statt Bewerten) emotional belastender Situationen.

Der beurteilende Manager erstellt ein Anforderungsprofil für die Kommunikations- und Konfliktfähigkeit unter besonderer Berücksichtigung der Auswahlverfahren für neue Mitarbeiter.

c) Die Aktivierung der sittlichen Potenz

Jedes soziale System hat ein schwieriges Problem zu lösen: Wie breche ich den Willen eines Menschen, ohne daß er es merkt? Von der sittlichen Legitimation, zu wessen Nutzen fremder Wille gebrochen oder geändert wird, einmal abgesehen. Dieses Problem wird um so größer, je mündiger, autonomer, wissender die Menschen sind, um die es geht. Die Information und deren Verarbeitung zu persönlichem Wissen ist weder für den Führenden noch für den Geführten ein entlastender Segen. Bei der Bedrohung durch Wissen reagiert die Psyche des Lernenden nicht selten mit der Rationalisierung, daß zuviel Wissen in der Kunst der Menschenbehandlung auch den Mißbrauch fördern könnte. *Das ist grundsätzlich richtig, jedoch ist der Verzicht auf soziale Kompetenz kein Redlichkeitsnachweis.* Lernbereitschaft in allen Lebensdimensionen ist eine Tugend.

Sittlich aktivierte Potenz manipuliert nicht. Es ist wichtig, einen Unterschied zwischen Manipulation und Beeinflussung zu sehen. Beeinflussung erfolgt auf verschiedene Arten. Jede Kommunikation, speziell wenn sie überzeugen will, ist Beeinflussung.

1. Definition

Manipulation ist Beeinflussung von Menschen zum Nutzen des Beeinflussers oder eines Dritten, möglicherweise gegen den Willen oder zum Schaden des Beeinflußten. Der Beeinflußte ist dabei lediglich Mittel oder Zweck. Dies ist ein Verstoß gegen die Würde des Menschen.

2. Definition

Edukation ist die konstruktive Beeinflussung von Menschen zum Nutzen des Beeinflußten.

252

3. Erklärung

Was jeweils der Nutzen ist, entscheidet der Beeinflussende. Solidarisch ist die Beeinflussung, wenn sie zum Nutzen beider erfolgt.

4. Erklärung

Die Instrumente, Techniken, Sprachmuster für Manipulation und Edukation sind dieselben. Jede Sprachstrategie (Fragetechniken, Einwandverhalten, Argumentationsformen, Präsentationsstrukturen) kann manipulativ oder edukativ eingesetzt werden.

5. Schluß

Manipulation und Edukation sind Bewertungsvokabeln für die Absicht des Anwenders von kommunikativen Strategien. Sie bewerten nicht die Techniken und Strategien als solche. Der Verzicht auf das Erlernen von Überzeugungstechniken erschwert auch alle edukativen Absichten. Es ist nicht sinnvoll, Dinge nur deshalb nicht zu lernen, weil man sie auch mißbrauchen kann.

Wer also nicht die Fähigkeit hat, die Absichten und die Motivationen anderer zu ändern, wird auch nicht in der Lage sein, diese interaktionelle Vielfalt konstruktiv zur eigenen und zur fremden Entfaltung einzusetzen.

Der verantwortlich denkende Manager hat in ständigem Aufbau und Ausbau seiner Sittlichkeit auch den Einsatz seines entfalteten Potentials zu überlegen. Er erwirbt Fähigkeiten zur Realisierung seiner Prinzipien und weniger zu seiner emotionalen Entlastung. Es sei denn, sie liegt innerhalb biophiler Maxime.

d) Die soziale Qualität der Wahrheit als Maßstab

Wir müssen uns also einigen. Und das auch noch in hohem Anspruch an die Qualität der Gedanken, die zur Einigung eingefordert werden. Der Verzicht auf Fremdbestimmung hat seinen Preis. Er besteht in der Forderung, das eigene Denken und damit gleichzeitig die soziale Qualität einer Wahrheit zu verbessern. Dies hat jedoch auch verschiedene Vorzüge:

- Jeder der am Wahrheitsfindungsprozeß Beteiligten gilt als identifizierter Repräsentant der gefundenen Wahrheit.

- Konsequenzen aus der ermittelten Wahrheit werden von keinem Beteiligten bestritten bzw. nicht akzeptiert.
- Die Realitätsdichte der Wahrheit wird kollektiv über Konflikte erfahren und gegebenenfalls korrigiert.
- Eine Veränderung der Sozialität fordert automatisch eine Überprüfung der bislang gültigen sozialen Wahrheit.
- Die Kritikfähigkeit der Betroffenen wird biophil aktiviert und bleibt wach.
- Ständige Optimierung bedingt Entfaltung aller beteiligten Lebensdimensionen.

Was spricht eigentlich dagegen, innerhalb der Unternehmenswerte die Definitionen und Maßstäbe in der oben angegebenen Form zu vereinbaren? In gut moderierten *Diskursen* prägt die Unternehmensleitung das Wertdenken vor und verantwortet somit die aktuelle Gestaltung der Führungssystematik. Wenn die Beurteilungsverfahren beibehalten werden, ist eine Aktualisierung der Indikatoren jederzeit Pflicht und möglich.

Die erfolgreiche Führung minimalisiert den psychischen, materiellen, physischen und sozialen Aufwand bei der Erreichung der Unternehmensziele. Dabei ist zu unterscheiden zwischen der Beeinflussung von Menschen und der Beeinflussung menschlichen Handelns. Im ersten Fall werden die Policies (Orientierungen, Einstellungen) verändert oder verstärkt, im zweiten Fall die Interaktionen.

Die Veränderung der Policies erfordert ein Managementdenken unter Berücksichtigung der sozialen Qualität der Wahrheit. Interaktionsbeeinflussung wird verantwortet durch den bewußten Einsatz der Konditionierungsinstrumente innerhalb der Führung.

6. Konfliktfähigkeit statt Konfliktvermeidung

Jemanden verteidigen, der negatives Feedback bekommt, heißt ihn demotivieren, seine Fehler abzustellen. Zwar können uns andere nicht sagen, wie wir sind, aber sie sagen uns eventuell, wie wir auf jemanden wirken. Und das sind wesentliche Orientierungsdaten für das Erfassen unserer Position im sozialen Feld.

Viele Manager erschweren sich ihre realistische Selbsteinschätzung erheblich, indem sie wohl vorgeben, für »offene« Worte stets empfänglich zu sein, in der konkreten Situation jedoch bei negativem Feedback massive Rechtfertigungs- oder Rationalisierungsversuche starten. Das führt dazu, daß der Feedback-Geber in Zukunft nur berechnetes oder gar kein Feedback mehr sendet; *die Daten zur realistischen Selbsteinschätzung fehlen.* Um diese Konfliktfähigkeit nachzuweisen bzw. bei anderen zu erkennen, sind folgende Interaktionsmuster für das Geben und Nehmen von Feedback wichtig: Emotional entlastend – und damit konfliktunfähig – ist die Pauschalierung im Umgang mit anderen.

— »Ständig sind Sie außer Haus . . .«
— »Wie oft hatten wir schon ihretwegen . . .«
— »Niemand würde sich so verhalten . . .«
— »Immer liegt hier alles herum . . .«
— »Schließlich ist es nicht das erste Mal . . .«

Solche Sätze sind bestenfalls geeignet, Haß zu produzieren, nicht Korrekturwillen zu aktivieren. *Die meisten Pauschalierungen im negativen Bereich sind Haßsignale mit Verletzungsabsichten.* Es ist meist kein Verlangen nach Information, wenn zu Hause die Frage gestellt wird: »Mußt du dauernd vor der Flimmerkiste hängen?«
Trainingserfahrene wissen, Feedback ist die Rückmeldung eines Menschen über das Verhalten eines anderen, ohne daß ein vereinbartes Wertsystem vorhanden ist. Das bedingt bestimmte Sprachregeln.

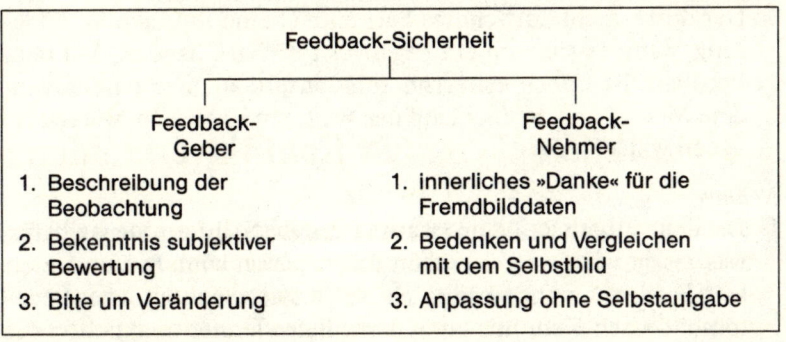

Feedback-Regeln

Um sich sozial geeignet wahrzunehmen, bedarf es der Feedback-Sicherheit. Das bedeutet: in der Lage sein, ein Feedback geeignet zu geben und bei erhaltenem Feedback geeignet zu reagieren. Geber und Nehmer müssen dabei je drei Punkte beachten:

Geber

1. Der erste Satz enthält eine klar beschriebene, nachvollziehbare, kontrollierbare Beobachtung, denn Pauschalierungen werden als Haßsignale mit Verletzungsabsichten empfunden!
   »Sie haben mich zweimal unterbrochen.«
   statt: *»Dauernd reden Sie mir dazwischen.«*
   Pauschalierungen werden unbewußt gewählt, um die selbst empfundene Störung berechtigter anmelden zu dürfen. Das eigene unabgesprochene Wertsystem als Selbstverständlichkeit über den anderen zu stülpen, es als Einflußgröße für den anderen zu erklären, heißt, den anderen klein zu machen.
2. Der zweite Satz enthält das eigene Gefühl. Da kein Wertsystem vereinbart wurde, ist der Subjektivität des Senders sprachlich durch Formulierungen Rechnung zu tragen, wie:
   »Auf mich wirkte das, als wenn . . .«
   »Ich empfand das als . . .«
   »Ich habe das so erlebt, daß . . .«
   »Ich hatte dabei den Eindruck . . .«
   Es heißt dann nicht mehr: »Sie rauchen zuviel.« Sondern: »Sie haben gestern zwei Schachteln Zigaretten geraucht. – Ich finde, das ist zuviel.« Oder noch ein anderer Beispielsatz: »Wenn Sie mich unterbrechen, habe ich den Eindruck, was ich sage, sei nicht wichtig für Sie.«
3. Der dritte, nicht notwendige Satz enthält eine Bitte um Veränderung, wenn es sich um ein negatives Feedback handelt. Mit dem Feedback ist jedoch kein Änderungsanspruch zu verbinden. Andere Menschen sind nicht auf der Welt, um so zu sein, wie ich sie haben will.

Nehmer

1. Die erste innere Reaktion ist ein »Danke«. Nicht ein Danke dafür, was gesagt wird, sondern dafür, daß es gesagt wird. Bekomme ich kein Feedback mehr, verliere ich die Chance, ein eventuelles Phantombild nach Kenntnis zu ändern. Betroffenheitsreaktionen auf ein Feedback sind daher ungeeignet. Fremdbilddaten sind zum

256

Abbau der Diskrepanz zwischen Fremd- und Eigenbild sozial überlebensnotwendig. Nur so kann erreicht werden, daß Interaktionen mit der Person, nicht mit dem Phantombild erfolgen. Jedoch kann kein Mensch dem anderen mit Wahrheitsanspruch sagen, wie er ist. Er kann eine Mitteilung darüber machen, wie er ihn wahrnimmt. Hier sind einige Interaktionsregeln zu beachten.

— Wertende Aussagen über andere sind in erster Linie Informationen über das Wertsystem des Senders.
— Wer andere nach einem nicht abgesprochenem Wertsystem bewertet, spricht über sich. Ob das etwas mit dem Empfänger zu tun hat, kann dieser nur selber prüfen.
— Wer sich bei negativem Feedback anderer verteidigend betroffen fühlt, neigt selbst zur dogmatischen Bewertung anderer.
— Kein Mensch kann einen anderen zwingen, jeden Schuh anzuziehen, den er für diesen bereithält.
— Ich-Aussagen im wertenden Bereich sind Meinungen. Wer sich durch Meinungen anderer steuern läßt, gerät in Gefahr, sein Selbst zu verlieren.

Auch positives Feedback ist nicht nur in narzißtischer Selbstgefälligkeit zu genießen, sondern an die genannten Überlegungen zur realistischen Selbsteinschätzung gebunden.

2. Der zweite Gedanke ist das Bedenken: »Haben mir das schon andere gesagt oder ich mir selber?« Negative Äußerungen machen besonders dann betroffen, wenn sie bewußt oder unbewußt für wahr gehalten werden.
3. Der dritte Schritt ist Anpassung ohne Selbstaufgabe. Niemand ist auf der Welt, um so zu sein, wie andere ihn haben wollen. Wenn ich zu der Überlegung komme, das Feedback sei berechtigt, werde ich mich ändern. Sonst nicht.

Die Feedback-Quittungen sind folgenden Sprachmustern individuell anzugleichen:

»Ich hätte nie gedacht, daß Sie das so sehen.«
»Das war sehr wichtig für mich, zu hören, wie es auf Sie gewirkt hat.«
»Darüber müssen wir unbedingt sprechen. Ich bin erstaunt, wie Sie das erlebt haben.«
»Sie haben etwas dabei empfunden, was ich mir bis eben gar nicht vorstellen konnte.«
»Mir war nicht bewußt, daß Sie das getroffen hat.«

Bei ungeeignetem (Fehler in der Ausdrucksweise) Feedback von der anderen Seite ist so zu reagieren, als ob es geeignet gesprochen wäre. Es ist wichtig, daß selber häufig im geeigneten Augenblick um Feedback gebeten wird: »Wie hat es auf Sie gewirkt.« Ungefragt nur im begründeten Fall Feedback geben!

An dieser Stelle sei das »Gestaltgebet« erwähnt:

»Ich bin ich und du bist du. Ich bin nicht auf dieser Welt, um so zu sein, wie du mich haben willst. Du bist nicht auf dieser Welt, um meine Erwartungen zu erfüllen. Wenn wir uns begegnen, ist es schön. Wenn nicht, schadet es keinem von uns.« Wer bei diesen Gedanken den Verdacht der »Arroganz« nicht ganz unterdrücken kann, gibt Zeugnis seiner eigenen egoistischen, dominanten menschlichen Grundeinstellung.

Der verantwortlich denkende Manager weiß, daß wahrscheinlich die höchste Konfliktfähigkeit des Managers in der Feedback-Sicherheit zu finden ist. Wer sein Lebenskonzept gegen Fremddaten grundsätzlich verteidigt und nicht korrigiert, ist auch zu anderen Konfliktlösungen nicht positiv disponiert. In diesem zentralen Punkt der Konfliktfähigkeit versteht der denkende Manager sein tägliches Arbeitsfeld.

a) Über die Notwendigkeit der Wertschätzung

Es gehört auch zur Realität, daß jeder Mensch etwas Einzigartiges, zu Bewunderndes ist. Die grundsätzliche Wertschätzung eines Menschen kann nach biophilen Prinzipien nicht realitätsabgelöst sein.

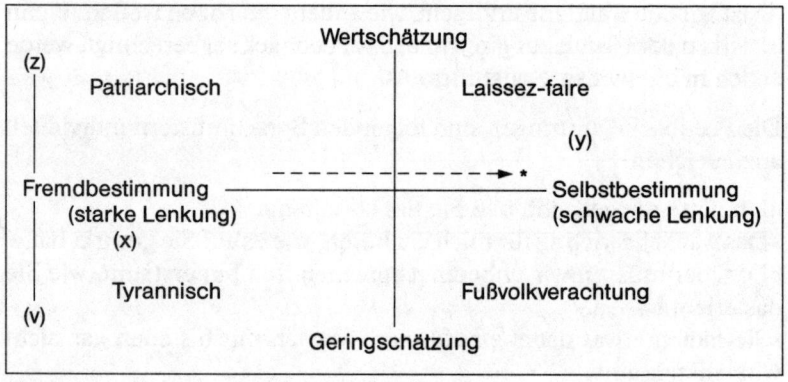

Führungsstile und Wirkung

258

Oft halten uns die eigenen oder die fremden Phantombilder davon ab, einen Menschen als positiv wirkende Realität zu erfahren. Für den Manager ergibt sich daraus eine Leitlinie im Einsatz seiner Führungsinstrumente (siehe Abbildung auf Seite 258).

Das hausinterne Bekenntnis zu einem bestimmten Führungsstil verkürzt den Führungserfolg und berücksichtigt kaum den Anspruch des Geführten. Sicher ist die Beherrschung mehrerer Führungsstile Voraussetzung zur geeigneten Bewältigung unterschiedlicher Führungssituationen.

Nun lassen sich nahezu alle bekannten Führungsstile positionieren zwischen den Eckdaten: Wertschätzung und Geringschätzung einerseits sowie Fremdbestimmung und Selbstbestimmung der Mitarbeiter andererseits. Beispiel (x): Im autoritären Führungsstil ist die Grundeinstellung der Geringschätzung der Mitarbeiter und eine dominante Fremdbestimmung um der Funktionalität willen zu sehen. Beispiel (y): Im Laissez-faire-Stil ist hohe Wertschätzung mit starker Selbstbestimmung einig. Priorität hat nicht Leistung, sondern die unkontrollierte Förderung der Beziehungseuphorie.

Ungeeignete Führungskräfte variieren zwischen (z) und (v). Sie verstärken und blockieren über Lob und Tadel, indem sie bei ständig starker Fremdbestimmung zwischen Wertschätzung (Nähe durch Lob) und Geringschätzung (Distanz durch Tadel) wechseln.

Geeignete Manager werden überwiegend durch Wertschätzung führen und stets bemüht sein, die Fremdbestimmung über kleine Teilzielkontrollen in eine Selbstbestimmung durch größere Kontrollabschnitte zu wandeln. Sie erreichen diese sicher, wenn die Konditionierungen qualitativ so erfolgen, daß sie echte Verhaltensänderungen bewirken und damit auf längere Sicht unnötiger werden. Nicht selten ergibt sich – was Intensität und Anzahl anbetrifft – ein flacher werdender Ablauf.

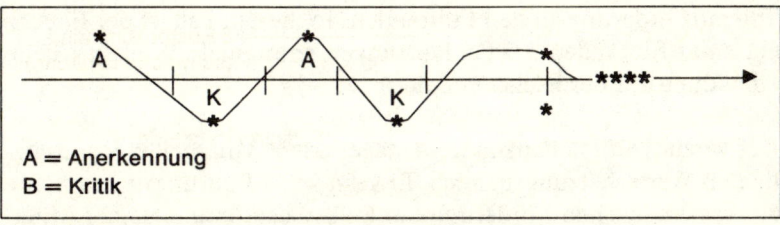

A = Anerkennung
B = Kritik

Selbstbestimmung durch Konditionierung

Bei notwendiger stärkerer Konditionierung zu Beginn von Führungsprozessen werden die Führungsinteraktionen in höherem Maße anerkennungs- und kritikbezogen sein. Die damit erfolgende größere Selbständigkeit des Geführten soll Selbstbestimmung und damit größere Selbstkontrolle erzeugen. Dabei dürfen die Konditionierungen nicht vollständig ausbleiben, weil die Grundlage für eine Beurteilung dann nicht mehr gegeben wäre.

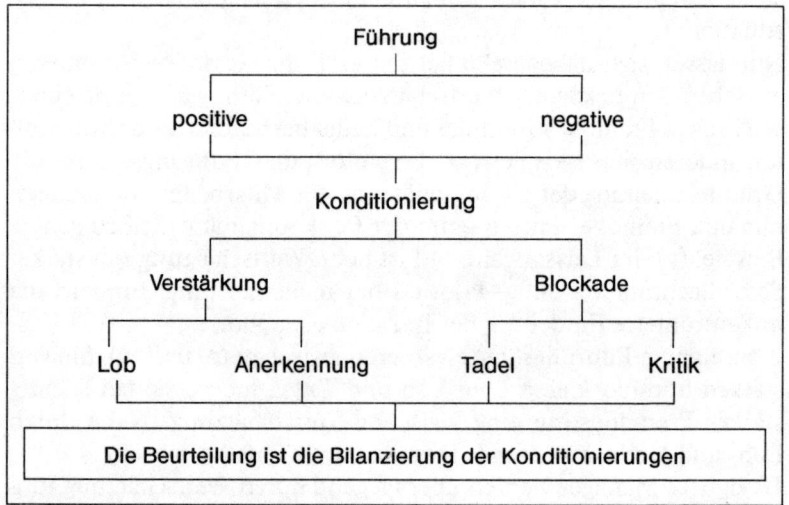

Verstärkungen und Blockaden

Art und Einsatz der verschiedenen Konditionierungen sind auch wesentlich von den Hierarchiestufen abhängig, zwischen denen sie erfolgen. Der Grad der Verantwortung und des freien Spielraumes (Handlungsfreiheit) bestimmt Stärke und Häufigkeit. Je geringer die Verantwortung und der Freiraum eines Mitarbeiters, um so höher die Toleranzforderung an den Führenden. In diesem Fall ist der Einsatz extremer Blockaden bei Fehlleistungen emotionale Willkür. (Siehe Abbildung auf der nächsten Seite.)

Der verantwortlich denkende Manager erlebt Mitarbeiter grundsätzlich im Wertschätzungsbereich. Er setzt seine Führungsinstrumente zur systematischen Förderung der Selbstbestimmung seiner Mitarbeiter ein.

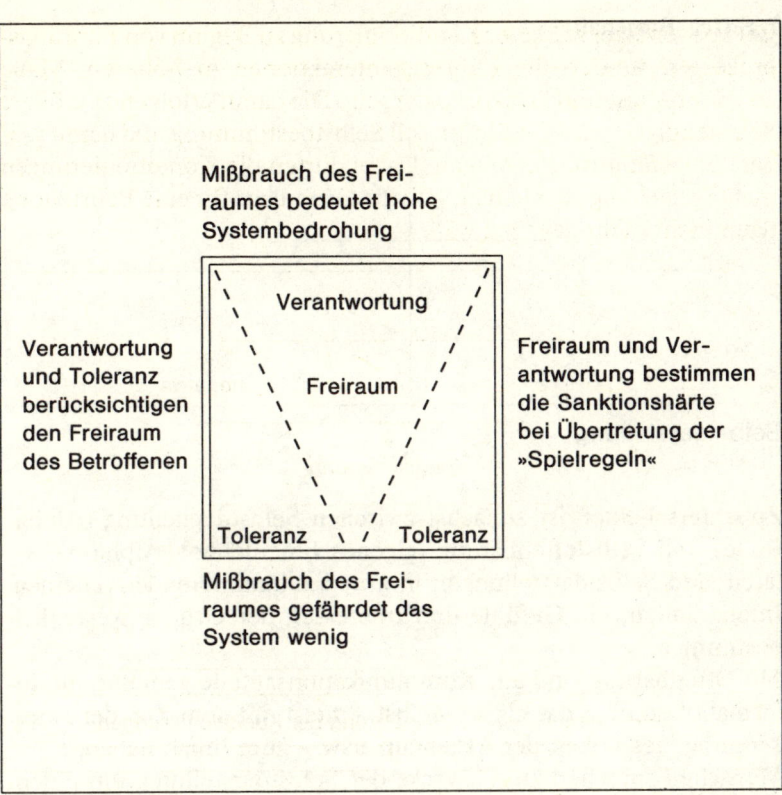

Mißbrauch des Frei-
raumes bedeutet hohe
Systembedrohung

Verantwortung

Verantwortung
und Toleranz
berücksichtigen
den Freiraum
des Betroffenen

Freiraum

Freiraum und Ver-
antwortung bestimmen
die Sanktionshärte
bei Übertretung der
»Spielregeln«

Toleranz   Toleranz

Mißbrauch des Frei-
raumes gefährdet das
System wenig

Toleranzgrenzen im Freiraum

b) Leben bedeutet Personalität

Wir müssen vom abendländischen Katastrophendenken wegkom-
men. Die Medizin hat die Zeit dem Leben mit steigender Tendenz
gesichert. Nun liegt es an uns, der Zeit mehr Leben mit steigender
Tendenz zu sichern. Gemeint ist auch, nicht Mensch zu bleiben,
sondern Mensch zu werden. Der Personalität als hohe menschliche
Lebensforderung, anderen Menschen gerecht zu werden, heißt in
erster Linie, sie nicht als Funktion zu erleben. Dazu sind verstärkt
die Informationen über die Kommunikationsfunktion der Sprache
(2. Regel des Plato) zu beachten:

1. S (Ich-Botschaft)

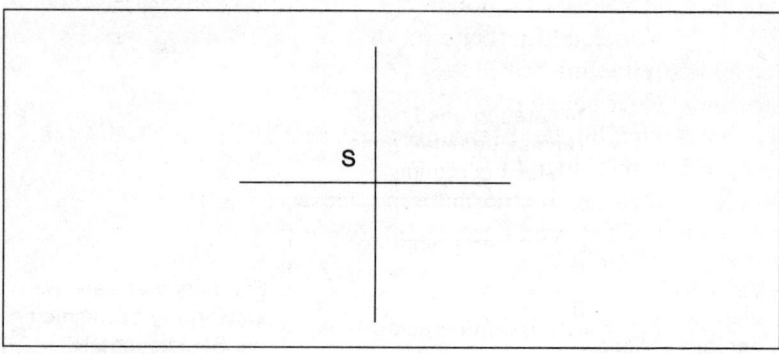

Selbstdarstellung

Zu unterscheiden ist zunächst zwischen Selbstdarstellung (Alpha-Rolle) und Selbstoffenbarung (eigenes Innenleben). Alpha-Aktivitäten sind Selbstdarstellungen in gruppendominierenden Themen, Interaktionen, die Gefühle und Interessen der Gruppe wesentlich bestimmen.

Mit Offenbarung sind alle Kommunikationsanteile gemeint, die Informationen über das eigene Selbst – meist mit dem Ziel der Anerkennung, des Lobes, der Akzeptanz usw. – zum Inhalt haben.

Menschen sprechen zum Zwecke der Selbstdarstellung, um einem essentiellen Bedürfnis zu entsprechen, nämlich Mitteilungen über das eigene Erleben, Fühlen, Wahrnehmen, Wissen, Beobachten, Erfahren, Können, Beurteilen und Denken in einer Sozialität zu machen. Wenn dieses Grundbedürfnis zum Beispiel beim Smalltalk ausgewogen ist, kommen keine kommunikativen Störungen auf. Bei der Selbstdarstellung bestimmen zwei Gesetze das soziale Klima:

Gesetz I:
Jede Selbstdarstellung löst Selbstdarstellung aus. Gemeint sind Gruppenthemen wie Schule, Krankenhaus, Urlaub, Autos, Garten und Beziehungen.
Gesprächsteilnehmer 1:
Thema a: »Mein Sohn kommt Ostern aus der Schule.«
Thema b: »Wir haben eine Mitarbeiterbefragung durchgeführt.«

262

Gesprächsteilnehmer 2:
Thema a: »Unserer ist schon letztes Jahr entlassen worden.«
Thema b: »Unsere Mitarbeitermotivation ist besonders gut.«
Gesprächsteilnehmer 3:
Thema a: »Wir haben keine Kinder.«
Thema b: »Ich bin der Meinung, das kann man gar nicht messen.«
Gesprächsteilnehmer 4:
Thema a: »Unsere Tochter hat schon einen Freund.«
Thema b: »Wir beschäftigen einen Kommunikationskoordinator.«

Gesetz II
Achtung bei Selbstdarstellungen in Distanzthemen! Nicht anschlußfähige Kommunikation bewegt als sogenannter Singulärbeitrag das
allgemeine Bewußtsein nicht. Werden Selbstdarstellungen in The-
menfeldern getätigt, zu denen andere nichts sagen können, erfolgt
meist soziale Distanz bzw. Alpha-Aggression, der Haß auf den ersten
in der Hackordnung.
Gesprächsteilnehmer 1:
»Ich habe Probleme mit meinem Rolls-Royce. Der Kühlerfigur Emily
habe ich zwei Einkaräter in die Augenhöhlen setzen lassen, aber bei
den Temperaturen fallen sie immer wieder heraus; ich habe schon
alle Klebstoffarten durchprobiert.«
Gesprächsteilnehmer 2:
».. .«
Er wird seine Selbstdarstellung zum Thema Auto, die ursprünglich
lauten sollte, daß er den Wert seiner Ente durch Volltanken verdop-
pelt habe, unterdrücken. Es entsteht sicher Schweigen.
Distanzierende Selbstdarstellungen werden nur in stabil guten Beziehungen konstruktiv toleriert.
Hierzu gehören die kreativen Killerphasen, die in den rhetorischen
Spiegelfechtereien den anderen mundtot machen. Kennzeichen sol-
cher Sätze ist es, daß sie nicht ausschlußfähig sind. Ausschlußfähig
sind Sätze, wenn sie ohne Überwindung einer Distanz von einer
Mehrzahl der Gruppenmitglieder beantwortet werden können.

2. K (Du-Botschaft)

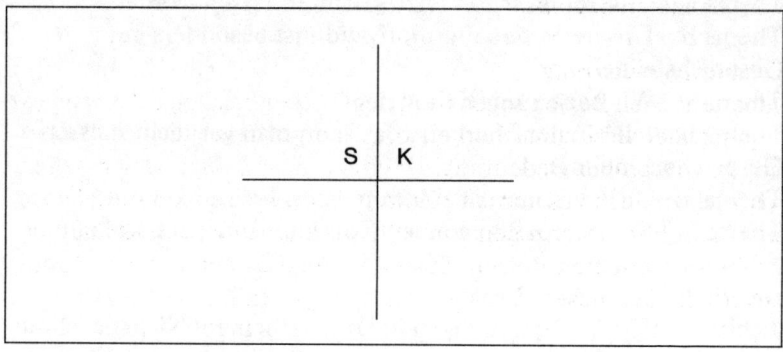

Kontaktvergewisserungen

Kontaktvergewisserungen fragen nach allen Informationen über die kontaktive Situation, die zwischen den Kommunikationspartnern besteht – oft verbunden mit der Intention, diese zu verändern (etwa zu verstärken).

Die soziale Abhängigkeit des Menschen bedingt einen hohen Interaktionsanteil zur Überprüfung gleicher Wellenlängen. Mit nichtsprachlichen und sprachlichen Signalen wird die Intelligenz und die Liebenswürdigkeit anderer Menschen in der Übereinstimmung mit eigener Wertung ermittelt. Die Unsicherheit in der Einschätzung des eigenen intellektuellen oder sozialen Standortes wird durch Bestätigung anderer der Mühe der Begründung enthoben. Befindlichkeiten und Meinungen werden zur Wahrheit, wenn nur genügend Leute sie teilten. Es entsteht eine kollektive Rationalität. Da Rationalität Logik und Realitätsdichte beansprucht, ist das Kollektiv als solches kein Garant für die Erfüllung dieses Kriteriums.

Das Bedürfnis nach emotionalem Konsens äußert sich in der Kontaktaufnahme, der Vergewisserung und der Verstärkung des Kontakts.

Kontaktaufnahme
Bei Interesse in einer Beziehung erfolgt über Blickkontakt das Abtasten auf ähnliche Empfindungen, vor allem in der Erstbegegnung mit einer fremden Person. Wir gehen davon aus, daß im Umgang mit anderen Menschen die gleichen Grundempfindungen solidarisieren.

264

Das faszinierende Abenteuer der Ergänzung (Passung) individueller Komplexitäten beginnt.

Kontaktvergewisserung
In bestehenden Beziehungen ist in der (hoffentlich lange dauernden) Zeit sozialer Besitzunsicherheit die Überprüfung gleicher Wellenlängen von großer Bedeutung. (Wenn wir die Dinge gleich sehen, gehören wir auch zusammen.) Zum Beispiel ist die Kommunikation bei einem Flirt durchzogen von vergewissernden Blickkontakten bei gemeinsam erlebten Reizen. Später, in der Zeit der sozialen Besitzsicherheit, läßt dieses Verhalten erfahrungsgemäß nach!

Kontaktverstärkung
Die soziale Irritation bei fehlendem Gleichklang spontaner Bewertungen durch den Beziehungspartner wird bei ausgeprägtem Besitzdenken als Bedrohung empfunden. Oft resultiert daraus eine missionarische Haltung. Es scheint für uns wichtig zu sein, daß der Partner sein Eigenleben überwiegend dort entwickelt, wo es uns paßt. Mit hohem Aufwand wird bei Abweichungen wenigstens die Illusion des Gleichklanges in der Emotionalität »erarbeitet«.

3. I (Sach-Botschaft)

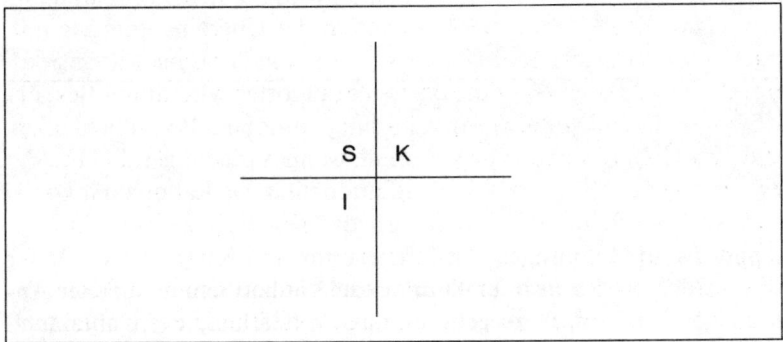

Information

Information ist alle Kommunikation mit dem Ziel, objektive oder subjektive Daten zu ermitteln oder zur Verarbeitung anzubieten.

265

Wenn wir glauben, Menschen sprechen auch zum Zwecke der Information, ist das nicht immer unrichtig. Es kommt vor, daß Interaktionen ausschließlich dem Transport von Fakten dienen. Die Reduktion der Interpretationsmöglichkeiten verstärkt den funktionalen Ton. In vielen sozialen Subsystemen garantiert diese Sprachart Mißverständnislosigkeit (Sprechfunk ATC, Kommandos beim Militär, Abstimmungssignale in technischen Teams).

Zum Beispiel: »Wie spät ist es?« – »Es ist drei Uhr früh!«
»Was hat Herr Meier?« – »Er will sich die Sache noch mal überlegen.«
»Was machen Sie nachher?« – »Ich telefoniere!«

Bei Beziehungsstörungen haben informative Interaktionen *kaum* die Chance, wertfrei als solche wahrgenommen zu werden.

4. A (Soll-Botschaft)

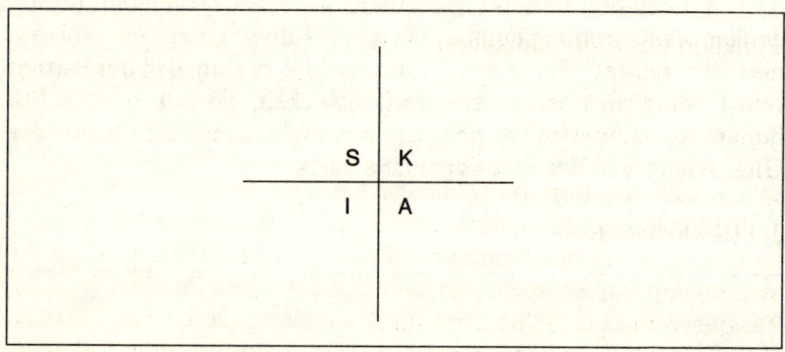

Appelle

Appelle sind Mahnungen, Aufforderungen und Bitten, die in offener und verdeckter Form Interaktionen zur Verdeutlichung eigener Ansprüche einsetzen. Dazu gehören direkte Befehlsformen, aber auch Sätze der Art: »Ich möchte, daß du mich ernst nimmst, ... mir zuhörst, ... eine bestimmte Einstellung änderst.«

Appellinteraktionen werden je nach sozialer Erfahrung abgestützt durch Schuldzuweisungen, Doppelbindungen, soziale bzw. psychische Zwänge und Konsequenzdrohungen. Sie werden in variabler Direktheit und Intensitätsform entsprechend den Erziehungsprägun-

266

gen produziert. Der Appell hat die primäre Funktion, auf den Empfänger Einfluß zu nehmen.
In stabilen und biophilen sozialen Systemen sind alle vier Anteile in Quantität und Qualität ausgewogen erlebbar.

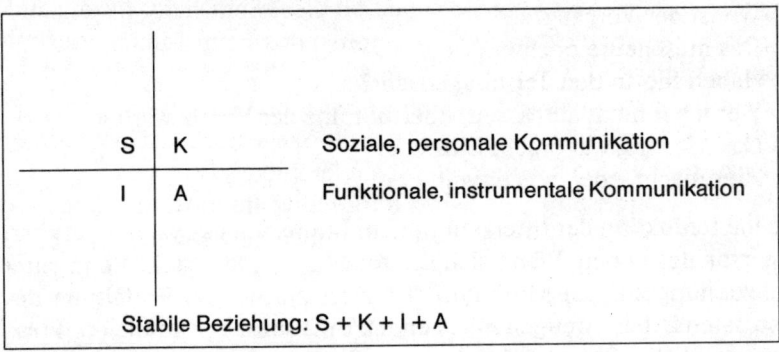

Funktion der Kommunikation

Wenn sich die Beziehung dahingehend verschlechtert, daß keine individuelle Entfaltung mehr vom System zugelassen wird, ist dieses in den Interaktionen bemerkbar. Die Kommunikation ist auf Information und Appell beschränkt. Selbstdarstellung wird unterlassen, da sie unerwünschte Selbstdarstellung auf der anderen Seite auslöst. Die Kontaktvergewisserungen sind nicht mehr interessant. Betriebliche und private Dialoge verlaufen funktional und instrumental statt sozial und personal. Die Funktionalisierung des Menschen durch die Sprache führt in seinem sozialen Selbstverständnis zu Frustrationen. *Die innere Kündigung bzw. die innere Scheidung sind mögliche Folgen.* Funktionalisierung beginnt, wenn die ausgetauschten Interaktionen vom Sender als Information bzw. Appell bzw. beides gemeint sind.

Funktionalisierung im Privatleben:
»Was gibt es heute zu essen?«
»Ich brauche einen neuen Anzug.«
»Was läuft heute abend im Fernsehen?«
»Wo ist der Junge?«

»Der Salat ist teurer geworden!«
»Was machen wir am Wochenende?«
»Wir müssen Oma mal wieder anrufen.«

Funktionalisierung in der Arbeitswelt:
»Wo ist der Vorgang?«
»Das muß heute noch raus!«
»Haben Sie an den Termin gedacht?«
»Wenn wir nicht aufpassen, überrollt uns der Wettbewerb!«
»Das Meeting war ergebnislos.«
»Hier macht jeder, was er will!«

Jede Reduktion der Interaktionen im Interesse des Systems verkürzt personales Leben. Wenn sich die Anzahl der Dialogschritte in einer Beziehung auf ein Minimum reduziert hat, ist die Entfaltung des sozialen Lebens weitgehend beendet. Ein »sozialer Zombie« verkürzt menschliches Leben bei sich und anderen.

Das Beginnstadium der sozialen Konflikte ist häufig mit Fehlinterpretationen der Botschaftsanteile verbunden. So wird die Frage des Vorgesetzten nach dem Fertigstellungstermin einer Arbeit oft nicht als Frage aus Informationsinteresse, sondern als Appell verstanden. Sie wird dann nicht selten mit der Rechtfertigung einer Verzögerung beantwortet. Andererseits ist Erfahrung, daß die häusliche Frage: »Wo kommst du jetzt her?« *nicht* den Informationsanteil meint.

Ein unternehmensfrustrierter Ehemann kommt abends nach Hause und begibt sich mit zerknautschter Mimik in das stumme Ritual der Kombination Fernsehen und Abendessen. Die Hausfrau hat aufwendig das Leibgericht gekocht, sieht die Stimmung und fragt: »Schmeckt es?« (Gemeint Kontaktvergewisserung = Was ist los mit dir?) Er versteht Appell. (Dir schmeckt es wieder nicht!) Er antwortet: »Laß mich in Ruhe!« Er meint Information. (Ich hatte einen schweren Tag.) Sie versteht Appell. (Halt den Mund!) Sie antwortet: »Ich lasse mir von dir nicht den Mund verbieten, schon gar nicht in diesem Ton ...! Gleich wird die Suppe fliegen!!!«

Die *Interpretationsdramatik* ist grundsätzlich gegeben. Sie sollte jeden anregen, die entsprechenden Zuhörtechniken zu lernen. Nur wenn die Beziehung zwischen Menschen nicht gestört ist, wird überwiegend in den Botschaftsanteilen positiv interpretiert.

Andererseits wird bei gestörter Beziehung jeder Satz des anderen auf seinen möglichen Angriffswert hin untersucht. Für den Manager heißt das, daß bei Unsicherheit durch eine Beziehungsstörung (K) Information (I) nicht mehr sinnvoll transportiert wird. Daraus folgt für ihn, Beziehungsstörungen vor Sachproblemen zu klären. Keine Sitzung findet nach dem Motto statt: »Unser persönliches Problem können wir ja nachher klären, jetzt geht es doch erst mal um die Sache.« Ein solches Vorgehen zeigt Führungsschwäche, ja Menschenverachtung.

c) Führen heißt Konditionieren

Unter Konditionieren ist hier die bewußt quittierende Reaktion auf die Interaktionen anderer Menschen gemeint, wobei der Charakter der Quittung entweder blockierend oder verstärkend sein kann. Da das menschliche Sozialverhalten überwiegend durch Konditionierungen gelernt wird, kommt dessen Beeinflussung in der Führungssituation besondere Bedeutung zu.

Grundsätzlich ist zwischen personaler Konditionierung und funktionaler Konditionierung zu unterscheiden. Erstere gilt der Verstärkung bzw. der Blockade der sozialen Bindung (Geborgenheit und Entborgenheit über Lob bzw. Tadel). Letztere verstärkt oder blockiert die Sicherheit in der Eigeneinschätzung der Eignung von Leistung (Anerkennung bzw. Kritik).

Die Krisenintensität bestimmt den Einsatz unterschiedlicher Konditionierungen:

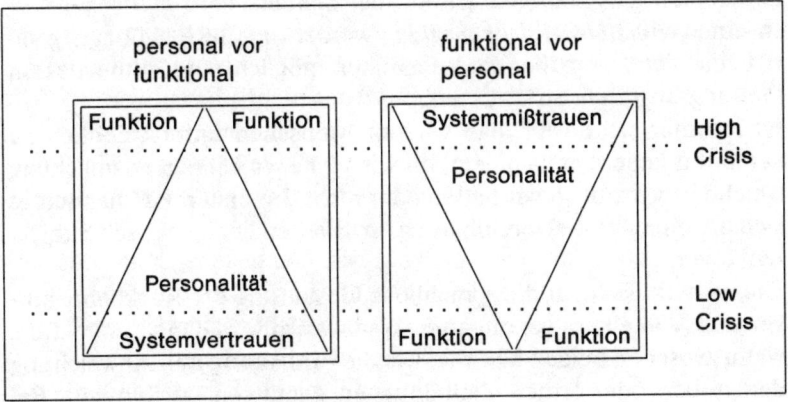

Personalität und Funktionalität

Die Chance, daß in Krisenzeiten die Autonomie zugunsten des Systemerhalts aufgegeben wird, ist um so größer, je weiter in krisenfreien Zeiten die Funktionalität zugunsten der Personalität zurücksteht.

Zu den konditionierenden Interaktionen im Führungsbereich gehören nahezu alle Arten der Rückkoppelungen (bewußte Verhaltensquittungen). Bestimmte Interaktionen (Verhalten) werden damit entweder blockiert oder verstärkt. Bekannt sind folgende Arten:

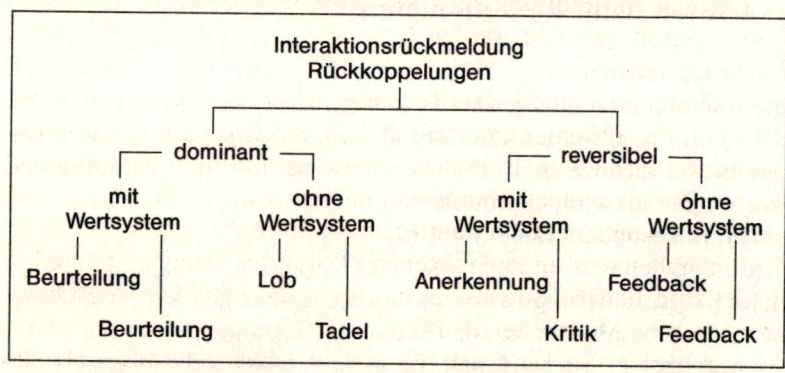

Arten der Führungsreaktionen

In einer dominanten Rückkoppelung werden sozialhierarchische Interaktionen getätigt. Sie sind nur in einer Richtung möglich, irritieren anderenfalls das Selbstverständnis des Senders.

In einer *reversiblen Rückkoppelung* werden nur Interaktionen getätigt, die auch dem Sender gegenüber möglich sind, ohne dessen Geltungsanspruch zu irritieren.

Es leuchtet sicher ein, daß wir mit Menschen unterschiedlich zu verfahren haben, je nachdem, ob wir vorher mit ihnen ausmachten, welche Erwartungen wir hatten oder nicht. Im ersten Fall handelt es sich um eine Art Zielvereinbarung, im zweiten liegt praktisch Subjektivität vor.

Dieses wirkt sich auf die sprachliche Gestaltung der Rückkoppelungen aus. Von einem vereinbarten Wertsystem wird dann gesprochen, wenn zwischen beiden klar war, wie die Einhaltung und Abweichung der groben oder feinen Zielbildungen gemessen werden soll. Bei *Arbeitsergebnissen* ist diese üblicherweise unproblematisch. Die praktischen Schwierigkeiten ergeben sich bei der Rückkoppelung im Bereich des *Arbeitsverhaltens*. Deswegen ist es wichtig, zum Schluß noch einmal deutlich die in der Praxis relevanten Konditionierungen zu differenzieren.

Lob und Tadel sind Geschmacksäußerungen, subjektive, pauschalierte Bewertungen, die Handlungen nicht beschreiben und dadurch Unmündigkeit verstärken, Autonomie verhindern. So bedarf etwa der Gelobte des Lobenden, um sich aufgewertet zu fühlen. Typisch für patriarchalische Führungsstile, bei denen Menschen in personaler Abhängigkeit gehalten werden (»Sie sind gut, weil ich mit Ihnen zufrieden bin«).

Anerkennung ist jede begründet positive Bewertung mit abgesprochenem Wertsystem, zumindest mit unmittelbar nachvollziehbarer Eignungsbegründung. Information geht vor Wertung. Vorausgesetzt ist die Fähigkeit eines Menschen, anderen die qualitative Eignung ihres Verhaltens deutlich zu machen, ohne die eigene persönliche Zufriedenheit dem anderen als erstrebenswertes Ideal zu vermitteln.

Es ist zum Beispiel wichtig, in den Verstärkungen bei geeignetem Verhalten der Mitarbeiter überwiegend beschreibende Sprachformen zu verwenden. So kann der Mitarbeiter seinen eigenen Maßstab bilden und Motivation ohne Anwesenheit der Führungskraft aufrechterhalten. Außerdem wird dann bei negativen Soll-Ist-Abweichungen wahrscheinlich auch wertfreier formuliert.

Das *Kritikgespräch* ist die wichtigste Rückkoppelung. Es ist eine Interaktionsfolge mit der Absicht neuer Verhaltens- und Sachzielbildung. Aufbau und Durchführung bedürfen der sorgfältigen Vorbereitung. Dieses Führungsmittel ist regelmäßig, d. h. mindestens entsprechend der Anwendung von Anerkennung und Kritik, einzusetzen.

Von den vier genannten Rückkoppelungen sind das Feedback als Kontaktvergewisserung oder Informationsübermittlung und die Beurteilung zu unterscheiden. Unter Beurteilung ist die Feststellung von Eignung und Nichteignung zu verstehen. *Eine Beurteilung ist die Bilanzierung der im Beurteilungszeitraum erfolgten Kontrollergebnisse.* Wenn der Beurteilte in der Beurteilung etwas Neues erfährt, ist er wahrscheinlich falsch geführt worden.

Die Beurteilung ist die Aufgabenstellung für den Beurteiler. Sie ist hierarchisch, weil sie meist nur in einer sozialen Richtung möglich ist. Es ist nicht sinnvoll, sie als Geschmacksabfrage reiferer Führungskräfte zu verstehen, weil aus der Beurteilung auch Förderungziele im

Verhalten resultieren. Auch diese Ziele müssen erreichbar, beschreibbar und meßbar sein.

Jede polare Interaktionsorientierung in der Führung verkürzt den Anspruch der Gegenseite. In allen Rückkoppelungsarten äußert sich der Führungsalltag. Nur soll in Abhängigkeit zu den Voraussetzungen die Führungskraft ihre Interaktionen verantworten und nicht in guter Absicht und ungeeigneten Taten den Mitarbeiter irritieren oder distanzieren. Grundsätzlich ist zwischen den Konditionierungen hinsichtlich Person und Sache zu trennen:

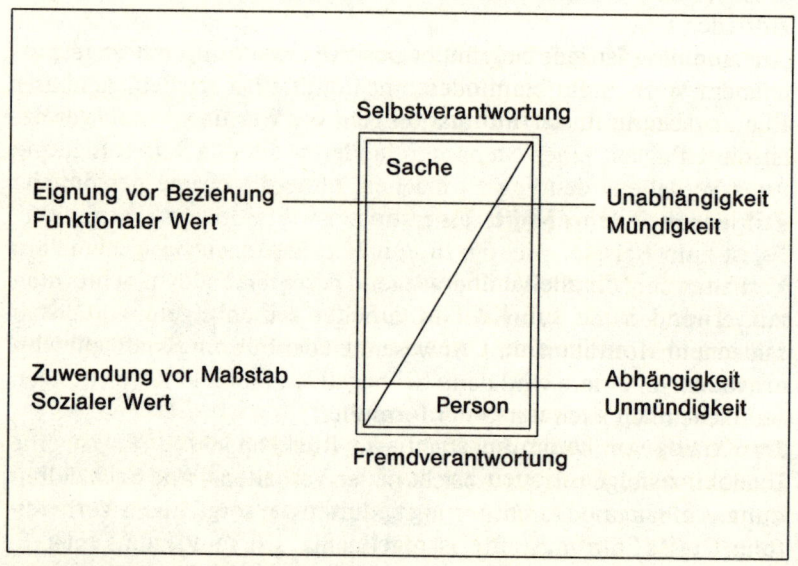

Mündigkeit und Förderung

Menschen werden im Umgang mit anderen mündiger, wenn sie über nachvollziehbare Maßstäbe auf die Eignung ihres Handelns hingewiesen werden als über die verstärkte Zuwendung bei Erfolg. Im ersten Fall haben Menschen die Möglichkeit, auch in Abwesenheit einer sanktionierenden Person ihre Eignung positiv zu erleben; im zweiten Fall ist das Selbstwertgefühl unnötig von der Bewertung einer bestimmten Bezugsperson abhängig.

Der rational denkende Manager orientiert seinen Konditionierungseinsatz in der Praxis ungefähr nach der Verteilung:

272

Praxis:

25 % Lob	(zum Aufbau der Beziehung und zur Kontaktverstärkung)
25 % Anerkennung	(bewußte Erziehung zur Mündigkeit, reversible Verstärkung)
40 % Kritik	(reversible Korrekturmaßnahme)
10 % Tadel	(Kleinmachen und Distanzieren von Mitarbeitern)
100 %	Rückkopplungsinteraktionen im Führungssystem

Der biophile Manager bedenkt bei jeder Rückkoppelung den Unterschied zwischen Problemlösung und Schuldzuweisung. Emotionale Entlastung in der Führungssituation führt zu unteroptimalen Lösungen.

d) Unternehmen heißt Denken

Voraussetzung für alle Veränderungen ist die Schaffung von Bewußtsein. Dieses Buch soll Kritikbewußtsein schaffen, mit dem Ziel, daß einem Konflikt eine Orientierung zu größerer Realitätsdichte folgt.

Zur Umsetzung der verantwortet übernommenen Impulse sei folgender Katalog von kommunikativen Forderungen beigefügt, dem der Leser einzelne Positionen zur rationalen Überprüfung entnehmen kann.

1. Wertfreie Wahrnehmung
2. Alterozentriertes Denken und Handeln
3. Unterscheidung zwischen Realität und Wirklichkeit
4. Orientierung als Voraussetzung von Verantwortung
5. Strategie vor Energie
6. Interaktionsverantwortung vor Absichtsverantwortung
7. Absehen von Bedürfnissen zugunsten der Folgen
8. Dispositives Benehmen
9. Positive Konditionierung freier Antwortteile
10. Unterscheidung von Argumenten und Gefühlswerten
11. Dominanzverzicht in Konflikten
12. Kontakt durch kontrollierte Selbstdarstellung

273

13. Distanz zur eigenen Überzeugung (Gewißheit)
14. Argumentation statt Argumente
15. Beachten des Reversibilitätsprinzips
16. Konsensfähigkeit der Erkenntnisse
17. Personales statt funktionales Menschenbild
18. Pauschalierungen sind Verletzungssignale
19. Denken in Voraussetzungen statt in Ergebnissen
20. Selbstbewußtsein vor Selbstsicherheit
21. Information vor Wertung
22. Distanz zu Phantombildern
23. Konfliktfähigkeit statt Konfliktvermeidung
24. Menschenkenntnis statt Menschengeschmack
25. Zielsetzungsfähigkeit (auch im Verhaltensbereich)
26. Relativierung des ersten Eindrucks
27. Biophilie vor Nekrophilie
28. Anschlußfähige Kommunikation

Alle Denkanstöße gehen von einem Leben in Gemeinschaft aus, dem Leben im Abenteuer des Miteinanders. »Joint Venture« bekommt eine zusätzliche Bedeutung. Der verantwortlich denkende Manager weiß um die Forderungen an den Manager der 90iger Jahre, gedacht und übermittelt von Pater Rupert Lay:

1. Vermittlung zwischen Arbeit und Kapital, zwischen der äußeren und inneren Umwelt des Unternehmens.
2. Realisierung des ökonomischen Prinzips, d. h. mit einem Minimum an finanziellem, emotionalem, aggressivem, materialem Aufwand ein Optimum an Ertrag zu erhalten.
3. Führung im System.
4. Alle wichtigen Entscheidungen sind unter Unsicherheit zu treffen, niemals sind die Umweltzustände der Zukunft vorherzusehen. Dieses Wissen macht es ihm möglich, sich an schnell wechselnde Umweltbedingungen anzupassen.

Zu den wesentlichen Profildaten gehört die Fähigkeit, sich selbst und andere besser zu verstehen, Fremdbestimmung im eigenen Denken zu erkennen und die Umwelt nicht nur als Summe von Sachzwängen zu begreifen. Dazu kommen psychische Voraussetzungen der Persönlichkeit:

- in der Lage sein, wirkliche Gefühle zu entwickeln
- äußere Eroberungen zur eigenen Selbstbestätigung zurückstellen können
- Abschied von der primären Machtorientierung
- in der Lage sein, zu erkennen, statt hauptsächlich zu verdrängen
- Konflikte verarbeiten statt sie zu managen
- einen wirklichen und gesellschaftlich zu verantwortenden Sinn des persönlichen Handelns zu entwickeln – Zugang zur Intuition statt Überbetonung des Verstandes.

Gutes Führen ist:

1. Kritische Identifikation mit dem System.
2. Personales Interagieren im Interesse des Systems.
3. Freude an eigener und fremder Lebensentfaltung.

Gutes Führen ist Denken.

Nachwort

Der Gefahr des Synkretismus bin ich mir bewußt. Wer fremde Ideologien zur eigenen Orientierung ausbeutet, erlebt stärker den Verlust der Sicherheit durch den wachsenden Zweifel an wechselnden Positionen. In dieser Unsicherheit will Erfahrung und Erkenntnis immer wieder geprüft werden. Ein Wissensstand hat das Recht auf Dokumentation und damit auf Kritik. Die tägliche Seminararbeit läßt im Training nicht jede beliebige Tiefe zu, und die Einzelgespräche im Freundeskreis sind zu selten. Ich danke allen Unternehmen, in denen die Führungssystematik in gemeinsamer Arbeit erfolgreich beeinflußt werden konnte, auch wenn dadurch manch gewachsene Struktur aufgebrochen wurde. Die vorsichtigen Schritte in der Realisierung haben zu durchweg positiven Erfahrungen geführt.
Ich danke Pater Rupert Lay, der mich als Freund und Lehrer den Mut finden ließ, Erkenntnisse und Wissen in der Verantwortung gegenüber der Praxis darzustellen. Seine Arbeiten sind tägliche Orientierungshilfe in der Auseinandersetzung zwischen dem verfügbaren Potential und den Forderungen in der Anwendung. Dadurch sind Dogmen oder Rezepte weitgehend vermeidbar. Auch der Anspruch an den Leser dieses Buches ist impulsorientiert, nicht lehrend – oder gar belehrend.
Ich danke meinem Freund Dr. Peter Ritter, daß er in kreativer Geduld den Anstoß zu diesem Buch gab und den geeigneten Ort zur Arbeit ermöglichte.

Literaturverzeichnis

Beyer, Günther; Gedächtnis- und Konzentrationstraining, Humboldt-Taschen-buchverlag, München
Blanchard, Kenneth/Johnson, Spencer, Der Minuten Manager, Rowohlt, 1983
Desmond, Morris, Der Menschen Zoo, Droemer Knaur, München/Zürich 1969
Ditfurth, v., Hoimar/Arzt, Volker, Dimensionen des Lebens, dtv, 1977
Dörner, Klaus/Plog, Ursula, Irren ist menschlich, Psychiatrie, 1978
Fensterheim, Herbert/Baer, Jean; Sag nicht Ja, wenn Du Nein sagen willst, Goldmann Verlag, München
Frankl, Viktor E., Der Wille zum Sinn, Hans Huber, Wien 1982
Gordon, Thomas, Familienkonferenz, Hoffmann und Campe, 1972
Gracian; Gracians Handorakel und Kunst der Weltklugheit, Alfred Körner Verlag, Stuttgart
Gulyga, Arsenij, Immanuel Kant, Suhrkamp Taschenbuch, 1985
Heckhausen, Heinz, Motivation und Handeln, Springer, Heidelberg 1980
Hull, Raymond; Alles ist erreichbar, Rowohlt, Reinbek
Jampolsky, Gerald, G.; Lieben heißt Angst verlieren, Goldmann Verlag, München
Jung, C. G., Bewußtes und Unbewußtes, Fischer, 1957
Käser, Gustav, Erfolgreiches Verkaufen, VDI, Düsseldorf 1979
Lay, Rupert; Das Bild des Menschen, Wirtschaftsverlag Langen-Müller/Herbig, München
ders.: Dialektik für Manager, Ullstein, Berlin
ders.: Die Macht der Wörter, Wirtschaftsverlag Langen-Müller/Herbig, München
ders.: Ethik für Manager, ECON Verlag, Düsseldorf 1989
ders.: Ethik für Wirtschaft und Politik, Wirtschaftsverlag Langen-Müller/Herbig, München 1986
ders.: Führen durch das Wort, Ullstein, Berlin
ders.: Philosophie für Manager, ECON Verlag, Düsseldorf 1988
ders.: Vom Sinn des Lebens, Wirtschaftsverlag Langen-Müller/Herbig, München
ders.: Zwischen Wirtschaft und Christentum, Wirtschaftsverlag Langen-Müller/Herbig, München
Lüscher, Max, Signale der Persönlichkeit, Rowohlt, 1976
Milgrim, Stanley; Das Milgrimexperiment, Rowohlt, Reinbek
Molcho, Sammy; Körpersprache, Mosaik-Verlag, München
Pfennig, Jörn; Grundlos zärtlich, Schneekluth-Verlag, München
Platon, Rororo, 1987
Rautenberg, Werner/Rogoll, Rüdiger, Werde, der du werden kannst, Herder, 1980
Riemann, Fritz, Grundformen der Angst, Ernst Reinhardt, München 1961

Rückle, Horst, Körpersprache für Manager, Paperbacks, 1981

Schopenhauer, Arthur, Urwille und Weltlösung, Mohn, Gütersloh

Schulze v. Thun, Friedmann; Miteinander reden: Störungen und Erklärungen, Rowohlt, Reinbek

Spieth, Rudolf, Menschenkenntnis im Beruf und Privatleben, Heyne, München 1967, 1970

Szasz, Suzanne; Körpersprache der Kinder, Lübbe-Verlag, Bergisch Gladbach

Vester, Frederic, Denken, Lernen, Vergessen, dtv, 1978

Watzlawick, Paul (Hrsg.), Die erfundene Wirklichkeit, Piper, 1988

Wiesner, Herbert, Techniken des Personalmanagements, Gabler, Wiesbaden 1980

Glossar

Definitionen der wichtigsten verwendeten Begriffe:

Affektiv Verfügbarkeit von Sinnorientierungen und Wertvorstellungen; auf Abfrage folgerichtig und sinnvoll begründbar

Angst Begegnungswiderstand gegenüber Geschehnissen, Erkenntnissen und Gefühlen

Aufgabe Beschreibbarer Arbeitsablauf

Autonomie Stabilisierung des seelischen Gleichgewichtes auch im kreativen Ungehorsam gegenüber kontra-produktiver Routine

Basic Beliefs Kollektive Werteinstellungen und Grundüberzeugungen als Selbstverständlichkeiten in einem sozialen System

Bedürfnis Durch Mangelzustände bedingtes Spannungsgefühl

Betriebsklima Stimmungs- und Spannungszustand einer Belegschaft

Beurteilung Führungsinstrument zur Standortbestimmung innerhalb bekannter Profildaten nach vereinbartem Maßstab als Bilanz der Anwendung anderer Führungsinstrumente im Beurteilungszeitraum

Bewußtsein Im kognitiven System zugängliche Informationen

Beziehungsprobleme Zwischenmenschliche Spannungszustände ohne ausreichendes Wissen um Wirkung und Ursache

Biophilie Ethischer Grundwert mit dem Ziel, bilanziert Leben zu entfalten

Bürokratie Innere Zwänge in sozialen Systemen zur reibungsfreien Abwicklung wiederkehrender Aufgaben und Probleme

Corporate Behavior Unternehmensbezogene Interaktionsmuster

Corporate Design Unternehmensbezogene Identifikationssymbolik

Corporate Identity Unternehmensbezogenes Bewußtsein mit Interaktionskonsequenzen

Corporate Image Unternehmensbezogenes Fremdbild

Daten Verfügbare Fakten und Erkenntnisse

Definition Erschließen eines Begriffes nach Inhalt und Umfang zur Einigung auf den Gebrauch eines Wortes in Überzeugungs- oder Problemlösungssituationen

Demotivation Verlust der Beweggründe zum Denken und Handeln

Denken Mit Wissen entwickelnd umgehen

279

Destruktiv Eigenschaft aller Denk- und Handlungsziele, deren Realisierung Verkürzung biophiler Entfaltung bewirkt

Dialektik Denk- und Kommunikationstechnik zur Lösung von Problemen, die sich aus der sokratischen Differenz ergeben

Disziplin Konsequente Priorität der Nützlichkeit gegenüber dem Angenehmen nach erfolgter Zielbildung

Dominanz Summe der Interaktionen, die einen Konflikt deswegen verschärfen, weil sie gegenseitig nicht ertragen werden

Emotionalität Bedürfnisbezogener Empfindungsbereich

Erfahrung Statistisches Erlebnis als rechtfertigende Information für Erkenntnisse, Entscheidungen und Handlungen

Erklärung Publikumswirksame Darstellung der hörerbezogenen Bedeutung eines Begriffes

Es Psychische Instanz mit den Grundtrieben: Lustgewinn und Unlustvermeidung

Ethik Metawissenschaft zur verantworteten Güterabwägung zwischen moralischen und sittlichen Ansprüchen

Faschismus Trägheit eines sozialen Systems, sich selbst zum höchsten zu schützenden Rechtsgut zu erklären und entsprechende Strukturen aufzubauen

Freiheit Menschliche Möglichkeit, sich an das erkannte eigene Selbst binden zu können

Fremdverantwortet Denken und Handeln vollzieht sich in der Erfüllung von heteronomen Forderungen

Funktionalität Perfektion in der Erfüllung systemischer Forderungen

Gefühl Stimmungs- und spannungsabhängige Sensibilität

Gewalt Androhung oder Vollzug von Zwang

Gewißheit Psychischer Zustand eines Menschen, etwas nicht mehr sinnvoll bezweifeln zu können

Glauben Qualität einer Beziehung, in der etwas für wahr gehalten wird, nur aufgrund der Tatsache, daß es ein anderer sagt

Güterabwägung Entscheidungsaufgabe zwischen konkurrierenden Wertorientierungen

Haben Orientierung am Besitz

Haben-Typ Selbstdefinition eines Menschen über eine austauschbare Peripherie

Handeln Summe der zielgerichteten Interaktionen eines Menschen

Heteronomie Orientierung der Interaktionen am Systeminteresse

Humanität Ethische Tugend, jedem Menschen sein Recht zukommen zu lassen

Ich Psychische Instanz der Interaktions-Strategien, differenzierende Bedürfnisse zu befriedigen

Ideal-Ich Summe der Über-Ich Imperative und das sich daraus ergebende Soll-Bild eines perfekten Menschen

Identifikation Der Umgang mit Ambivalenzen ist internalisiert über eine kritische Zuwendung zu einem Objekt als Bilanz negativer und positiver Erkenntnisse

Indikator Vereinbartes Interaktionsmuster, an dem die Ausprägung von Eignungs-kriterien gemessen werden kann

Information Entscheidungsrelevantes Datenteil

Inkorporation Der Umgang mit Ambivalenzen ist internalisiert über unbegründe-ten Haß-Liebe-Wechsel

Institution Soziales System, bei dem die Strukturen vor den Interaktionen liegen. Neuen Situationen wird mit alten Mustern begegnet.

Interaktion Sammelbezeichnung für alle sprachlichen und nichtsprachlichen Signale, durch welche sich menschliche Kommunikation vollzieht

Introjektion Der Umgang mit Ambivalenzen ist internalisiert über eine stabile, unreflektierte Zuneigung oder Abneigung

Isolationsangst Vermeidungsspannung, die soziale Geborgenheit eines sozialen Systems verlieren zu können

Kognitiv Verfügbarkeit von Wissen; auf Abfrage auswendig aufsagbar

Kommunikationsgemeinschaft Soziales System, bei dem die Interaktionen vor den Strukturen liegen. Neue Situationen erzeugen neue Muster.

Kompetenz Passives Potential an abfragbaren kognitiven, affektiven und motori-schen Lerninhalten

Konditionierung negativ Blockade unerwünschter Interaktionen durch Gewöhnung an unerfreuliche Erfahrungen bei Abweichungen vom beabsichtigten Verhalten. In der Führung: Tadel, Kritik, negatives Feedback, negative Beurteilungen.

Konditionierung positiv Verstärkung erwünschter Interaktionen durch Gewöhnung an erfreuliche Erfahrungen bei Einhaltung beabsichtigten Verhaltens. In der Füh-rung: Lob, Anerkennung, positives Feedback, positive Beurteilungen

Konflikt Widersprüchliche psychische oder soziale Kräfte sind bezogen auf den gleichen Angriffspunkt aktiv

Konsens emotional Übereinstimmung in Wirklichkeiten, Gewißheiten und Mei-nungen

Konsens rational Übereinstimmung in Prinzipien, Bedingungen und begründeten Schlußfolgerungen

Konsensfähig Die Qualität der emotionalen oder rationalen Anschlußfähigkeit einer Erkenntnis

Konstruktiv Eigenschaft aller Denk- und Handlungsziele, die größere Realitäts-dichte erreichen wollen

Kreativ Fähigkeit, produktiv und realitätsdicht gegen jede Art von Routine zu denken und zu handeln

Kriterium Sammelbezeichnung für Eigenschaftsgruppen in Beurteilungssystemen (Merkmal)

Kritik Führungsinstrument zur Korrektur ungeeigneter Interaktionen unter der Voraussetzung vereinbarter Maßstäbe

Leben Die Gegenwart verantworten

Leitbild Philosophie und Vision eines Unternehmens

Logik Folgerichtige Abhängigkeit von Mengen, Erkenntnissen sowie Ursachen und Wirkungen beim Denken und Sprechen

Loyalität Einstehen für fremde Interessen auch gegen eigene Bedürfnisse auf der Grundlage verantworteter Prinzipien

Lust Menschlicher Spannungszustand der positiven Erwartung oder eines Gegenwartsgenusses

Management Gesamtheit aller Maßnahmen zur Erreichung der Unternehmensziele

Menschlichkeit Erfassen, entfalten und verantwortetes Einsetzen eigenen Potentials zur Unterstützung der Entfaltung anderer

Mitarbeiterentwicklung Systematische Erfassung und Entfaltung der sozialen und fachlichen Kompetenz und Performanz durch geeignete Führungssysteme

Moral Wertvorgaben, Sinnorientierungen und Vernunft eines allgemeinen Bewußtseins mit dem Ziel der Fremdbestimmung der Unmündigen

Motivation Summe der Beweggründe, die für bestimmtes Denken und Handeln Energie und Rechtfertigung liefern

Motorisch Verfügbarkeit von Interaktionen; auf Abfrage vorzeigbar

Mut Handeln trotz Angst

Nekrophil Eigenschaften und Wertorientierungen, die in der Bilanzierung Leben eher verkürzen als entfalten

Orientierung Wissen um Informationen und deren Abhängigkeiten in komplexen Problemsituationen

Paradigma Leitdenken einer Epoche

Pejorisierung Verkleinern eines Objektes oder Subjektes durch verneinen, tadeln, widerlegen oder schlecht machen (negative Phantombildung)

Performanz In einer aktuellen und praxiskonkreten Situation angewendete kognitive, affektive und motorische Kompetenz

Personalität Interaktionsmuster, die vom Menschen zum Menschen gehen und kein funktionales Ziel haben

Persönlichkeit Summe der Eigenschaften, mit denen sich ein Individuum gegen andere abgrenzt

Philosophie Kritisches Begleiten der Vernunft eines allgemeinen Bewußtseins

Policies Beeinflußbare Interessen und Erwartungen innerhalb des allgemeinen Bewußtseins in einem sozialen System

Prinzip Zweckorientierter oder unverrückbarer Grundsatz, der konsequentes Denken und Handeln begründet

Problem Mehrzielentscheidung unter Unsicherheit (unvollständige Information)

Projektion Übertragung schuldhafter Erfahrungen in andere Menschen und sanktionierende Reaktionen darauf

Rationalität Der kognitiven Arbeit zugänglicher Erkenntnisbereich

Real-Ich Latentes und aktiviertes Potential eines Individuums

Realität Übereinstimmung von Erkanntem und Tatsächlichem

Reversibilität Summe der Interaktionen, die gegenseitig ohne Verletzung der Geltungsansprüche ertragen werden

Sachprobleme Beschreibbare Konflikte mit funktionaler Lösungsorientierung

Sein Vorhandene Interaktionsmuster

Seins-Typ Selbstdefinition eines Menschen über sein biophiles Potential

Selbstaufgabe Verzicht auf Entfaltung des individuellen Potentials

Selbstbewußtsein Konstruktive Fähigkeit, anderen das eigene Unbehagen nicht zeigen zu müssen

Selbsterfahrung Erkenntniserwerb durch Entfaltungsversuche. Überleben trotz individueller Grenzhaftigkeit

Selbsterkenntnis Prozeß der Angstreduktion durch konstruktive Verarbeitung von Entfaltungskonflikten

Selbstsicherheit Durch äußere und/oder innere Ereignisse stabilisierte emotionale Befindlichkeit in bestimmten sozialen Situationen

Selbstverantwortet Persönliches Einstehen mit Konsequenzen für bewußtes Handeln innerhalb selbst bestimmter Ziele

Selbstverlust Bindung des eigenen Ichs an eine dem Individuum nicht entsprechende Peripherie

Selbstverständnis Einschätzung des individuellen Potentials

Selbstvertrauen Positive Erwartung in den Ausgang eigenen Denkens und Handelns

Selbstverwirklichung Realisierung kreativen Potentials ohne Schuld und Angst, auch in tabuisierten Bereichen

Selbstwertgefühl Das Wissen um die konstruktive Erheblichkeit der eigenen Person

Semantik Lehre vom Zeichen und seiner Bedeutung

Sensorik Gefühlsauslösung durch Daten

Sittlichkeit Summe eigenverantwortlich reflektierter und übernommener Gewissenswerte

Soziales System Zusammensein von Menschen unter gleichen ökonomischen, sozialen, emotionalen, intellektuellen oder physischen Zielen

Spekulation Information über zukünftige Ereignisse

Sprachspiel Summe aller eindeutigen Zeichen und Strukturen (Interaktionen) in einem sozialen System, welche ein bestimmtes Deutungssystem begründen

Struktur Regeln, in denen standardisierte Interaktionsmuster in sozialen Systemen organisiert sind

Toleranz Wertfreie Wahrnehmung des Andersseins anderer Menschen

Über-Ich Summe der Eltern-Ich-Botschaften in Form moralischer Regeln

Überzeugung Wahrnehmung anderer gegen Widerstand ändern

Ungehorsam Bewußtes Handeln gegen Regeln

Verantwortung Einstehen mit Konsequenzen für bewußtes Tun

Verdrängung Psychisches Vermögen, reale Erkenntnisse oder Begegnungen der aktiven Wahrnehmung zu entziehen, mit dem Ziel, die Psyche vor unliebsamen Erfahrungen zu schützen

Verhalten Summe der beobachtbaren Interaktionen eines Menschen

Vernunft Kognitive Instanz, deren Ziel es ist, Chaos zu mindern, Ordnung und Sinn zu schaffen

Vertrauen Beziehungsbereich, in dem einander geglaubt wird

Vorurteil (Sicherheitsurteile) Bequemlichkeitsorientierungen mit dem Ziel der sozialen Zugehörigkeit

Vorurteil (Wahnurteile) Erfahrung eines Menschen, gegen die keine Erkenntnis mehr möglich ist

Wahrheit Eine Aussage stimmt mit dem Tatsächlichen überein. Sie sagt das, was ist.

Wertebewußtsein Reflektierte Sinnorientierung, insbesondere bezogen auf die Handlungskonsequenzen

Wertevermittlung Überzeugungstransfer von Wertvorgaben und Sinnorientierungen durch personale Autorität

Wirklichkeit Erfahrungsbereich subjektiver wahrgenommener Ereignisse

Ziel Beschreibbarer Zustand in der Zukunft

Zwang Alle Interaktionen, die physische Versehrtheit durch Körperverletzung, psychische Versehrtheit durch Zufügen von Angst, Scham, Schuld oder Mindergefühlen oder soziale Versehrtheit durch Entzug der sozialen Geborgenheit zum Ziel haben

Personen- und Sachregister

Die kursivgesetzten Sachbegriffe werden im Glossar erklärt